분야별 주요 인물의 친일이력서

친일파 99인 (3)

반민족문제연구소 엮음

1993

친일파 99인 (3)
—— 분야별 주요 인물의 친일 이력서

1993년 3월 31일 초판 1쇄 발행
2009년 6월 1일 초판 중쇄 발행

엮은이 / 반민족문제연구소
펴낸이 / 한철희

도서출판 돌베개
등록 1979년 8월 25일 제406-2003-018호
주소 413-756 경기도 파주시 교하읍 문발리 파주출판도시 532-4
전화 (031) 955-5020
팩스 (031) 955-5050
홈페이지 www.dolbegae.com
전자우편 book@dolbegae.co.kr

ⓒ 도서출판 돌베개, 1993

KDC 911
ISBN 89-7199-013-9 04910
ISBN 89-7199-014-7 (전3권)

잘못된 책은 바꾸어 드립니다.
책값은 뒤표지에 있습니다.

책을 펴내면서

이완용의 증손자가 이완용 명의의 땅을 되찾겠다고 나섰다. 실제로 법원에서 승소하고 있고 앞으로도 승소할 것이니 최소한 수백억 원 내지 수천억 원대의 재산을 가만히 앉아서 차지하는 셈이다. 매국 역적 노릇을 한번 잘 하면 본인의 영화는 물론이고 5대, 6대 후손들도, 아니 10대 후손까지도 그 영화가 계속될 판이니, 이제 누구든지 매국역적 노릇을 한번 잘 하고 보자고 들 것이다.

이완용은 매국역적의 대명사이며 범죄와 악한을 상징하는 일반명사이다. 그러한 이완용을 4대, 5대 후손에 이르도록 법률체계로 보호해 주고, 반면에 독립운동을 하다가 빼앗긴 재산은 지금에 이르도록 법률로써 짓눌러 버리는 것이 대한민국의 법체계이다. 하기야 법체계 자체가 바로 식민지 유산이 아니던가.

식민지에서 해방된 나라로서 식민지 시기의 반민족적 범죄와 유산을 청소하지 않은 나라는 대한민국뿐이다. 제3세계는 물론이요, 선진국을 둘러봐도 모두가 잔인할 정도로 철저하게 식민지 시기나 점령기간을 깨끗하게 청소해 버렸다. 바로 이렇게 깨끗하게 암종을 청소해 버린 결과는 전민족 성원의 흔쾌한 단결과 국가와 민족에 대한 헌신적 봉사이다. 참된 민주발전과 경제번영의 기초가 튼튼히 다져진 셈이다.

요즘 우리 사회는 많은 문제를 안고 진통하고 있다. 경제는 위기에 빠져 있고 민주화는 아직도 그 초보적인 절차마저도 준수되지 않고 있으며 사회는 온갖 이기적 요소로 산산이 흩어져 버렸다. 범죄는 세계 최고 수준을 달리고 부정부패는 끝간 데 없이 뻗쳐 있다. 이제 누구나 문제의 심각성을 인정하지 않는 사람이 없는 형편이다.

그러면 오늘날 민주화의 발전을 저지하는 반민주세력의 민족사적 실체는 무엇인가. 그리고 분단구조를 창출하고 민족통일을 저해하는 반통일세력의 민족사적 실체는 무엇인가. 또 사회의 통일적 기반을 파괴하면서 전사회를 범죄의 온상으로 몰아가고 있는 반사회세력의 민족사적 실체는 무엇인가. 이런 개념들은 친일파로 상징되는 민족반역자 매국노와 잇닿아 있다.

한 사회가 모든 범죄와 불행의 원천을 뿌리 뽑지 않고 용인한다면 그 사회는 기준이 없어지고 범죄가 창궐하는 세상으로 바뀔 것이다. 하물며 세상을 그들에게 몽땅 내맡기는 지경에 이르러서야 사회정의나 민족정기가 어디에 발을 붙일 수 있겠는가. 결국 사회 전체가 극단적 혼란과 위기에 봉착하게 될 것임은 너무나 분명한 일이다.

민족사가 이런 모양으로 흘러왔기 때문에, 민족문제에 대한 회의는 물론이요, 민족 그 자체의 존재에 대한 회의까지도 이미 적지 않게 형성되어 있는 형편이다. 민족 자체에 대한 회의가 커지면 그 민족은 어디로 가는가. 식민지 노예로 가는 수밖에 없다. 그 때 가서야 비로소 가슴을 치며 후회하겠지만 사태는 소 잃고 외양간 고치는 격이 될 터이다.

오늘날 우리가 친일파 문제를 다시 끄집어내는 이유는 이미 병증이 깊어져 기술적 처방만으로는 고칠 수 없게 된 우리 현실을 그 출발점에서부터 다시 짚어보고 대책을 강구해 보자는 심정에서이다. 친일파 문제는 대단히 중요한 문제임에도 불구하고 친일파가 주인이 되어 설쳐온 분단구조의 엄혹성 때문에 친일파 문제에 대하여 발표는 물론 연구조차 할 수 없었다. 그러다 보니 그 역사적 의미와 연결과정이 밝혀지지 못하고 결국은 과거의 이야기로 인식되어 역사 속에 묻히고 말았다.

한 사회가 제대로 나아가자면 장려와 더불어 금기가 명백해야 한다. 독립운동사에 대한 연구와 더불어 친일파에 대한 연구는 더 철저해야 한다. 우리 역사는 금기가 장려되고 장려사항은 처단받는 극도로 뒤집힌 민족사였기 때문에 더욱 그 연구에 집중해야 하고 심판에 철저해야 한다. 하물며 그것이 과거사로 끝나지 않고 현재진행상태에 있음에야.

이 문제를 해결하자는 것이 바로 우리 반민족문제연구소가 추진하는 '친일인명사전' 편찬 사업의 기본취지이다. 친일인명사전은 이름이 사전이지 사실은 친일파 심판서이다. 친일인명사전의 편찬주체는 민족의식이 투철하고 역사에 대한 책임감이 높은 전문연구자들이라야 한다. 친일권 인사들의 영향력 아래에 있는 관변단체나 어정쩡한 곳에서 손을 대, 우리 역사를 모욕하는 일은 없어야 한다.

이 책은 우리 연구소에서 앞으로 편찬할 친일인명사전의 준비사업으로 시작하였다. 즉, 지금까지의 연구성과들을 종합하여 앞으로의 본격적 연구를 위한 토대로 삼고자 함이었다. 또한 사전편찬에 들어가면 어떤 문제가 나타날 것인지 미리 점검해 보고 그 대비책을 세우며 전문연구자들의 준비 정도를 높이려는 생각도 있었다. 당초 예상했던 일이지만 많은 문제점이 나타났다. 우선 모든 사람이 공통으로 겪었던 어려움은 자료 부족이었다. 여기 실린 인물들은 친일행적이 뚜렷하여 매국노로서 손색이 없는 자들이다. 그런데도 자료가 없어서 쓰지 못하는 사람이 상당수였으니 문제가 심각한 것이다. 그들의 범죄가 가벼운 것이 아니라 그 죄를 입증할 자료가 국내에 없는 우리 현실이 딱한 것이다. 이 자료의 제약 때문에 처음에 선정되었던 사람이 빠지고 다른 인물이 실린 경우도 없지 않았다. 다음으로 친일파와 일제침략에 대한 연구가 없다 보니 전문연구자가 대단히 부족하여 많은 어려움을 겪었다. 지금까지는 친일파에 대한 연구가 추상적인 원칙론이었거나 아니면 개개인의 개별 사실들에 대한 폭로 수준에 머물러 있었다.

우리는 이러한 숱한 어려움에도 불구하고 민족의 비극과 고난을 초래한 주요 인물들을 선정하고 그들의 반민족적 행위를 계통적으로 추적하여 개개 행위의 역사적 범죄성을 논증하고자 하였다. 그러나 시간이 너무 많이 흐르고 자료가 극도로 부족한 관계로 우리의 욕심만큼 내용이 풍부하지 못하여 몹시 안타까웠다. 특히 해방 이후의 행적을 추적하여 해방 전과 후를 연결시켜서 통일적으로 살펴야 했는데 그러지 못하여 죄송한 마음 금할 길이 없다. 지금

실린 것들도 대부분 아주 공식적이고 평범한 자료들에서 뽑은 사실들이다.

그럼에도 불구하고 이 책은 친일파에게 해산당한 반민특위 이후에 민족사를 아끼는 많은 전문연구자들에 의해서 집필된 첫 친일파 심판서라는 의미를 갖는다. 왜곡되고 뒤집힌 우리 역사를 바로잡아야 한다는 소리는 높았으나 지금까지 이에 대한 구체적이고 학문적인 답변은 별로 없었다. 이 책에는 이에 대한 분명한 답변이 담겨져 있다는 점에서도 그 출간 의의가 자못 크다. 44명이라는 많은 전문연구자들이 집필에 참여한 것은 이 작업이 앞으로 민족사를 정화하는 하나의 경향으로서 추구될 것임을 예고하는 것이다. 특히 소장 연구자들이 다수 참여한 것은 이 작업이 참여자의 범위를 넓히면서 오늘의 역사적 입장에서 냉정한 심판을 계속할 것임을 다지는 결의로 이해하여도 좋을 것이다.

세계질서의 재편기 속에서 일본의 재침략을 걱정하는 사람들이 많다. 그런 걱정이 앞설수록 우리가 살펴야 하는 것은 일본이 아니라 우리 내부에 있는 앞잡이다. 이 앞잡이가 없이는 침략이 불가능하기 때문이다. 이 책의 출간이 그런 점에서 민족의 자주화를 앞당기는 선구자의 역할을 해 주기를 기대한다. 마지막 순간까지 들어갈 사람이 바뀌는 등의 우여곡절을 겪다 보니 원고를 체계적으로 검토할 시간이 절대적으로 부족하였다. 처음 시도해 본 사업이라 많은 잘못이 있을 것이다. 앞으로 이 사업이 국민적 관심 속에서 진행되면서 숨겨진 많은 내용들이 보충되리라고 믿는다. 책을 읽으신 분들께서 많은 비판과 지적을 해 주시기 바란다.

한 가지 꼭 지적해야 할 점은 종교분야에서 특정 종교와 관련된 항목이 빠져 있다는 점이다. 이유는 그 특정 종교에 친일매국행위를 한 사람이 없어서가 아니라 그 분야의 어떤 연구소에서 자료를 꽉 움켜쥐고 내놓지 않고 있기 때문이다. 개인이건 집단이건 누구나 잘못을 저지를 수도 있다. 문제는 이후에 그 문제를 대하는 자세이다. 자기 잘못을 진심으로 뉘우치고 새로운 각오로 나설 때에 참다운 성장이 있는 법이다. 자기 과거를 감추기만 하면 된다는 생각은, 특히 종교인에게서의 그런 생각은 놀라운 발상이다. 바로 이런 발상이 범죄를 재생시키는 온상이기 때문이다.

바쁘신 시간중에도 책의 출판 시점에 맞추기 위하여 앞서서 원고를 써 주

신 연구소 지도위원께 감사드리며, 자료부족의 악조건과 싸우며 집필에 참여
해 주신 연구원들을 비롯하여 모든 분들께 감사의 말씀을 드린다. 특히 집필
대상자 선정에서부터 마지막의 원고 검토에 이르기까지 애써 주신 강창일,
김도형, 김경택, 윤해동 편집위원들께 감사드리는 바이다. 그리고 이 책은 돌
베개 출판사의 제안으로부터 시작되어 돌베개 출판사의 수고로 마무리되었
다. 돌베개 출판사의 한철희 주간, 심성보 편집장, 유정희 씨는 연구소에 상주
하면서 작업을 챙기신 분들이다. 우리 연구소의 모든 작업이 항상 그러했듯
이 이번 사업에도 연구원 김민철 씨를 비롯하여 남창균, 이원경, 양승미 씨의
수고가 밑받침되어 책이 나오게 되었다. 앞으로 더 좋은 사업을 추진하여 모
든 분들의 기대에 보답할 각오를 다시 다진다.

1993년 2월
반민족문제연구소 소장 김봉우

일러두기

1. 『친일파 99인』(전3권)은 우리 민족 구성원 모두가 반드시 알아야 할 친일파를 각 분야별로 선정하여 그들의 반민족적 행각을 체계적으로 밝혀냄으로써 민족사의 정화라는 과제를 해결하려는 뜻에서 기획하였다.

2. 수록할 친일 인물들을 엄정하게 선정하기 위해 1876년에서 1945년까지의 시기를 대상으로 하여 일본 제국주의의 식민지 권력기관 및 친일단체 등에 소속되었던 인물을 1차 사료와 그간의 연구성과를 참조로 조사하여 약 2천여 명(중복 포함)에 이르는 명단을 일차로 정리하였다. 즉, 민비시해사건 주모자, 을사오적, 매국의 공신 등을 비롯하여, 친일단체의 간부이거나 식민지 권력기관의 고급 간부 그리고 비록 하수인에 지나지 않았더라고 악질적인 행위로 제 민족을 괴롭히고 파괴하는 데 앞장 섰던 자들을 선정하였다.

3. 위의 2천여 명의 명단에서 사회 각 분야별 중요 인물이라고 판단되는 약 200명을 다시 선정한 뒤, 다음의 조건을 고려하여 다시 100명 내외로 조절하였다. 즉, 첫째, 사회 각 분야의 대표적인 친일 인물인가 및 둘째, 현실적으로 집필이 가능한 자료가 존재하는가를 주요 기준으로 삼았다. 따라서 명백하게 친일행위를 했음에도 불구하고 자료 문제로 제외된 인물도 있었다. 이렇게 해서 총 대상인물이 99인으로 되었다. 따라서 이 책에 수록된 99인은 친일의 정도가 가장 극악했던 순서대로 99인을 뽑았다는 의미가 아님을 밝혀둔다.

4. 서술에서는 독자 누구나가 해당 인물의 친일행각을 명확하고도 쉽게 이해할 수 있도록 하기 위하여 해당 인물의 주요한 친일 행각을 중심으로 서술하였다. 따라서 이 책에 수록된 글들은 객관적 자료에 입각하되, 연대기적 서술 또는 사전식의 서술은 가능한 한 피했음을 밝혀둔다.

5. 개별 인물별로 편집된 제한성을 다소나마 극복하고자 서장 '친일파 문제를 다시 본다'를 수록하였다.

6. 참고문헌은 개인별 항목에서는 주로 1차 사료만을 선별하여 '주요 참고문헌'의 형식으로 수록하였고, 기타 관헌문헌 및 관련 논저를 망라하여 부록 1 '친일파 문제 관련 주요 문헌 목록'으로 정리하였다.

7. 이 책의 대상자를 선정한 주요 근거이자 차후 친일파 연구의 주요 자료가 될 '일제하 친일단체 및 기관 소속 주요 인명록'을 부록 2로 실었다.

8. 이 책에 수록된 99인은 다른 인물을 서술하는 글에서 거명될 경우 *표를 하여 각 인물간의 상호관계를 살펴볼 수 있도록 하였다(단, 중복되어 나올 경우는 처음에만 표시하였다).

『친일파 99인』 편집위원회

친일파 99인 (3) / 차례

□ 책을 펴내면서 • 3
□ 일러두기 • 8

제3부 사회·문화

5. 문학

이인직 친일문학의 선구자 ——————————————— 최원식 • 17
이광수 민족개조 부르짖은 변절 지식인의 대명사 ————— 임헌영 • 24
김동인 예술지상주의의 파탄과 친일문학가로의 전락 ———— 임규찬 • 34
주요한 대동아공영의 꿈 읊조린 어릿광대 ———————— 김윤태 • 42
김동환 각종 친일단체의 핵심으로 맹활약한 친일시인 ——— 김윤태 • 50
모윤숙 여성 교화사업의 첨병 ———————————— 임헌영 • 59
유치진 친일 '국민연극' 주도한 근대연극사의 거두 ———— 박영정 • 65
최재서 서구적 지성론자에서 천황숭배론자로 —————— 김재용 • 75
백 철 인간탐구론자에서 국민문학론자로 —————— 김재용 • 83
김기진 황국문학의 품으로 투항한 계급문학의 전사 ——— 김 철 • 91
박영희 카프문학의 맹장에서 친일문학의 선봉으로 ——— 임규찬 • 97

6. 음악·미술

홍난파 민족음악개량운동에서 친일음악운동으로 ———— 노동은 • 109
현제명 일제 말 친일음악계의 대부 —————————— 노동은 • 117
김은호 친일파로 전락한 어용화사(御用畵師) ————— 이태호 • 125
김기창 스승에게 물려받은 친일화가의 길 ——————— 이태호 • 133
심형구 친일파 미술계를 주도한 선봉장 ——————— 이태호 • 140
김인승 도쿄미술학교 우등생이 친일에도 우등 ————— 이태호 • 146

7. 종교

최 린 반민특위 법정에 선 독립선언의 주역 ——————— 김경택 • 153

박희도 시류 따라 기웃거린 기회주의자의 변절 행로 ————— 김승태 • 161

정춘수 감리교 황민화의 앞잡이 ————————— 김승태 • 169

정인과 장로교 황민화의 선봉장 ————————— 김승태 • 177

전필순 혁신교단 조직한 기독교 황민화의 앞잡이 ——— 김승태 • 186

김길창 신사참배 앞장 선 친일 거물 목사 ————— 김승태 • 195

이회광 불교계의 이완용 ————————————— 임혜봉 • 203

이종욱 항일투사에서 불교 친일화의 기수로 ——— 임혜봉 • 214

권상로 불교계 최고의 친일학승 ————————— 임혜봉 • 225

김태흡 조선 제일의 친일 포교사 ————————— 임혜봉 • 235

☐ 부록 1——친일파 문제 관련 주요 문헌 목록 • 249
☐ 부록 2——일제하 친일단체 및 기관 소속 주요 인명록 • 265

친일파 99인 (1)/수록 인물

제1부 정치

1. 을사오적 ─────────── 이완용 / 박제순 / 권중현 / 이지용 / 이근택
2. 일진회 관련자 ─────────── 송병준 / 이용구 / 윤시병 / 윤갑병
3. 갑신·갑오개혁 관련자 ───────── 박영효 / 김윤식 / 조중응 / 장석주 / 조희연
   윤치호 / 정란교 / 신응희 / 이규완
4. 을미사변 관련자 ─────────── 이주회 / 이두황 / 우범선 / 이진호
5. 왕실·친족 ─────────── 윤덕영 / 민병석 / 민영휘 / 김종한
6. 관료 ─────────── 박중양 / 유성준 / 유만겸 / 유억겸 / 장헌식
   고원훈 / 박상준 / 석진형 / 김대우

친일파 99인 (2) / 수록 인물

제1부 정치

7. 직업적 친일분자 ──────── 민원식 / 배정자 / 선우순 / 이각종 / 박석윤
박춘금 / 현영섭 / 이영근 / 이종형

8. 경찰·군인 ──────── 김태석 / 김덕기 / 전봉덕 / 김석원 / 정 훈

제2부 경제

경제 ──────── 한상룡 / 장직상 / 김갑순 / 박영철 / 문명기
박흥식 / 김연수 / 박승직 / 현준호 / 문재철

제3부 사회·문화

1. 언론 ──────── 진학문 / 장덕수 / 서 춘
2. 학술 ──────── 정만조 / 어윤적 / 이능화 / 최남선
3. 법조 ──────── 이승우 / 신태악
4. 여성계 ──────── 김활란 / 고황경 / 황신덕 / 박인덕

사회·문화―문학

이인직
이광수
김동인
주요한
김동환
모윤숙
유치진
최재서
백 철
김기진
박영희

이인직
친일문학의 선구자

- 李人稙, 1862~1916
- 1904년 러일전쟁시 일본군의 조선어통역관으로 종군. 1906년『국민신보』주필 1907년『대한신문』사장. 1911년 경학원 사성

신소설의 개척자

이인직이라는 이름은 아직도 우리 근대문학사의 서장을 화려하게 장식하고 있다. 신소설의 개척자로서 우리는 아직도 『혈(血)의 누(淚)』(1906)를 최초의 신소설로 신주단지처럼 모신다.

그런데 조금만 주의하면 이 작품은 제목부터 일본식이라는 사실을 깨닫게 된다. 일본어에서는 명사와 명사 사이에 꼭 'の'(의)가 끼어 들게 마련이기 때문이다. 우리식 어법이라면 이 제목은 그냥 '혈루'이거나 '피눈물'이 되어야 하는 것이다. 제목뿐만 아니라 그 문체도 희한하다.

    어제아침 이방   피난   때
    昨日朝에 此房에서 避難갈 時에는

한자어에 토를 달았는데 그 방식이 일본식의 후리가나이다. 이 번거로운 일본식 문체는 이미 봉건시대부터 한글전용의 전통을 견지하고 있던 우리 소설 문체에 대한 일대 후퇴인 것이다.

이인직

　더욱 심각한 문제는 이 작품의 시각이다. 청일전쟁(1894)을 배경으로 하고 있는 이 작품에서, 작가는 청군의 부패를 맹렬히 규탄하면서도 일본군의 만행에는 짐짓 눈감고 고난에 빠진 여주인공 옥련을 일본 군의관으로 하여금 보호하게 함으로써 일본이야말로 조선의 구원자라는 의식을 교묘하게 심어주고 있는 것이다. 옥련은 일본에서 다시 조선 청년 구완서에 의해 위기에서 벗어난다. 그런데 이 청년 또한 수상하다. 비스마르크를 흠모하며, 우리 나라를 야만으로 은근히 멸시하는 이 민족허무주의자는 일본과 만주를 합하여 대연방을 건설하겠다고 꿈꾸는데, 그 꿈은 만주침략(1931)에서 실현되었던 것이다. 이 작품이 발표되었던 1906년에, 조선인으로서 이미 1931년의 사태를 예견하고 있는 구완서는 일본 군국주의의 첨병이 아닐 수 없다.

　우리는 친일문학 하면 일제 말기만 생각하기 쉽다. 천만의 말씀이다. 친일문학자는 이미 우리 근대문학 초기부터 암약하고 있었으니, 이인직과 최찬식(崔瓚植：1881~1951)이 대표적인 인물이다. 이완용*의 비서로 매국협상을 배후에서 주도했던 이인직과, 일진회 총무원 최영년(崔永年)의 아들로 이인직의 뒤를 이어 1910년대에 대표적 친일문학자로 떠오른 최찬식. 우리는 이인직과 최찬식을 중심으로 구성된 근대문학사의 서장을 새로이 고쳐 쓰지 않으면 안 된다.

고마츠의 제자에서 이완용의 비서로

이인직은 1862년 음력 7월 27일 경기도 음죽(陰竹), 오늘날의 이천(利川)에서 부 윤기(胤耆)와 모 전주 이씨 사이의 차남으로 태어났으나, 이후 백부 은기(殷耆)의 양자로 들어갔다. 본은 한산(韓山), 명문에 속하지만 그의 직계 집안은 한미해서 아마도 서계(庶系)가 아닌가 추측된다. 그의 어린 시절은 불우했다. 5세에 생부를, 11세에 양모 남원 윤씨를, 18세에 생모를 잇따라 여의어 고아와 진배 없었던 것이다. 일찍이 동래 정씨와 결혼하여 슬하에 자녀를 두었다.

그런데 그는 1900년 2월 장년의 나이에 갑자기 일본 유학길에 오른다. 같은 해 9월 도쿄정치학교에 입학하여 이듬해 7월에 졸업하게 되는데, 그는 이 학교에서 앞으로의 매국활동을 위한 중요한 인연을 맺게 된다. 조중응*과 함께 열국(列國)의 정치제도와 국제법 강의를 담당한 고마츠(小松綠)의 제자가 된 것이다.

고마츠는 1906년 통감부의 외사국장으로 조선에 나와 소위 '합방'의 실무자로 활약한 자이고, 이인직의 둘도 없는 친구 조중응은 매국노였다. 조중응은 유생 때에 이미 일본과 내통한 죄를 지어 오랜 유배생활을 하다가 갑오경장 때 관리로 발탁되었으나, 1896년 아관파천으로 일본에 망명하였다. 그는 1906년 특사로 귀국하여 일약 법부대신·농상공부대신에 올라 매국칠적(賣國七賊)의 하나로 드디어 '합방' 후 자작의 칭호까지 얻은 자인데, 유학생 이인직과 망명객 조중응이 도쿄정치학교를 매개로 결합하였던 것이다.

당시 유학생과 망명객의 교류는 매우 골치거리여서, 대한제국 정부는 1903년 2월 유학생 소환령을 내렸다. 물론 이인직은 이 소환에 응하지 않았다. 그는 미야코(都) 신문사의 견습생으로 일하는 한편 고국의 아내를 버리고 일본 여자와 동거한다. 그런데 흥미로운 것은 그의 일본인 아내가 우에노(上野)에서 '조선루'라는 한국식 요정을 경영했다는 사실이다. 요컨대 유학 시절의 이인직은 견습생으로 신문일을 배우면서 망명객 조중응과 함께 고마츠의 제자가 되어 때를 기다리고 있었던 것이다.

마침내 그에게 귀국 기회는 왔다. 러일전쟁이 일어나자 1904년 2월에 일본

육군성으로부터 제1군 사령부 소속 한국어 통역으로 임명되어 종군하게 된다. 제1군은 2월 16일 인천에 상륙, 3월 중순에는 평양으로, 4월 하순에는 압록강 우안(右岸)에 집결하여 5월 1일 강을 건너 러시아군을 격파하고, 5월 11일 봉황성으로 진격하였다. 여기서 이인직은 통역에서 해고된다.

이듬해 그는 조중응과 함께 동아청년회에 가입하였는데, 이 단체는 "지식과 사교에 의해 동아인의 단결을 이루고 동아의 전국면에 문명의 보급을 꾀"한다는 취지에서 보듯이 일본의 지배를 동아시아 전체로 확대하려는 제국주의적 의도를 가진 첨병적 모임이었다. 여기에서 우리는 일본, 조선, 만주를 포함한 연방을 건설하겠다고 기염을 토한 『혈의 누』의 남주인공 구완서가 바로 이인직의 분신임을 짐작할 수 있다.

이인직은 1906년 2월 일진회의 기관지 『국민신보』의 주필이 됨으로써 국내에서 본격적인 친일활동의 발판을 마련한다. 어떤 연줄로 그가 이 신문사에 관계하게 되었는지는 자세하지 않으나, 아마도 이 신문의 창간인 송병준*과 연관이 있었는지 모르겠다. 왜냐하면 일본에 망명해 있던 송병준도 이인직처럼 러일전쟁이 일어나자 통역으로 귀국하여 일본 군부의 조종 아래 일진회를 통해 맹렬하게 매국활동에 종사하고 있었기 때문이다.

4개월 만에 그는 『만세보』의 주필로 자리를 옮긴다. 1906년 2월에 손병희(孫秉熙)의 발의로 창간된 이 신문은 『국민신보』의 대항지였다. 일진회는 원래 일본에 망명해 있던 손병희가 국내의 이용구*를 내세워 벌인 동학의 반정부 운동단체였다. 그러나 이용구가 일본 군부의 조종을 받는 송병준과 야합하자, 이를 견제하기 위해 1906년 망명지 일본에서 귀국한 손병희는 천도교를 창건하고 일진회에 대항하는 사회활동의 일환으로 『만세보』를 창간하였던 것이다.

이인직은 이 신문에 『혈의 누』를 연재함으로써 일약 문명(文名)을 얻고 이를 발판으로 영향력을 증대시켰다. 더구나 이 시기에 도쿄정치학교 시절의 인연은 막강한 힘을 발휘하기 시작했으니, 그의 은사 고마츠는 통감부 외사국장으로 부임하고 친구 조중응도 통감부 촉탁으로 귀국하였던 것이다.

드디어 이인직은 이완용의 후원을 얻어 『만세보』를 인수하여 1907년 7월 『대한신문』을 창간한 후 사장 자리에 앉는다. 이완용 내각의 기관지 역할을 한 이 신문을 통해 그는 본격적인 암약에 들어가게 되니, 친구 조중응은 이때 법부대신이었다. 당시 정계는 친일활동의 주도권을 놓고 이완용파와 일진회가 격렬한 항쟁을 계속했는데, 이인직은 전자에 가담하게 되었던 것이다.

1908년 이후 그는 연극시찰이니 종교적 목적이니 하는 명목으로 일본을 뻔질나게 드나든다. 실제로 그는 천리교(天理敎) 신자였다. 일본 여자와 재혼한 이인직은 종교마저 일본 신도(神道)의 일파인 천리교에 귀의했으니 참으로 철저한 자다. 그러나 이런 명분보다도 이완용의 밀사로서 일본 정객들과 매국의 막후공작을 위해서 일본 나들이에 나섰던 것이다.

1910년 8월 초순, 이완용은 '합방'운동을 맹렬히 전개하고 있던 일진회에 대해 기선을 제압하기 위해 심복 이인직을 고마츠에게 보내 결정적인 비밀접촉에 들어간다. 고마츠는 1910년 무더운 여름밤 이인직의 돌연한 방문을 다음과 같이 생생하게 기록하고 있다.

　그(이인직—인용자)는 양미간에 찬 빛을 띠우며 우선 근본문제부터 말하기 시작하였다.

　"일진회가 합방론을 제창하고 또한 일본에서는 병합설이 대단하여졌다는 사정 등을 합쳐보면, 오늘날 무엇인가 대변혁이 일어나지 않으면 안 되리라고 저희들은 깨달았기 때문에, 최근 저는 이수상(李首相 : 이완용——인용자)을 만나서 빨리 거취의 각오를 결정하시도록 근고(謹告)해 보았습니다. 2천만 조선 사람과 함께 쓰러질 것인가 6천만 일본인과 함께 나아갈 것인가, 이 두 길밖에 따로 수상의 취할 길은 없습니다. 어느 쪽 길로 나가시겠느냐고 물었습니다. 이수상은 잠깐 침음하다가 서서히 말씀하시기를, 5적 또는 7적이라고 불릴 정도의 현내각이 와해된다면 현내각 이상의 친일파 내각이 새로 될 수 있을 것인가 참으로 통심할 일이라고 대답하셨습니다."

　나는 이와 같은 이인직의 말을 듣고서 이것은 참 좋은 문제를 가져온 것이라고 내심 기뻐하였다. 나는 유달리 하하 웃으면서 손수 맥주를 따라서 그에게 권하고 나도 마셨다. 넓은 응접실에는 단 둘뿐 다른 누구도 있지 않았다.(小松綠, 『朝鮮倂合之裏面』)

이를 기틀로 협상은 급진전, 마침내 1910년 8월 29일 대한제국은 이완용파
의 주도 아래 멸망하였던 것이다.

장례도 일본식으로

이와 같은 혁혁한 공으로 이인직은 1911년 경학원 사성(司成)이 되었는데,
연봉이 900원이었다. 이완용이 2000원, 조중응이 1600원이있던 데 비하면 낮지
만 꽤 높은 금액이 아닐 수 없다. 경학원은 일제가 조선 왕조의 정신적 권위
인 성균관을 격하하여 설치한 기관으로, 전국의 유림을 선무하는 공작을 가
장 중요한 임무의 하나로 삼았던 곳이다.

이인직은 이미 1909년경 대동학회(大東學會)에 은밀히 관여한 바 있다. 이 회
는 원래 1907년에 '유교를 유지코자 하는 대목적' 아래 조직되었는데, 유교를
빙자한 매국 단체였다. 헤이그 밀사사건이 나자 이토 히로부미(伊藤博文)에게
사죄문을 보내고, 의병을 '철부지의 불장난'으로 매도하고, '우리 나라의 위기
를 평안으로 전환시킬 유일한 길은 오직 일본과 결합하는 한 가지 일'임을 천
명하면서 전국에 22개의 지회를 두어 유림의 친일화를 기도하였던 것이다. 대
동학회는 1909년 공자교회로 전환하였는데, 이인직은 간부로 참여하여 지방조
직 건설에 몰두한 바 있었다.

아마도 이 같은 경력이 그를 경학원 사성으로 발탁되게 하였을 것인데, 그
의 정력적 친일활동은 맹렬하기 짝이 없다. 전국을 순회하며 유림을 선무하
는 한편, 1913년에는 『경학원잡지』를 창간하여 유림에 대한 회유와 협박을 더
욱 조직적으로 수행하였던 것이다. 이 시기 활동 가운데 절정은 다이쇼(大正)
의 즉위 대례식에 헌송문을 지어 바친 일이다.

이처럼 견마지로를 다하던 그도 1916년 11월 21일 신경통으로 총독부 의원
에 입원, 나흘 만에 허무하게 이승을 하직하게 되는데, 총독부는 죽기 하루
전 그의 연봉을 1000원으로 특별인상한다. 당시 신문은 그의 최후를 다음과
같이 전하고 있다.

이인직 씨의 장의

천리교식의 장의

경학원 사성 이인직 씨의 장의는 본월 28일에 고양군 용강면 아현화장장에서 거행하였는데, 장의의 제반의식은 동씨의 평일 신앙하던 바 천리교식으로 행하였는데, 당일 참회한 회원은 경학원 부제학 박제빈남(朴齊斌男) 이하 경학원 직원 일동과 천리교 신도 다수와 이완용백(伯), 조중응자(子), 유성준* 제씨와 총독부의 다수한 관리가 호종하였으며, 씨의 평일 공로를 위로하기 위하야 당국에서는 상여금이라는 명목으로 450원의 금액을 하부하였고, 대제학 자작 김윤식* 씨는 부제학 자작 이용직(李容稙) 씨를 대리로 명하여 일반직원을 대동하고 제권을 행하였더라.(『매일신보』, 1916. 12. 2)

■ **최원식**(인하대 교수·국문학)

주요 참고문헌

『국민신보』
『매일신보』
이인직, 『혈의 누』, 1906.
小松綠, 『朝鮮倂合之裏面』, 中外新論社, 1920.

이광수

민족개조 부르짖은 변절 지식인의 대명사

• 李光洙, 창씨명 香山光郞, 1892~1950
• 1922년 『개벽』지에 「민족개조론」 발표, 1939년 조선문인협회 회장
  1942년 제1회 대동아문학자대회 참석

사랑의 도피 여행과 상하이 시절의 행각

1920년 4월, "종달의 소리가 끝도 안 나서/청인의 집 낮닭이 운다/종달이 또 운다, 바람이 또 분다/동자군(童子軍)의 행군나팔이 들린다/아아 사람을 곤(困)케 하는 강남의 봄이여"(이광수, 「강남의 봄」)라는 구절처럼 남쪽지방 상하이의 봄이 무르익어 갈 때 춘원은 두 해째로 접어든 타국생활과 끝이 안 보이는 독립운동에 조바심을 느끼고 있었다.

이미 장편소설 『무정』(1917)으로 전조선 여성의 연인이라는 별명을 가질 정도로 명성을 얻은 이 희대의 천재는 일본 유학중 19세 때 결혼한 아내 백혜순과 이혼한 후, 도쿄여의전을 졸업한 허영숙(창씨명 香山英子)과 베이징으로 석 달 가량 사랑의 도피여행(1918)을 떠났다. 어려서 천애고아로 자라온 춘원은 애정결핍증 소년이 지닌 민감성으로, 사랑을 주제로 한 작품을 주로 썼는데, 베이징에서 뜻밖에도 단재 신채호를 만나 독립운동가들 사이에서 자신이 문제아로 화제가 되고 있다는 것을 알게 된다. 그 '문제아'의 내용은 "젊은 여자와 함께 산다는 문제, M(매일)신문에 글을 쓴다는 문제, 일본 공사관에 다닌다는 문제"였다. 일본 공사관에 다닌다는 말은 춘원이 여행을 떠날 때 총독

이광수

의 측근인 일인 언론계 거물 아베(阿部充家)의 소개장을 가지고 와서 공사관의 도움을 받은 것을 뜻한다.

을씨년스러운 베이징에서 춘원은 온갖 악조건 속에서 독립운동에 전념하는 민족적 분위기를 안은 채 귀국, 도일하여 이듬해에 '2·8 독립선언서'를 쓴다. 그리고는 이를 외국으로 보내는 사명을 띠고 상하이에 도착한 것이 1919년 2월 5일이었다. 그러나 상하이에서의 독립운동의 속사정은 춘원 같은 천재의 눈으로 볼 때 근대화된 문명국가인 일본을 이길 수 없다고 판단되었다. 그의 조바심은 연인 허영숙에게 보낸 편지에 솔직하게 나타난다. "나는 상하이에 온 후로 작년(1919) 9월부터 대단히 자포자기한 생활을 했습니다. 날마다 술을 먹고 기생집에도 다녔습니다."

이 무렵 임시정부의 『독립신문』 발간 일을 맡았던 춘원은 도산 안창호와 긴밀한 사제적·동지적·육친적 관계를 맺게 되어 일생 동안 그의 이념노선과 충고를 따랐다. 그런데 춘원은 『독립신문』 일을 그만두고 귀국할 때만은 도산의 충고를 거슬렀다. 허영숙이 상하이로 춘원을 찾아간 것은 1921년 2월이었는데, 이 때 그는 아예 상하이에 남는 길, 도산의 권고대로 미국으로 가는 방안 등을 버린 채 그 해 3월 귀국 길에 오른 것이다.

독립운동가를 숙청하라고 건의하다

춘원은 여러 글에서 귀국하면 징역을 살 것처럼 썼으나, 실인즉 간단한 조사만 받고 풀려났을 뿐만 아니라 5월에 허영숙과 정식 결혼하고, 9월에 사이토(齊藤實) 총독과 면담하는 등 화려하고 세속적인 출세가도의 길로 들어섰다.

뿐만 아니라 아베를 통하여 사이토에게 보낸 건의서「유랑 조선 청년 구제 선도의 건」(1921. 4)은 이광수가 당시 이떤 생각을 하고 있었는지를 잘 보여준다. 중등 이상의 교육을 받은 조선인 가운데 중국, 시베리아 등지의 2천여 유랑자들(실은 독립운동가들)이 지닌 위험성을 세 가지로 나눠서 경고한다면서, 첫째는 '독립운동을 표방해서 무기를 들고 조선 안에 몰래 들어오는 일'이며, 다음은 '과격파 러시아의 선전자가 되는 일'이고, 그 다음은 '사기꾼 또는 절도, 강도가 되는 일'이라는 것이다. 춘원은 이들이야말로 '수효에 있어 적은 것 같지만 실제로 일본의 국방 및 사회의 안녕에 대해 경시해서는 안 되는 관계'라고까지 강변한다.

이런 충언을 해준 춘원을 총독부가 어떻게 대했을까에 대한 명확한 입증자료는 없다. 그러나 아베가 총독에게 건의한 여러 글들로 미뤄볼 때 민족개량주의론을 선양시켜 독립운동의 이념을 누그러뜨리면서 문화운동을 유도하려 했던 점만은 분명하며, 그 주역인 이광수, 최남선*, 최린* 세 사람에게 정책적인 배려를 베풀었다는 사실은 증명된다.

상하이로부터의 귀국 자체를 총독부의 회유로 본 재일본 역사학자 강동진(姜東鎭)은 춘원이 1923년 동아일보사에 입사하여 받았던 수당이 한 달에 300엔이었다고 밝혔다. 1929년 무렵의 파격적인 부장대우가 100엔이었다니 그 위력을 상상할 수 있을 것이다.

춘원은 그 보수에 합당하게 일본 제국을 위해 봉사했을까? 월간『개벽』지에 「민족개조론」(1922)을, 이어『동아일보』에 「민족적 경륜」(1924)을 쓰자 당시 청년 지식인들 사이에서는 그에 대한 비난과 욕설이 들끓었는데, 결국 그 압력으로 잠시 동아일보사를 그만둬야 할 지경이었다. 이 두 글은 나라 잃은 원인을 국민성 자체의 약점으로 돌리는 한편, 문화운동으로 전환할 것과 자치제에 대한 강력한 회원의 의지를 담고 있다. 이미 독립운동권으로부터는 따돌림을 받은 춘원은 도산의 뜻에 따라 수양동우회 결성에 앞장 섰는데, 이 단체는 그의 신원보증인 역할을 했던 아베를 통하여 총독에게 사전에 규약을 보고한 뒤에 창립되었다. '조선 민족개조의 대사업의 기초'를 다지기 위한 수양동우회는 그 뒤 비록 형사처벌의 대상이 되었지만, 적어도 춘원이 초기에 창설했을 때의 기본구도에는 총독부의 정치적인 저의가 개입되었을 것으로 볼 수 있다.

춘원이 친일이라고 이름 붙일 만한 행위를 시작한 시기는 이처럼 상하이로부터 귀국한 때로 보는 것이 일반적이지만, 실인즉 그 기원은 더 거슬러 올라갈 수도 있다.

즉, 춘원은 1916년 『매일신보』에 쓴 기행문 「대구에서」라는 글에서 "일찍 해외에 있어 격렬한 사상을 고취하던 자가 도쿄에 와서 2, 3년간 교육을 받노라면 번연 인구몽(引舊夢)을 버려 이전 동지에게 부패하였다는 조소까지 듣게 되는 것을 보아도 알지라. 신문과 잡지와 서적과 선량한 청년회 같은 사교기관이 있어 기회를 따라 신지식을 주입하면 결코 여사한 무모를 행치 아니할 것이라"고 썼다. 이 말은 곧 독립운동가들의 부당성과 우매성을 지적한 대목으로 아무리 좋게 해석해도 강한 친일이념의 냄새를 풍긴다. 더구나 이 글의 형식은 총독에게 건의하는 서간체적 기행문으로 되어 있어 그 뒤의 「유랑 조선 청년 구제 선도의 건」과도 일맥 상통한다.

일어로 된 처녀작 「사랑인가」와 친일의식의 단초

최근에 발표된 이광수에 대한 깊이 있는 연구들은 그의 친일의식의 단초를 「대구에서」보다도 훨씬 더 거슬러 올라가 그가 일본의 기독교 선교사계 교육기관인 메이지(明治)학원에 다닐 때(18세, 1909) 쓴 단편 「사랑인가」에서 찾고 있다. 소설은 11세 때 고아가 된 조선인 유학생 문길이 고독과 번민 속에서 사랑을 찾다가 일인 소년 마사오에게서 그러한 감정을 느끼나 여전히 만족할 만한 애정은 얻지 못한 채 괴로워하는 모습을 그린 것이다.

그는 마사오를 만나면 제왕의 앞에라도 선 것처럼 얼굴을 들 수가 없고 말도

나오지 않았다. 극히 냉담한 태도를 꾸미는 것이 보통이었다. 그는 또한 그 이유
도 몰랐다. 그저 본능인 것이었다. 그래서 그는 붓으로 입을 대신했다. 3일 전에
그는 손가락을 잘라서 혈서를 보냈다.

바로 이 대목을 인용하면서 임종국은 이 동성애적인 사랑의 의미를 반민족
적인 발상의 효시로 보고 있는 것이다.

사실 이광수의 친일행위는 역사적으로 볼 때 일생에 걸친 것이다. 즉,
1919년 2·8 독립선언에서부터 상하이에서 귀국하기까지의 기간 동안 했던 독
립운동이 도리어 특이하게 보인다는 주장이 나올 정도로 그의 일생은 시종
국가권력에 대한 신뢰와 성취욕구, 안일함에 대한 갈망이 그치지 않았던 것
이다.

민족개량과 문화주의로 일관하던 춘원은 1937년의 동우회(수양동우회가
1929년부터 동우회로 명칭이 바뀜)사건에 걸려 옥고를 겪지만, 이내 병보석으
로 풀려나는 한편 정신적인 지주 도산의 타계(1938)에 직면한다. 이어 그는
1939년 중국의 일본군 위문을 위한 모임(북지황군위문작가단) 결성식의 사회
를 맡게 되고, 이를 계기로 본격적인 제3단계의 친일행위로 들어선다. 즉, 춘
원의 친일 제1단계는 1919년 이전까지로 이 시기는 주로 통치권자에 대한 관
념적인 협력정신으로 볼 수 있고, 제2단계는 상하이로부터의 귀국 이후로 자
신의 이상과 현실적인 욕구가 조화를 이룰 수 있는 이념체계인 민족개량주의
와 문화주의의 실현을 주장하던 때이며, 이어 제3단계는 1939년 이후로 이 때
는 전시협력체제로서 흔히들 친일이라고 하면 이 시기에 국한시키는 경향이
있으나 오히려 그 앞 시기가 더 중요한 역사적인 영향을 끼친 것으로 볼 수
있다.

1939년 같은 해 10월 29일 부민관에서 열린 총독부 지시의 조선문인협회 결
성식은 박영희가 사회를 맡았는데, 이광수가 회장으로 추대되어 만세삼창을
불렀다. 그러나 동우회사건이 재판에 계류중이어서 그는 판사로부터 회장사
임 압력을 받고 12월에 그 직책에서 물러났다. 물론 이내 발표된 창씨개명령
(1940. 2. 11부터 접수)에 따라 그는 발빠르게 고야마 미타로(香山光郎)로 이름
을 바꾸었는데, 그 자초지종을 이렇게 고백한다.

'지금부터 2600년 전 신무(神武)천황께옵서 어즉위(御卽位)'를 한 고큐산(香久山)에서 향산을 따오고, '광수'에서 '광'자는 그대로 쓰면서 '수'자는 일본 이름식으로 '랑'으로 바꿨다는 이 기발한 이름 풀이는 「지도적 제씨의 고심담」, 「창씨와 나」 등에서 춘원 자신이 남긴 것들이다. 이 글은 장황하지만 인용해 볼 필요가 있다.

> 창씨의 동기 : 내가 향산이라고 씨를 창설하고 광랑이라고 일본적인 명으로 개한 동기는 황송한 말씀이나 천황어명과 독법을 같이 하는 씨명을 가지자는 것이다. 나는 깊이깊이 내 자손과 조선 민족의 장래를 고려한 끝에 이리하는 것이 당연하다는 굳은 신념에 도달한 까닭이다. 나는 천황의 신민이다. 내 자손도 천황의 신민으로 살 것이다. 이광수라는 씨명으로도 천황의 신민이 못될 것이 아니다. 그러나 향산광랑이 좀더 천황의 신민답다고 나는 믿기 때문이다.……
> 정치적 영향 : 금년 8월 10일까지 조선인의 창씨의 기한이 끝난다. 그 날의 결과는 정치적 영향에 큰 관계가 있다고 나는 믿는다. 즉, 일본식 씨를 조선인 전부가 달았다고 하면 그것은 조선 2400만이 진실로 황민화할 각오에 철저하였다는 중대한 추리자료가 될 것이다. 만일 그에 반하여 일본식 씨를 창설한 자가 소수에 불과하면 그것은 불행한 편의 추리자료가 아닐 수 없다. 왜 그런고 하면 국가가 조선인을 신임하고 아니함이 조선 자신의 행·불행에 크게 관계가 있을 것은 자명하기 때문이다. 그러므로 일본적인 씨를 창설하는 것은 일종의 정치적 운동이라고 나는 믿는다.(「창씨와 나」, 『매일신보』, 1940. 2. 20)

이후 이광수는 「의무교육과 우리 각오」를 비롯한 많은 논설과 「조선의 학도여」 등의 시, 「그들의 사랑」 등의 소설, 「성전 3주년」 등의 수필, 「반도민중의 애국운동」 등의 평론, 「지원병 훈련소」 등의 방문기 등 글로 된 모든 장르를 동원하여 왕성하게 일제를 찬양한다.

생활과 풍속의 원천적인 개조 주장

이광수의 세계관은 일본이 서구 제국주의 열강과 대적할 수밖에 없다는 동

서양의 대결 의식에서 비롯한다. 그는 소박한 대동아공영권의 이상을 지니고
있었는데, 이것은 1937년 중일전쟁 이후 조선인들에게 강요했던 총독부의 통
치이념과 일치한다. '영·미의 일본에 대한 태도'가 적대화할 가능성을 예견하
면서 그렇게 되면 '조선인도 일어날 날이 온 것'이라고 단언하는 춘원은 조선
인이 전쟁에 참여하는 것을 '성은에의 보답'으로 인식한다.

이런 시국적인 인식을 국민들에게 널리 퍼뜨리는 데 가장 장애가 되는 세
력으로 좌익운동가들을 지목한 것이 당시 총독부 문헌이었는데, 춘원 역시
같은 입장이었다. 그는 전향이란 술어를 "진실로 국가에 대하여서 반의를
포회하였던 자가 새로이 애국심에 자각하는 것이 정당한 의미"라고 풀이하면
서, 이를 각계의 지식인들에게 적극 권장할 뿐만 아니라 거짓 전향이나 전향
자체를 수치로 여기는 풍조에 대하여 강력히 비판한다.

물론 여기서 전향이란 사상적인 면만이 아니라 민족주의에서 친일화에로
의 변화까지도 포함시키는데, 그 충성도의 목표는 '임전태세의 완료와 응소
(應召)의 자세'임을 분명히 한다. 이를 위해서 그는 생활혁신을 아래와 같이
주장했다.

　이 생활의 혁신은 생활의 황민화, 생활의 합리화 그리고 생활의 임전화(臨戰
化)의 3대 강령에 의하여서 하여야 할 것이다.
　생활의 황민화라는 것은 사상, 감정, 풍습, 습관 중에 비일본적인 것을 제거하
고 일본적인 것을 대입 순화하는 것이다. 예하면 혼상의례의 일본화, 가족·친척
관념의 일본화, 경신숭조(敬神崇祖) 천황 중심의 생활의 신건설이다.(「반도민중의
애국운동」,『매일신보』, 1941. 9. 3~5)

이 글은 이광수의 친일이념을 총체적으로 담고 있는 것이다. 여기서 주장
하는 내용의 골격은 미나미(南次郞) 총독이 주장했던 전시동원체제의 지령과
전면 일치하며, 이것은 당시 녹기연맹이 편찬한『오늘의 조선문제 강좌』전6
권과도 맞아 떨어진다. 이로 미뤄볼 때 아마 춘원(뿐만 아니라 당시의 친일파
들)은 이념적인 동질성 확보를 위한 일정한 연대가 있었던 것으로 추정할 수
있다.

무력과 위협에 의한 친일이 아니라 확고부동한 신념에 따른 친일이었음을 나타내는 이런 '인간과 민족개조를 통한 조선인의 일본화, 모든 풍속과 습관과 가치관의 일본화' 주장은 친일파 중에서도 춘원이 가장 열렬하게 내세운 사실들의 하나이다.

생활과 풍속의 원천적인 개조를 위하여 그는 역사까지도 왜곡하였는데, 예를 들면 단편 「원술(元述)의 출정」에서는 장군의 딸 아좌와의 혼례를 앞두고 출전했다가 패전의 굴욕을 씻고자 태백산에 은거하던 원술을 등장시킨다. 3년여의 은거중 약혼녀 아좌가 나타나 당나라의 침입을 알리자 원술은 출정을 하게 된다는 내용인데, 언뜻 보기에는 아무렇지 않은 옛 이야기 한 토막이지만 춘원다운 친일사상의 역사성이 스며 있다.

원술은 김유신의 둘째 아들이며, 이 소설은 역사적인 사실에 바탕을 둔 것이다. 이 소설은 곧 중일전쟁에 조선인이 나서야 할 필요성을 긴 역사를 통한 진실로 합리화하려는 의도이다. 그래서 춘원의 친일사상은 당대적인 차원에 머문 것이 아니라 전민족사를 통틀어 이를 일본화시키려고 한 것이다.

"미국과 영국을 쳐라"
하옵신 대조(大詔)를 내리시다
십이월 팔일 해 뜰 때
빛나는 소화 십육년

하와이 진주만에
적악(積惡)을 때리는 황군의 첫 벽력
웨스트 버지니아와 오클라호마
태평양 미함대 부서지다

이어서 치는 남양의 해공류
프린스 업 웨일저 영함대기함
앵글의 죄악과 운명을 안고
구안탄 바다 깊이 스러져 버리다

아시아의 성역은 원래
천손 만족이 번영할 기업
앵글의 발에 더럽힌 지 2백 년
우리 임금 이제 광복을 선(宣)하시다
(「선전대조」(宣戰大詔),『신시대』 1942. 1)

"조선놈 이마에서 일본인 피가 나오도록"

1942년 춘원은 일제 식민지 전지역을 망라하는 대동아 문학자대회 제1회 대회에 참석코자 도일하여 맹활약했다. 대회는 11월 3일부터 10일까지 열렸는데, 그는 도쿄 도착 즉시 니주바시(二重橋 : 궁성 입구)로 가서 궁성요배를 올리면서 "미신(微臣) 고야마 미타로(香山光郞), 삼가 성수의 만세를 비옵니다"라고 아뢰며 충심으로 '천황'을 받들 각오가 되어 있음을 드러낸다.(이 대회 참가기인 「삼경(三京) 인상기」)

대동아 문학자 제2회 대회는 1943년 8월 25일부터 사흘간 열렸으나 춘원은 불참했고, 1944년 11월 난징(南京)에서 열린 제3회 대회에는 다시 참가했다. 11월 12일부터 사흘간 개최된 이 대회에서도 그는 다른 식민지 작가에 뒤질세라 맹활약을 했는데, 정작 그 충성심을 보인 삽화는 동행했던 팔봉 김기진*이 남겨 준다. 내용인즉, 춘원이 어느 글에서 "조선놈의 이마빡을 바늘로 찔러서 일본인 피가 나올 만큼 조선인은 일본 정신을 가져야 한다"라고 쓴 것에 대하여, 현상윤(玄相允)이 "여보게 춘원, …… 어떻게 조선놈의 이마에서 일본 피가 나오겠는가? 말이 안 되는 소리가 아닌가!"라고 조롱했다는 이야기를 김팔봉이 거론하며 그 사실 여부를 춘원에게 묻자, 그는 "그래, 그런 글을 내가 썼지. 그건 사실이야!"라고 대답했다는 것이다.(김팔봉, 「나의 회고록」,『세대』 1965. 12)

이보다 앞선 1943년부터 이광수는 학병권유의 글과 연설을 번갈아 했는데, 특히 도쿄로 최남선과 함께 가서 한 권유연설에 얽힌 뒷 이야기는 그의 신념에 찬 출정의지를 말해 준다. 김붕구의 회상으로 전하는 바에 따르면 "차마 여기서 묘사할 수 없을 만큼 '황실'에 대한 경모와 신뢰, 무한의 경건한 태도로 민족의 구원을 설교하던 그 병고에 시달린 상기한 얼굴, 미열에 손발이 바르르 떨리는 듯하고 금시 쓰러질 듯이 숨가쁜 고행자의 자세, 일제가 그에게 모진 고문 끝에 무슨 혼을 빼는 주사라도 놓은 게 아닐까?"(「한국인의 지식 인상」, 『신동아』, 1967. 3)라고 느낄 만큼 춘원은 몸과 마음 전체를 쏟아 넣고 있었던 것이다.

1945년 8월 15일, 이광수는 경기도 사능이라는 시골에 있으면서 그 이튿날에야 일본의 항복 소식을 듣는다. 춘원은 마을 사람들에게 애국가를 가르치며 잔치 분위기에 휩싸였으나 이내 서울로부터 친일파 처단이라는 '불길'한 소식이 전해온다. 피신을 권유하는 허영숙의 말을 듣지 않은 채 시골에 그대로 머물며 그는 「나의 고백」, 「돌베개」를 비롯한 몇몇 글을 썼는데, 그 주조는 "나는 민족을 위하여 살고 민족을 위하다가 죽은 이광수가 되기에 부끄러움이 없습니다"라는 것이었다.

춘원이 반민특위에 체포당해 투옥된 것은 1949년 2월 7일 효자동 자택에서였다. 그러나 아들의 혈서가 담긴 탄원서와 건강의 악화로 그는 3월 4일 출옥하게 되고, 그의 작품은 조금의 훼손이나 비판 없이 그대로 분단 한국에서 전해지게 되었다.

춘원은 1950년 7월 서울에서 북한 당국에 의하여 연행된 뒤 같은 해 10월 25일 자강도 강계군 만포면 고개리에서 사망한 것으로 전해진다. 1892년 평북 정주에서 태어난 그는 고향 가까이에서 58세로 최후를 마쳤다.

■ **임헌영**(문학평론가, 반민족문제연구소 지도위원)

주요 참고문헌

이광수, 「민족개조론」, 『개벽』, 1922. 5.
_____, 「민족적 경륜」, 『동아일보』, 1924. 1. 2~6.
『이광수전집』, 삼중당, 1962.
『이광수전집』, 우신사, 1979.
김팔봉, 「나의 회고록」, 『세대』, 1965. 12.

김동인
예술지상주의의 파탄과 친일문학가로의 전락

- 金東仁, 창씨명 金東文仁, 1900~1951
- 1939년 '성전종군작가'로 황군 위문. 1943년 조선문인보국회 간사
  1944년 친일소설『성암의 길』발표

신비화된 순문학자, 예술지상주의자의 숨겨진 본질

  1900년에 평양 부호의 아들로 태어나신 선생은 일찍이 일본으로 건너가 도쿄 청산학원 중학부를 졸업한 뒤에 처음에는 화가가 될 작정으로 천단(川端)미술학원에 재학중이다가 중도에 뜻을 달리하여 문학의 길을 택하였다. 그 당시 우리나라에는 춘원 이광수 선생의『무정』이 있었을 뿐으로 순문학작품은 아직 형태조차 없던 시대건만, 어려서부터 외국문학을 섭렵하신 선생은 기미독립운동이 전개되던 1919년에 독립만세의 봉화가 터지기보다 한 달 앞서 도쿄에서 순문학잡지『창조』를 발간하였다.……신문학운동의 봉화인 그 잡지는 순전히 선생의 사재로써 발간되었던 것이다.

  『창조』발간 이후 김동인 선생은 30여 년간 오로지 문학의 길로만 정진하셨다. 문학자가 문학도에 정진하는 것은 당연한 일이기는 하겠으되, 문학으로 생계를 꾸려나갈 수 없는 딱한 사정에서 거개의 우리 나라 문인들이 문학 이외에 반드시 생계를 위한 별도의 직업을 가졌건만, 선생만은 조석이 마루한 극도의 빈한(貧寒) 속에서도 오직 문학만을 일삼으셨던 것이다. 오직 한 번 조선일보사 문예부장에 일시 취임했던 일이 있으나, 선생은 그 길이 아님을 이내 깨닫고, 1주일

김동인

만에 단연 그 자리를 물러나셨던 것이다.

이 글은 소설가 정비석이 쓴 「김동인의 예술과 생애」 중의 일부이다. 이 글에서도 알 수 있듯이 김동인은 우리 근대문학사에서 가장 대표적인 순문학자, 그야말로 결벽증에 가까운 예술지상주의자로 추앙되고 있다. 문학 이외의 경력이나 이력 같은 것은 거의 없을 정도로 오직 소설의 길에 평생을 바쳤다는 것이다. 그 자신도 해방 후에 쓴 「망국인기」에서 "세상의 하구 많은 직업 가운데서, 소설 쓰는 것을 직업으로 택하여 가지고 이 길에 정진하기를 1918년부터 오늘(1945년)까지 무릇 28~30년에 가까운 세월을, 산업(産業)을 모르는지라. 어버이에게서 물려받은 유산은 삽시간에 탕진하고, 가난하기 때문에 받는 온갖 고통과 불만과 수모를 받으면서 그래도 이 길만을 지켜온 나였소"라고 말하고 있다.

그러나 김동인의 문학적 생애를 추적하다 보면 이런 일반적 평가는 어느 한 지점을 확대한 것이며 그 지점을 지나는 순간 기묘한 운명의 곡예사가 그의 운명을 비틀고 있음을 우리는 보게 된다. 그리하여 오늘 친일파 열전에 속하는 비극적 인물로 그를 말해야 하는, 역사가 주는 음울한 자기파탄의 음률을 듣게 된다.

일반적으로 김동인에 대한 순문학자 혹은 예술지상주의자로의 신비화는 주로 이 땅의 최초의 순문학잡지 『창조』와 더불어 시작된다. 가산(家産)까지 소비하여 『창조』를 발간하고, 이광수에 맞서 '순문학 건설'의 기치를 내걸었다는 사실을 중시하여, 여기에다 그의 대표작으로 흔히 손꼽히는 소설 「감자」, 「광염소나타」 등의 작품세계를 곁들여 순문학자 혹은 예술지상주의자로 추앙하였던 것이다. 그러나 이러한 점은 사실 특정시기 김동인의 문학적 삶에 해당할 뿐, 1930년대 후반기의 문학적 삶은 오히려 이를 정면으로 뒤집은 형국이다.

백만장자 자제의 호사가 가져다 준 빈곤의 문학적 파탄

김동인이 평양 갑부의 아들이었다는 것은 이미 잘 알려진 사실이다. 이 점과 관련하여 흔히 그가 자기 가산을 투자하여 『창조』를 발간할 만큼 문학에 대한 열정이 지극했다는 점만을 강조하였지, 다른 한편으로 평양 갑부의 자식으로서 보여 주었던 호사스런 생활의 방탕함은 묻혀 버렸다. 다음의 일화만으로도 그의 호사가 어느 정도였는지 능히 짐작할 수 있다.

> 동인이 처음 평양을 거쳐 서울 출입을 하는데, 그의 거처와 행동은 마치 왕자가 아니면 부마(駙馬) 같았다. 그는 용전여수(用錢如水)하면서 여숙을 남대문 안 월편 패밀리호텔에 정하고 있었다. 당시의 패밀리호텔이란 서양사람들만 유숙하고 있는 고급 호텔로서 조선호텔에 못지 아니한 고급 호텔이다.
> 그는 밤에는 명월관에서 기생 수십 명씩을 옹위시켜 밤새도록 호유(豪遊)하고, 낮에는 패밀리호텔에서 기생들을 데리고 감몽(甘夢)이 짙었다.

월탄 박종화의 김동인에 대한 회고다(박종화, 「오만한 천재 김동인의 풍류」). 이 회고에서 알 수 있듯이 김동인의 호사는 가히 최상급이었다. 서울에 올라오면 기생들을 옆에 끼고 호사를 부렸고, 마음 내키면 일본으로 중국으로 건너가 놀러다니기도 하여 문단에서는 김동인이 도쿄를 산보 다니듯 한다 하여 '동인식 동경산보'라는 말이 유행할 정도였다.

그러나 1920년대 후반에 접어들면서 단장을 짚고 백금 물부리에 멋진 양복

장이 신사였던 김동인의 생활은 차츰 빈곤을 향해 하강곡선을 긋기 시작한
다. 평양에서 가장 컸던 400평 규모의 커다란 저택을 팔게 되었고, 재산은 깨
진 항아리의 물처럼 빠져나가기 시작하였다. 이러한 갑작스런 생활상의 변화
는 우울증 등 신경증의 병마를 가져다 주었고, 이를 치료하기 위해 수면제,
최면제 등을 과다복용함으로써 나중에는 마약까지 손대기 시작하여, 중년 이
후에는 약물중독에 의한 병마에 마지막까지 시달려야만 했다. 거기다가 아내
김혜인마저 가출하여 그의 곁을 떠나 버리는 등 가정파탄이 그를 엄습하였
다. 경제적 파산과 가정파탄의 이중적 고통이 그의 삶을 뿌리째 파괴하기 시
작하였던 것이다.

1930년 재혼한 김동인은 다음해 서울로 이사하여 그로서는 가난한 살림살
이를 하기 시작하였다. 이제 스스로 돈을 벌어야만 했는데 그것은 원고료에
만 의존할 수밖에 없었다. 고료를 달라고 주요한*, 이광수*에게 편지를 보내
고, 돈을 벌기 위해 문학을 통속화시킨다고 그토록 경멸했던 신문 연재소설
창작에 매달려야만 했다. 그의 문학적 훼절은 이로부터 비롯된다. 이른바 김
동인 문학의 제2기에 해당하는 수많은 통속역사소설, 야담소설은 이런 배경
에서 산출된 것이다. 그런 점에서 그 자신의 삶을 예언이라도 하듯 비유적으
로 표현한 '흰 담비'(白貂) 이야기는 그야말로 운명적이다.

> 백초는 자기의 털의 순백한 것을 몹시 사랑하고 아껴서 절대로 진흙밭이나 털
> 을 더럽힐 곳은 통행을 안 하고, 돌림길을 하여서라도 그런 곳을 피하여 앞에 더
> 러운 곳이 있고 뒤에 사람이라도 쫓아오면 사람에게 잡히기를 감수할지언정 털
> 더럽힐 곳은 안 가지만 어쩌다가 실수해서 조금이라도 털을 더럽히면 그 뒤에는
> 자포가 되어 스스로 더러운 곳에 함부로 뒹굴어 온통 전신을 더럽힌다 한다.

말하자면 경제적 궁핍으로 원고료 수입을 위해 통속적인 글을 쓰기 시작하
자 근대문학 초창기에 그야말로 '문학을 위한 문학'을 소리 높여 주창하였던
순백한 예술지상주의자가 통속작가로 자기 몸을 함부로 뒹굴리기 시작하였
던 것이다.

제 발로 찾아 나섰던 친일의 길과 친일문학

문학적으로 한 번 훼절의 길로 접어들자 김동인의 정신적 파탄은 차츰 도를 더해 갔다. 이와 상관관계가 깊은 병마까지 항상 그를 에워싸니 그의 삶은 곧잘 상식을 벗어나 비정상적인 양태까지 노출하고 만다. 놀랍게도 이광수와 마찬가지로 자진해서 일제에 협력하고자 총독부를 찾아가기도 했던 것이다. 그가 쓴 기록을 한번 보자.

신병으로 붓대를 놓은 지 만 2년——행여 좀 차도가 있을까 하여 반년나마를 기다리다가 종래 차도를 보지 못하고 「정필편」의 일문(一文)을 초한 뒤에 아주 붓을 던진 지 어언간 1년 반이 되었다.

한때는 절망상태였다. 다시 붓을 잡을 가망이 없었다.

재재작년(1938년——인용자) 겨울에 중환을 앓았다. 때는 마침 일지사변(日支事變)이 최고조에 달하여 한커우(漢口), 광둥(廣東) 모두 우리 손에 들어오고 국민의 애국세(愛國勢)는 그칠 바 모르게 올라가서 황군(皇軍)에게 대한 감사의 염(念)과 격려의 성(聲)이 격우격(激又激)한 때였다.

초동(初動)할 수 없는 중병에 누워서 매일 신문을 보면서 여기 미조(微助)도 못하는 자신을 부끄러이 여기고 자탄해 마지 않았다. 더욱이 각 단체 각 방이 앞을 다투면서 위문이라 헌금이라 할 때 문사층에서 잠자코 있는 것이 부끄럽기 한량없다.

11월 중순(1938년——인용자)에 간신히 몸을 일으킬 수 있게끔 되었다. 즉시 택시로 총독부를 달려갔다. 학무국(文士 감독관청——인용자)의 문을 두드렸다.

당국의 내락만 있으면 문사 가운데서 대표 몇 사람을 뽑아서 현지에 보내서 황군노고와 충용의 실정을 조사하여 조선 대중에게 전달하고 싶다. 국어(일본어——인용자)를 모르는 대다수 민중은 간단한 신문 이상의 실정은 모르는 바니, 이 불철저를 해소하고 싶다.——이렇게 원하였더니 당국에서는 대답이, 지금 위문이라 시찰이라 너무 많이 가므로 현지군에서도 매우 귀찮게 알고 또 그 보호의 폐가 하도 군 행동에 방해가 되어 가급적 막는 형편이다.……하니 우리로서도 찬성하기 힘들다. 가미시바이(그림연극——인용자) 창작에나 어디 유의하여 보자 하는 것이었다.

너무 머리의 생각과는 어긋나는 대답이므로 그냥 물러 나오고 말았다.(『매일신보』, 1941. 3.23~29)

결국 김동인이 하고자 한 행위는 뒤이어 문단에서 정식 거론되어 다시 한 번 김동인은 최재서* 등과 총독부 경무국 도서과를 찾아가 위문을 허락받는다.

그리고 1939년 여름 박영희*, 임학수와 더불어 '성전종군작가'라고 쓴 '다스케'(어깨띠)를 두르고 경성역을 떠나 북지(임둔지방)로 황군위문길에 나선다. 그 때 김동인은 『조선일보』에 새로 연재하고 있던 장편소설 「정열도 병인가」를 중단까지 하면서 떠났다. 김동인은 그 때 당시 마약 중독 때문에 건강이 말이 아니었다. 사고력도 좋은 편이 못 되어서 연재하는 소설의 스토리도 횡설수설했다. 더구나 한 해 전인 1938년 봄에 참으로 우스꽝스러운 일로 옥살이까지 하였다. 어느 날 오후 검은 양산대 같은 긴 지팡이를 끌고 삼천리사에 들러서 우두커니 앉아 있다가 의미 없이 내뱉은 한마디로 그 곳에 있던 정보계통 사람에게 들켜서 일본 '천황 모독죄'로 얼마 동안 일본 헌병대에 끌려간 적도 있었다. 백철*은 이를 두고 김동인 자신으로선 그런 허물도 벗을 겸 종군을 지원하고 나섰는지 모른다고 했지만, 어쨌든 자진해서 총독부를 찾아가 친일하겠다고 자청한 오욕의 흔적을 남기고 말았다.

이후 김동인은 친일문학을 하지 않으면 안 되었고 무엇보다 북지를 다녀온 보고서를 작성하지 않으면 안 되었다. 그것이 「작품과 제재문제」(『매일신보』, 1941. 3. 23~29)이다. 그러나 김동인은 황군위문길에서도 병마의 고통에 시달려야 했으며 돌아와서는 기억상실증에 걸려 고생하기도 하였다. 그리하여 군(軍)에 다시 찾아가 "전일의 기억은 죄다 잃어버렸으니 다시 한 번 현지시찰을 하고 싶다"는 촌극을 빚기도 하였다. 그뿐만이 아니다. 징용대상에 포함된 것을 알고 이를 면하기 위해 염치불구하고 조선문인보국회 간사 자리를 간청하여 얻어 내기도 하였다. 여하튼 김동인은 그 외에도 『매일신보』에 「태평양송」(1942. 1. 6), 「감격과 긴장」(1942. 1. 13), 「쾌전하 문단인의 결의——총동원태세로」(1944. 1. 1~4), 「반도민중의 황민화——징병제실시수감」(1944. 1. 16~28),

「일장기 물결」(1944. 1. 20), 「문화인의 총궐기」(1944. 12. 10), 「전시생활수감」
(1945. 3. 8) 등의 글을 실어 '내선일체'와 '성전'(聖戰)을 기렸으며, 「백마강」
(1941), 「성암(聖岩)의 길」(1944) 등의 작품을 통해 친일문학을 직접 빚어 내기
도 하였다. 특히 「성암의 길」은 국수주의자, 천황지지자인 일본인을 주인공으
로 한 역사소설이다.

그런데 이러한 김동인의 친일행각은 1945년 8월 15일 아침까지 이어진다.
1947년에 발표된 「망국인기」에 스스로 기록해 놓은 내용이다. 이광수로부터
어떤 후원자가 있어 문인들이 무슨 사업을 하면 50만 원까지 내놓겠다는 이
야기를 듣고 총독부 정보과장 겸 검열과장 아베(阿部懬一)를 찾아가 작가단을
만들겠다고 간청한 것이다.

때는 1945년 8월 15일 오전 10시 정각, 아베에게는 어디서 전화가 걸려 왔소.
전화로 보내는 아베의 대답,
"응? 그건……, 두 시간만 더 기다려. 단 두 시간뿐이나 절대로 미리 말할 수
없어. 응, 응, 그러구 예금이나 지금 있나? 은행에구 우편에구간에 예금이 있거든
홀랑 찾게. 방금 곧……, 열두 시 이전에."
그냥 아베의 전화는 계속되고 있었지만 나는 아베를 내버려 두고 뛰쳐나왔소.

그 자신은 일본이 항복하게 되었다는 것을 미리 알게 되었다는 사실을 말
하려 하였지만, 이미 일본이 패망했다는 것을 알고 있는 총독부 관리 앞에 친
일작가단을 만들겠다고 떼를 쓰는 김동인의 모습을 생각하면 희극적이다 못
해 오히려 비극적이다.

김동인의 비극적인 삶의 종말

자신의 운명을 예감이라도 하듯 비유적으로 표현한 '흰 담비'(白貂)처럼 김
동인의 친일행위는 자포자기의 삶이 가져다 준 삶의 파탄이다. 그리고 이러
한 파탄은 그의 죽음까지 멍들게 하고 만다.

한국전쟁 와중에, 정확히 언제인지도 모르게 그는 홀로 고독히 죽어 갔다.

중공군의 개입으로 김동인의 아내는 약물과용으로 인하여 중태에 빠진 김동인을 두고 한강을 건너야만 했다. 돈 3만 원을 이불 속에 넣어 둔 채 조랑조랑 아이들만 데리고 피난하였는데, 다시 돌아와 보니 이불과 3만 원은 없어지고 김동인 혼자 냉돌방에서 싸늘히 식어 있더라는 것이다. 우리 근대문단에서 가장 부유한 집안의 자제로 손꼽혔고, 『창조』를 직접 발간함으로써 근대문학의 화려한 개척자로 칭송받았으며, 그런 그답게 근대문인 중 가장 호사스럽고 안하무인격인 행동으로 위세를 떨쳤던 김동인이었지만, 호사와 방탕이 가져다 준 경제적·정신적 파탄은 그를 가장 통속적인 야담소설가로 밀어뜨리고 끝내 친일문학가라는 늪으로까지 그를 끌고가 죽음에 이르기까지 삶의 파탄이 가져다 준 희극적인 비극의 운명은 그칠 줄 몰랐다.

■ **임규찬**(문학평론가, 성균관대 강사)

주요 참고문헌

정비석, 「김동인의 예술과 생애」, 『자유세계』, 1952. 8·9.

김동인, 「망국인기」, 『백민』, 1947. 3.

『김동인 전집』.

주요한

대동아공영의 꿈 읊조린 어릿광대

• 朱耀翰, 창씨명 松村紘一, 1900~1979
• 1943년 조선문인보국회 시부회장
 1945년 조선언론보국회 참여

애국시인에서 친일시인으로 변신

아아 날이 저문다, 서편 하늘에, 외로운 강물 위에, 스러져가는 분홍빛 놀……
아아 해가 저물면 해가 저물면, 날마다 살구나무 그늘에 혼자 우는 밤이 또 오건
마는, 오늘은 사월이라 파일날 큰 길을 물밀어가는 사람 소리……듣기만 하여도
흥성스러운 것을, 왜 나만 혼자 가슴에 눈물을 참을 수 없는고?

이 작품은 한국 최초의 본격적인 근대 자유시라는 평가를 받고 있는「불놀
이」(『창조』창간호, 1919. 이 시를 자유시의 효시로 보는 견해는 이제 낡은 주
장이다)의 첫머리이다. 이 시의 작자는 잘 알다시피 주요한이다.

주요한은 1900년 10월 14일 평양에서 목사인 아버지 공삼(孔三)의 8남매 중
맏아들로 태어났다. 1912년 평양 숭덕소학교를 졸업하고, 도쿄유학생 목사로
파견된 그의 아버지를 따라 일본에 건너가 이듬해 일본 메이지(明治)학원 보
통부(중등부)에 입학하였다. 1918년 보통부를 졸업하고 그 해 9월 도쿄 제일
고등학교에 입학하였다. 이 때 그는 교토(京都) 유학생회지『학우』(1919. 1
창간)에「에투우드」라는 제목 아래 5편의 시를 발표하였다. 이로써 그는 우리

주요한

근대시 형성에 중요한 역할을 하게 된다.

특히 그는 김동인*, 전영택(田榮澤) 등과 함께 『창조』를 창간하면서 문학활동을 통해 민족운동에 관여하고자 하였다. 이 점은 그가 신시운동의 목표를 민족적 정조와 사상의 표현 및 조선 말의 미와 힘의 발견(「노래를 지으시려는 이에게」, 『조선문단』 제2호, 1924. 11)에 두고 있음에서 다소 짐작되는 바이거니와, 더욱이 그가 상해임시정부의 기관지인 『독립신문』에 '송아지'라는 필명으로 발표한 「대한의 누이야 아우야」, 「조국」 등 독립운동을 외치는 몇 편의 시를 통해서도 잘 알 수 있다.

그는 3·1 운동 이후 일시 귀국하여 무슨 격문을 돌리다가 그 해 여름 중국 상하이로 피신해 갔다. 이 때 이광수*를 도와 『독립신문』의 편집을 맡았는데, 이광수와의 교분은 이미 상당하였던 것으로 짐작된다. 이광수는 1921년 4월에 귀국하였으나, 그는 1921년에 상하이 후장(滬江)대학에 입학하여 학업을 계속하면서 이광수가 주재하던 『조선문단』에 여러 편의 글을 기고하였다. 1925년 대학 졸업 후 귀국하여 『동아일보』에 입사하고 이듬해 학예부장으로 취임하였다. 뿐만 아니라 그는 이광수가 이끄는 수양동우회의 중요한 멤버로 활약했다. 동우회는 안창호(安昌浩)가 설립한 '흥사단'의 국내단체로서, 이광수가 그 실질적인 책임자로 있었다. 그는 역시 이광수와 함께 동우회 기관지인 『동광』을 편집하였다.

그는 『동아일보』, 『조선일보』 등 언론계에 종사하면서, 동우회 활동을 통해 독립운동에 기여코자 하였다. 그러나 일제는 1937년 6월 6일 해산령을 거부하던 수양동우회에 대해 일제 검거를 시작했다. 150명의 피검자 가운데 2명이 옥사하고, 「화수분」의 작가 전영택, 작곡가 현제명*과 홍난파* 등 18명이 전향 성명을 발표하였다(1938. 6. 29). 이 사건과 함께 그도 역시 친일의 대열로 들어서게 된다. 이 사건은 1941년 11월까지 4년여에 걸쳐 진행된 것으로, 결국 전원 무죄판결로 일단락 났으며 이 과정에서 이광수 등과 더불어 친일문학에 나서게 된 것이다.

그가 공식적으로 친일행위를 시작한 것은 1938년 12월 수양동우회를 대표하여 국방헌금조로 4000원을 종로경찰서에 기탁하면서부터이다. 그리고 12월 14일 부민관 강당에서 열린 '시국유지원탁회의'에 참석하여 내선일체의 구현, 동아협동체의 건설 등의 문제에 대하여 이광수, 조병옥(趙炳玉), 현영섭*, 권충일(權忠一), 갈홍기(葛弘基) 등과 토론하였다.

젊은 시절 상해임시정부에 가담하고 애국시를 쓰면서 조국의 독립을 누구보다도 갈망했던 그가 어찌하여 정반대의 길, 치욕스런 민족배반의 길로 들어서게 된 것일까? 물론 이에 대한 답변은 그 스스로가 잘 알 것이다. 그러나 그것이 부끄러운 행위이면 행위일수록 그 답은 더욱 내면화될 것이다.

이광수에 버금 가는 화려한 친일 문필활동

주요한의 창씨명은 마쓰무라 고이치(松村紘一)이다. 여기서 고이치(紘一)란 일본의 조국(肇國)이념인 '팔굉일우'(八紘一宇)에서 따온 것임이 너무나 분명하다. 이름조차도 일본 정신에 철두철미하게 따르겠다는 의지에서 나온 것일까? 팔봉 김기진*이나 백철*처럼――이들의 친일행각도 주요한에 결코 뒤지는 것이 아니기는 하지만――성씨 다음에 한 자 끼워 넣는 정도만으로는 부족했던 것일까?

그의 친일행위는 문인협회, 문인보국회, 임전보국단, 언론보국회, 대의당, 대화동맹 등 수많은 부일단체의 간부를 역임했다는 것을 보더라도 명백한 것이다. 이러저러한 단체들에서 그가 어떠한 일들을 했는가는 그리 자세히 드러

나 있지 않다. 하지만 이는 능히 미루어 짐작될 터이기에 몇 가지 특기할 만
한 사항들만 살펴보도록 하자.

1943년 12월 4~5일 이틀에 걸쳐 만주의 신징(新京)에서는 '만주국 예문가회
의'가 열렸다. 이 회의는 대동아전쟁 2주년 기념 결전예문전국대회의 행사 중
의 하나였다. 그는 이 회의에 조선문인보국회의 특파사절로, 국민총력조선연
맹의 데라모토(寺本喜一)와 조선연극문화협회의 유치진*과 함께 참가하였는
데, 「결전하 만주의 예문태세」(決戰下滿洲の藝文態勢)(『신시대』, 1944. 1)라는 참
관기를 남기고 있다. 또 이 회의 개회식장에서 축사를 낭독하였는데, 그 내용
의 일부를 소개하면 다음과 같다.

　　금일의 문학은 다만 이기기 위한 문학, 미·영 격멸을 위한 문학이 있을 뿐입니
　다. 동양이 오늘의 찬연한 문화를 건설할 수 있는 것은 금일 미·영 격멸의 피비
　린내 나는 문화활동을 통해서만 가능할 뿐입니다.……우리들은 친애하는 만주제
　국 5000만 민중들 역시 하루라도 속히 직접 총을 잡고 포악한 미·영의 두상에 불
　의 세례를 내릴 것을 기원해 마지 않는 바입니다.

또한 그는 1941년 12월 14일 조선임전보국단에서 개최한 미영타도강연대회
에서 '루즈벨트여 답하라'라는 제목의 연설을 하면서 "반도의 2400만은 혼연일
체가 되어 대동아성전의 용사 되기를 맹세하고 있다"고 외쳐 댔다. 게다가
1943년 11월 4일 화신 6층 회의실에서 있었던 학도병 종로익찬위원회에서 호
별 방문, 권유문 발송, 지역별 간담회 및 학교강연회 개최 등을 통하여 학병
권유를 결의하였는데, 그는 이 모임에 참여하여 학병권유 연설에 적극적으로
나섰다. 또한 11월 5~9일에 진명학교 교정 등 10군데에서 학병권유 부형간담
회가 있었는데, 그를 비롯하여 이광수, 양재창(梁在昶), 송문화(宋文華) 등이 연
사로 참여하였다. 그는 「약의 시대」라는 글에서 "출진 학도의 구두 소리는 아
시아 부흥의 진군이 되고 조선의 일본적 재생의 새벽 종소리가 될 것"이라며
학병 출전을 권유하였던 것이다.

그의 대표적인 친일작품은 1944년 4월 25일 제5회 조선예술상문학상 수상시
집인 『손에 손을』(手に手を)(박문서관, 1943. 7)이다. 일본의 '와카'(和歌) 형식으

로 씌어진 이 시집에는 「우리들 황국신민」, 「소집되는 아들들」, 「승리의 보
(譜)」, 「송가」 등 4장으로 구성된 19편의 일문시가 수록되어 있다. 그 중 「오늘
에서야」라는 작품을 보자(제1절).

> 오늘에서야 우리를
> 부르시는 높으신 뜻을
> 서로 전하여 말하며
> 눈물 흘리는 것을

징병제를 예찬하고 있는 이 시는 조국의 젊은이들을 전장의 사지(死地)로
몰고 가려는 일제의 만행을 오히려 눈물 흘리며 감사하고 있는 꼴이다. 이러
한 내용은 「아침햇발」, 「파갑폭뢰」(破甲爆雷), 「대군에게」, 「댕기」, 「첫피」 등의
시에도 그대로 되풀이되고 있는데, 특히 지원병 출신으로 죽은 이인석 상등
병에게 바친 「첫피」(1941. 3)라는 시는 더욱 친일의 절정을 이루고 있다. 첫째,
둘째, 아홉째 연을 읽어보자.

> 나는 간다,
> 만세를 부르고
> 천황폐하 만세를
> 목껏 부르고
> 대륙의 풀밭에
> 피를 부리고
> 너보다 앞서서
> 나는 간다.

> 피는 뿜어서
> 누런 흙 우에
> 검게 엉기인다.
> 형아! 아우야!

이 피는
너들의 피다.
너들의 뜨거운 피가,
2천3백만 너들의 피가
내 몸을 통해서
흐르는 것이다.
역사가 생긴 이래
처음으로
뿌려지는 피다.
반도의 무리가
님께 바친
처음의 피다.

나는 내 피에
고개를 숙이어
절한다.
그것은
너들의 피기 까닭에,
장차 내 뒤를 따라올
백과 천과 만의
너들의
뜨거운 피기 때문에.
아아
간다,
나는
너보다 앞서서
한자욱 앞서서,
만세, 만세.

또 「마음 속의 싱가포르」, 「승리의 태평양」, 「12월 7일의 꿈」, 「상해조계진주

일에 왕군에게 보냄」,「동아의 새봄」,「싱가포르」,「임시대제(大祭)의 날에」,
「명기하라 12월 8일」,「성전찬가」,「대동아행진곡」 등과 같은 수많은 시들은
미·영연합국을 격멸하자는 선동과 그러한 성전을 수행하는 일본 정신과 대동
아공영의 꿈을 노래하고 있다. "천 가지 풀에 물방울은 빛나고/이슬마다 맺
힌 구슬에 어능위(御稜威), 빛나는 듯이/사방은 무성한 수풀처럼 괴괴히 웃으
며 살다"(「비온후」雨後)와 같이 일본 국왕의 권위를 찬양하면서 황국신민으로
서의 충성심을 기쁜 마음으로 읊조리고 있다.

이러한 친일시들의 이론적 토대에는 '결전문학'(決戰文學)론이 밑받침되어
있다. 이 결전문학은 '이기지 않으면 안 된다'는 신념 위에서 생긴 것으로서,
'국민문학 내지 동방예술이 통과해야 할 재생의 용로(熔爐)'라고 주장하고 있
다(「이기지 않으면 안 된다」, 1943. 6). 계몽선전의 도구로서 시가 '무대에서 방
송실에서 전선에서 직장에서' 읽히고 낭송되도록 씌어야 하며, 이런 시를 쓰
기 위해서는 일본어를 능숙하게 구사할 수 있는 교육이 이루어져야 한다는
것이다. '대동아공영권의 공용어로서 일본어가 등장할 것'이라는 그의 생각이
일본어 상용을 강요하는 결과로 나타난 것은 지극히 자연스런 과정이었다.
「대동아권과 문화의 문제」라는 글에서 이렇게 주장한 근저에는 '팔굉일우'로
표현되는 일본주의가 기초해 있음은 물론이다.

그 밖에도 그는 「임전조선」,「최저생활의 실천」,「직장·도장·전장」,「나서라
지상명령이다」,「징병령 실시와 조선 청년」 등의 수많은 시국논설을 통하여
내선일체의 완성, 황국신민으로서의 임무 완수, 자발적인 성전참여 독려, 국민
생활의 최저화 등을 부르짖었다. 일례로 1943년 6월에 발표한 「다섯 가지 사
명」(五つの使命)이라는 글을 보면, 특별지원병제에 임하는 우리 청년들의 각오
를 5가지로 제시하고 있다. 즉, 성전의 세계사적 의의를 체득하는 반도의 세
계적 사명, 미·영 격멸과 아시아 부흥을 위한 반도의 동아적 사명, 황국신민
으로서 충성하는 반도의 일본적 사명, 고난 극복과 책무 완수하여 향토의 명
예를 앙양할 반도의 향토적 사명, 멸사보국·생사초탈이라는 반도의 인간적인
사명 등이 그것이다.

해방 후 여러 분야의 요직 두루 맡아

이상에서 보았듯이 주요한의 친일행적도 양에서나 질에서나 어느 누구에
게도 뒤지지 않을 만큼 화려하다. 젊은 시절 독립운동에 청춘을 던져 애국적
인 시를 썼던 '송아지'(그의 필명으로, 어딘지 민족적인 냄새가 담긴 듯도 하
다. 그의 아호 송아(頌兒)도 이 말에서 나왔다)가 '팔굉일우'라는 일본 정신의
기수 '마쓰무라 고이치'로 변신해 간 것은 그 자신 개인적으로나 민족적으로
나 불행한 일이지 않을 수 없다. 그러나 더욱 불행한 일은 해방 조국에서 그
불행의 잔재가 제대로 청산되지 못한 채 그가 독립투사로서 우국적인 지도자
의 자리를 한 번도 떠나지 않았다는 점일 것이다.

그는 해방 이후 흥사단에 계속 관계하였으며, 대한상공회의소 특별위원, 대
한무역협회 회장, 국제문제연구소 소장, 민주당 민의원(초선, 재선)을 지냈다.
4·19 이후에 부흥부 장관, 상공부 장관을 거쳤고, 5·16 후에는 경제과학심의회
위원, 대한일보사 사장, 대한해운공사 대표이사 등을 역임했다. 정계, 재계, 언
론계, 문화계 등 거의 모든 분야에서 요직을 두루 거치면서 늘 양지 쪽에 있
었다고 하겠다. 그는 영욕의 한국 근대사와 함께 하다가 1979년 80세를 일기로
세상을 떠났다. 그 해 정부에서는 그에게 국민훈장 무궁화장을 추서하였다.

만일 우리 근대사의 가장 큰 비극 중의 하나가 해방 직후 부일세력의 척결
을 철저하게 수행해 내지 못한 데 있다고 한다면, 주요한의 이 같은 맹활약은
분명 우리 역사의 비극이리라. 친일한 부분은 축소되고, 그의 능력만 강조되
어 많은 후세대에게 훌륭한 인물로 전해진다는 것은 역사의 진정한 자기 비
판을 상실한 것이라고 보아야 하지 않을까?

■ 김윤태(민족문학사연구소 연구원)

주요 참고문헌

주요한, 「첫 피」, 『신시대』, 1941. 3.

_____, 「雨後/同義語」, 『신시대』, 1944. 5.

_____, 『手に手を』(일문), 박문서관, 1943. 7.

_____, 「대동아권과 문화의 문제」, 『매일신보』, 1942. 3. 23.

_____, 「五つの使命」(일문), 『신시대』, 1943. 6.

김동환
각종 친일단체의 핵심으로 맹활약한 친일시인

- 金東煥, 창씨명 白山靑樹, 1901~?
- 1940년 국민총력조선연맹 문화위원
  1943년 조선문인보국회 상임이사

장편 서사시 「국경의 밤」으로 유명

"아하, 무사히 건넜을까,
이 한밤에 남편은
두만강을 탈없이 건넜을까?
저리 국경 강안을 경비하는
외투 쓴 검은 순사가
왔다―갔다―
오르명 내리명 분주히 하는데
발각도 안 되고 무사히 건넜을까"
소금실이 밀수출 마차를 띄워놓고
밤새가며 속태이는 젊은 아낙네
물레 젓던 손도 맥이 풀려서
파! 하고 붓는 어유등잔만 바라본다.
북국의 겨울밤은 차차 깊어가는데.

김동환

이 시는 파인(巴人) 김동환의 유명한 장편 서사시 「국경의 밤」(1925) 제1부 첫머리이다. 너무나 잘 알려진 이 시는 그를 우리 국문학사에서 빼놓을 수 없는 중요한 위치에 올려 놓았다. 두만강 유역을 무대로 하여 소금을 밀수하는 남편의 월경(越境)을 걱정하는 아내의 불안한 마음이 잘 나타나 있는 인용문은 '망국민의 민족적 비애를 노래하고 있다'고 평가받는 이 작품 전체에서, 특히 절정을 이루는 부분이다.

우리 근대시사에서 서사시 양식을 최초로 도입한 공헌은 새삼 강조할 필요가 없거니와, 그 밖에도 그는 민요시 창작을 통하여 향토성에 기반한 민족적 전통성의 계승에 기여한 점이 인정된다. 이러한 그의 문학세계의 이념을 한마디로 표현한다면, 그것은 '민족주의'이다.

젊은 시절 그는 카프에도 잠시 참여하여 경향문학에 다소 경도되기도 했지만, 1927년경부터 민요시에 관심을 가지면서 이광수*, 주요한*과 함께 『삼인시가집』(1929)을 냄으로써 민족주의 문학노선으로 옮겨 갔다. 그러나 당시 민족(개량)주의 노선을 걸었던 문인들이 흔히 그러했듯이, 그도 역시 적극적인 친일로 나서게 된다. 아마도 그에게서 민족주의 이념의 실체가 팔봉 김기진*이 지적한 것처럼 소시민적 자유주의에 기반한 이상주의에 지나지 않았기 때문일지도 모른다(「조선문단의 현재수준」, 『신동아』, 1934. 1). 그만큼 그의 민족주의 이념이 취약했던 것인데, 이광수에게서 잘 보여지듯이 그것은 민족주의의 개량적 성격과 무관하지 않을 것이다. 즉, 이광수가 '민족을 위한 친일'이라는 명분을 앞세워 자신을 변명했듯이, 김동환 또한 그럴 여지를 적잖이 가지고 있었다고 볼 수 있겠다.

성전에 나가 어서 죽으라고 외쳐대

아명(兒名)이 삼룡(三龍)인 그는 1901년 9월 21일 부 석구(錫龜), 모 마윤옥(馬允玉)의 6남매 중 장남으로, 함경북도 경성(鏡城)에서 태어났다. 1913년 경성보통학교를 마친 그는 1921년 중동학교를 거쳐 일본 토요우대학 영문학과에 진학하였으나, 1923년 관동대지진으로 말미암아 중퇴하고 귀국하였다. 이후 『동아일보』, 『조선일보』 등 언론계에 종사하였으며, 1929년 6월 종합잡지 『삼천리』(三千里)를 경영하였다. 그의 문단활동은 『금성』(金星)지(1924. 5)에 「적성(赤星)을 손가락질하며」를 발표하면서 시작되었는데, 시집으로는 서사시 『국경의 밤』(1925)과 『승천하는 청춘』(1925), 『삼인시가집』, 『해당화』(1939)가 있다.

그가 시인이었던 만큼 그의 친일시부터 살펴보자. '특별지원병에게 보내는 한 시인의 편지'라는 부제가 붙은 시 「권군취천명」(勸君就天命)(1943. 11. 6)은 지원병으로 나가 전사한 이인석(李仁錫) 군에 관한 이야기를 통해 조국의 젊은 이들에게 일제가 벌인 전쟁의 총알받이가 될 것을 강권하고 있다. "조국을 나아가 막지 않은 자엔 천벌이 내리느니라"라는 저주까지 덧붙여 성전에 나가 어서 죽으라고 외쳐 댔다. 실제로 그는 1941년 10월 7일 중앙중학교 강당에서 열린 지원병보급혈전대강연회에서 '궐기하라, 나서라'고 외쳤던 것이다.

> 그대는 20대 우리는 40대
> 부자 이대 서로 나란히 서서 전장에 내닫세
> 다만 오늘은 그대 선진되고 내일날 우리 뒤따르리
> 안 나서면 무얼 하나
> 못쳐서 오륙십 살면 무얼하나
> 차라리 한두 해도 번듯하게 살아버리지

번듯하게 사는 길이란——
제 목숨 나라에 바쳐, 나라가 그 생사 맡아주심일레
그러면 살 제는 후하게 따뜻하게 뜻같게 하여주시고
죽을 젠 그 자리 거룩하고 높게 꾸며주시네
지금, 조국은 전쟁하는 때
살고 죽고를 더욱더 군국에 바칠 때일세

이인석 군은 우리에게 보여주지 않았던가
그도 병(兵) 되어 생사를 나라에 바치지 않았던들
지금쯤 충청도 두메의 이름없는 농군이 되어
베옷에 조밥에 한평생 묻혀 지내었겠지
웬걸 지사, 군수가 그 무덤에 절하겠나
웬걸, 폐백과 훈장이 그 제상에 내렸겠냐

「권군취천명」의 제1~3연인데, 이쯤 되면 이는 시도 뭐도 아닌 것이다. 이런 류의 작품으로는 「일천병사의 숲」(一千兵士の森), 「우리들은 칠인(七人)」, 「님의 부르심을 받들고서」 등이 더 있다. 「고란사에서」는 부여신궁(扶餘神宮) 건설에 근로봉사하는 감격을 읊고 있으며, 「비율빈 하늘 위에 일장기」나 「미영장송곡」, 「적국항복 받고지고」 등은 전쟁을 예찬하고 '지도민족', '조국 일본강토'를 외치면서 대동아공영의 이념을 합리화시켰다. 이런 친일적인 내용의 작품을 일일이 예거하면서 해설을 덧붙이는 것이 오히려 욕될 지경이다.

그의 친일 시국논설 가운데 중요한 자료로는 「신윤리의 수립」과 「임전보국단 결성에 제하여」 등이 있다. 후자는 뒤에 설명하겠거니와, '국방국가의 입장에서'라는 부제를 단 전자는 당시 문학이 나아가야 할 방향과 이념을 제시하고 있다는 점에서 그의 '친일문학'이 바탕하고 있는 정신적·논리적 저류를 엿볼 수 있다. 여기서 그는 신체제론에 입각하여 "신체제하에 있을 문학이란 오직 국가 때문에 있고, 오직 신민의 길을 실천하여 나가기 위해서 있어야 할 것"이라고 못박고 있다. 따라서 신체제의 문학은 성전에서 일제가 승리하여야 하고 전후에도 동아경륜의 이상이 실현되도록 애국심을 격려하는 문학이어야 하며, 그 문학적 주조(主潮)는 이상주의적이어야 한다고 주장하였다.

문필활동보다 단체활동에서 더 두드러진 친일행각

그러나 그의 친일행각은 문필활동 쪽보다는 단체활동 쪽이 훨씬 활발한 편이었다. 그는 수많은 부일단체에 주요 인사로 가담하였는데, 그 중 가장 두드러진 것은 뭐니뭐니 해도 자신이 직접 경영하던 『삼천리』라는 잡지를 이용해서 직접 '임전대책협의회'를 결성하고 나선 일이다. 1938년 5월호 『삼천리』에여류인사들의 시국논설을 실은 것을 필두로, 1939년 4월에는 총독 미나미(南次郞)의 「새로운 동양의 건설」(新うしき東洋の建設) 등을 실어 잡지의 내선일체 체제를 마련하였다. 그가 친일의 대열에 본격적으로 들어선 계기와 시기는 분명하게 알 수는 없지만, 적어도 이 때쯤부터가 아닐까 싶다. 나아가 1942년 5월에는 잡지명을 『대동아』(大東亞)로 바꾸면서 더욱 노골적으로 부일협력에나섰다.

삼천리사를 앞세워 김동환은 아주 적극적으로 친일매족의 선봉으로 나섰다. 1941년 8월 그는 임전체제하의 자발적인 황민화운동의 실천방안으로 물자및 노무공출의 철저·강화책, 국민생활의 최저 표준화운동 방책, 전시봉공의의용화방책 등을 내세워, 이에 대한 협의라는 미명 아래 각계의 유력인사198명에게 안내장을 발송하였다. 이 안내장에 근거하여 8월 25일 임전대책협의회가 발족하였다. 그의 발기에 의해 개막된 이 협의회는 8월 28일 제1차 위원총회를 열어 모임의 명칭을 '임전대책협력회'로 고치고 그를 비롯하여 11명의 상무위원을 선출하였다. 9월 4일에는 부민관 대강당에서 임전대책연설회가 열렸는데, 이 자리에서 그는 윤치호*, 최린*, 신흥우(申興雨) 등과 더불어'송화강수여 말하라'는 제목으로 연설하였다.

아울러 일제가 전쟁자금 조달을 위해 매출했던 1원짜리 채권을 소화시키기위해 이 협의회는 채권가두유격대를 결성, 거리로 나섰다. 이광수, 모윤숙*, 최린, 방응모(方應謨), 윤치호 등과 함께 종로 화신 앞에 나가 행인들에게 채권을팔았던 것이다.

김동환이 주동이 되었던 이 협의회는 윤치호 중심의 흥아보국단 준비위원회와 1941년 9월 11일 통합을 결정, 10월 22일에 '조선임전보국단'이라는 이름의 새로운 친일단체로 출범하게 되었다. 이 단체야말로 친일분자들이 총망라된 것이라고 하겠는데, 그 강령을 보면 이 단체의 성격을 잘 알 수 있다. 첫째 황도정신의 선양, 둘째 국민생활의 쇄신, 셋째 근로보국, 넷째 국채의 소화, 저축의 여행, 물자의 공출, 생산의 확충, 다섯째 국방사상의 보급 및 의용 방위 등이 그것이다. 그가 이 임전보국단의 간부(전시생활부원 및 상무이사)로 선임되었음은 말할 나위도 없다. 1942년 10월 29일 해산하여 국민총력조선연맹으로 흡수되기까지 그는 임전보국단의 핵심으로 활약했던 것이다.

「임전보국단 결성에 제하여」(1941. 11)는 임전대책연설회의 개회사에 해당하는 글로서, 김동환은 여기서 일본과 발맞춰 조선에서도 성전에 임해야 할 3단계를 제시하고 있다. 첫째는 사상전으로, 조선인은 모두 황도정신을 파악한 일본 국민이 되는 일이다. 그러기 위해서는 민족주의와 사회주의를 청산하고 내선일체의 길로 들어서야 한다는 것이다. 둘째는 돈과 땀을 나라에 바치자는 것이다. 즉, 물자헌납과 노력동원으로 국책에 협력하자는 내용이다. 셋째는 피를 바치는 일, 다시 말해 생명을 전장(戰場)에 바쳐야 한다는 것이다. 그야말로 우리 민족의 모든 것을 송두리째 바쳐 일제에 충성하자는 얘기다. 그렇게 하고 나면 과연 무엇이 남겠는가. 영혼마저 일제에 바쳤는데, 어찌 '민족을 위한 친일'(이광수)이라는 변명으로 이 엄청난 죄과를 용서받을 수 있겠는가.

나아가 임전보국단은 1941년 12월 14일 전선대회를 열어 전시하 사상통일의 구체적 방침과 군수자재 헌납운동을 결의하였으며, 같은 날 오후 6시에는 미영타도강연대회를 가졌다. 이 강연회에서 김동환은 '적이 항복하는 날까지'라는 연설을 하였는데, 그 요지는 "적 장개석 정권을 비롯하여 영·미를 이 지구상에서 격멸치 않고서는 오늘의 배급쌀까지도 편히 얻어먹을 수 없는 형편"이라는 것이다.

그는 자신만이 아니라 자신의 아내인 소설가 최정희(崔貞熙)까지도 친일의 현장으로 내몰았다. 임전보국단은 1942년 1월 5일 '조선임전보국단 부인대'를 발족시켜 군복수리작업 등 근로봉사운동을 전개하게 하였는데, 부인대의 간부는 김활란*, 임영신(任永信), 고황경*, 박마리아, 박인덕*, 박순천(朴順天), 노천명(盧天命), 모윤숙, 임효정(林孝貞) 등이었다. 그런데 이들은 이미 그 이전인

1941년 12월 27일에 결전부인대강연회를 개최하였는바, 여기서 최정희는 '군국의 어머니'(『대동아』, 1942. 5)라는 제목으로 연설하였다. 그 내용은 어린 자식의 "내가 전쟁에 나가 죽으면 울 테야?"라는 질문을 받고 엄마인 자신이 당황하자 아이가 "엄만 틀렸어"라고 말하며 낙망하더라는 이야기를 하면서 자신을 반성하고, 강한 어머니가 될 것을 맹세한다는 것이다. 최정희의 친일 작품으로는 소설 「장미의 집」(『대동아』, 1942. 7), 「야국초」(野菊抄)(『국민문학』, 1942. 11) 등과 수필 「어머니 마음」(『국민신보』, 1939. 5. 14), 「꿈은 남역으로」(『대동아』, 1942. 5), 「동아의 새 아침」(『매일신보』, 1942. 2. 21) 등이 있다.

이외에도 김동환이 직간접적으로 참여했던 친일단체는 헤아리기 힘들 정도로 많다.

먼저 '황군위문작가단'부터 보자. 일제에 비행기 2대를 헌납한 바 있는 친일 부호 문명기*가 1937년 8월 20일 화북지방 장병 위문을 떠난 이래로 위문단 파견은 일대 유행을 이루었는데, 이에 발맞춰 황군위문작가단이 조직되었다. 1939년 3월 14일 최재서*, 임화(林和), 이태준(李泰俊)이 중심이 되어 이루어진 한 모임에서 작가단 파견이 논의되었다. 이 때 그는 김동인*, 김용제(金龍齊), 박영희*, 주요한, 백철*, 임학수(林學洙) 등과 함께 위문사 후보로 선출되고, 작가단 실행위원으로 뽑힌다. 이 작가단의 위문은 단지 위문에만 그치는 것이 아니었고, 전쟁문학 창조의 실천적 바탕이 되었던 것이다. 이 작가단의 결의에 따라 1939년 4월 15일 김동인, 박영희, 임학수 세 사람은 화북 장병을 위문하였으며, 돌아와서는 「전선기행」(박영희)과 「전선시집」(임학수)을 각각 남겼다.

또한 그는 이광수, 박영희, 유진오(兪鎭午), 최재서*, 김문집(金文輯), 이태준 등과 함께 조선문인협회(1939. 10. 29 결성)의 발기인이었다. 이 단체는 1943년 4월 17일에 조선문인보국회로 바뀌는데, 여기서도 그는 유진오, 최재서, 유치진* 등과 함께 상임이사로 활동하였다. 한편, 1940년 10월 16일에 발족한 국민총력조선연맹은 그 해 12월에 문화활동의 신체제를 갖추기 위하여 문화부를 독립시켰는데, 여기에 김동환이 빠질 리 있었겠는가. 그는 김안서, 백철, 박영희, 유진오, 정인섭(鄭寅燮), 홍난파* 등과 함께 문화위원에 위촉되었다. 나아가 1943년 1월 24일에는 개편된 총력연맹의 참사로서 임명되었다.

뿐만 아니라 1937년 도쿄에서 제20회 중의원 총선에서 당선된 박춘금*이 조직한 단체로 '대화동맹'과 '대의당'이 있었다. 대화동맹은 일제의 필승체제 확립과 내선일체의 촉진을 목표로 하는 단체로서, 1945년 2월 11일에 결성되었다. 또 대의당은 대화동맹의 자매단체로서, 1945년 6월 24일에 결성되었다. 이들 두 단체에 김동환이 위원으로 가담한 것은 불을 보듯 뻔한 일이 아니겠는가. 더구나 대의당이 표면적으로는 '평화적으로 사회정책 부면을 담당'하여 일제의 전시체제에 적극 부응하고자 하였다고 하나, 이면적으로는 '항일반전 조선 민중 30만 명을 학살코자 직접적 행동을 위할 폭력살인단체'였다고 하니 참으로 기가 막힐 노릇이다. 일제가 패망하기 불과 한두 달 전에 대의당이 결성되었음을 볼 때, 위의 언급이 만일 사실이라면 정말 어처구니없는 일이 아닐 수 없다. 인용자가 그 진부를 판별할 수 없었다고 단서를 달고 있기는 하지만, 패망 직전에 몰린 일제가 마지막 발악으로 그 앞잡이들을 내세워 그런 극악무도한 짓을 서슴없이 저지를 수 있었을 것임은 능히 짐작되고도 남음이 있다.

가당찮은 창씨명 시라야마 아오키(白山靑樹)

이상에서 보듯이 그는 친일단체라면 거의 모든 모임에 한구석이라도 차지하지 않은 적이 없을 정도였다. 삼천리사를 발판으로 그는 시국관련 좌담회를 여러 번 개최하였는데, 「전쟁과 문학과 그 작품을 말하는 좌담회」(박영희·김팔봉 참석, 『삼천리』, 1931. 1), 「신체제하의 조선문학의 진로」(이광수·유진오·박영희·정인섭·최정희 등 참석, 『삼천리』, 1940. 12), 「상하이·경성 양지(兩地) 예술가 교환(交驩) 좌담회」(박거영·박계주 등 참석, 1940. 12) 등이 대표적인 좌담기사들이다. 이외에도 여러 친일 내용의 좌담회에 단골손님으로 나섰다.

김동환의 창씨명은 시라야마 아오키(白山靑樹)이다. 참으로 가당찮은 이름이 아닐 수 없다. 백산청수라 하였으니, 삼천리 금수강산의 푸른 나무를 뜻함인가? 비록 친일은 했지만, 그것은 어쩔 수 없는 상황 탓이고, 사실은 내심으로 조국을 사랑하였기 때문에 '백산청수'라 했다고 발뺌이라도 한다면, 그것도 어느 정도 변명 축에 든다고 할 도리밖에 없지 않겠는가. 더구나 그가 운영했던 잡지사가 『삼천리』였으니, 이렇게 우겨도 영 억지는 아닌 듯싶다.

결국 해방 이후 그는 반민특위에 체포되어 공민권을 정지당하는 처벌을 받았다. 민족을 팔고 민중을 도탄에 몰아 넣은 자가 받아야 할 당연한 결과다. 그러나 김동환의 친일행적을 더듬어 볼 때, 그 정도의 처벌은 응분의 것이라고 할 수 있을까? 반민특위가 온전하게 자신의 몫을 다할 수 없었음은 잘 알려진 바이며, 우리 역사의 오점임에 틀림없다. 일제 잔재의 청산이라는 민족적 과제를 제대로 수행하지 못한 역사적 오류는 새삼 지적할 것도 없으리라.

어쨌든 그의 말로는 비참(?)하였다. 그는 한국전쟁 때 행방불명되었던 것이다. 납북되었다고 하는데, 그 이후의 행적에 대해서는 더 알려진 바가 없다. 많은 부일도배들이 해방 이후 지금까지 양지를 밟아 가며 계속 복락을 누린 것에 비하면, 그는 오히려 어쩌면 불행한 쪽에 속한다고 할 수 있지 않을까?

■ 김윤태(민족문학사연구소 연구원)

주요 참고문헌

김동환, 「勸君就天命」, 『매일신보』, 1943. 11. 6.
_____, 「신윤리의 수립」, 『매일신보』, 1940. 11. 19.
_____, 「임전보국단 결성에 際하여」, 『삼천리』, 1941. 11.

모윤숙
여성 교화사업의 첨병

- 毛允淑, 1909~1990
- 1941년 조선교화단체 연합회 간부
  1942년 조선임전보국단 부인대 간사

친일 여류시인에서 단독정부 수립의 막후 주역으로

이번에 영·미국의 죄상을 듣고 알고 보니까 참으로 황인종으로서는 건디지 못할 괘씸하고 분한 일이 여간 많지 않습니다. 그 사탄의 정체에 같이 춤추는 여자가 한 분 동양에 있습니다. 그 분은 바로 저 장개석의 부인 송미령입니다. 이 여자는 어떻게 된 셈인지 동양 여성이면서 미국 발바닥을 핥아야 행복감을 느끼는 변태 여성입니다. 미국의 온갖 향락성, 개인주의 관념에 잔뜩 물이 먹은 이 여자는 그 생활이 말 못하게 향락적입니다.······미국에 왔다갔다 하면서 온갖 망령된 사상을 추려서는 남편인 장개석의 머리에 불어넣어 줍니다.······

이런 여성이 동양에 있어 사태를 어지른다는 것은 같은 동양 여성으로 한탄하지 않을 수가 없습니다. 그러나 우리는 남보다 자신을 돌아보고 우리 가슴에 대화혼의 무형한 총검을 가져야겠습니다.······가문에서 쫓겨나더라도 나라에서 쫓겨나지 않는 며느리가 됩시다.('여성도 전사다', 1941년 12월 27일 부민관에서 개최된 '결전부인대회'의 강연)

그들 미국인은 20세 이상이 되면 의존심이 없고 확고한 자아에 입각해서 행동

하고 사색하고 있다. 그리고 인간은 어디까지나 동등하고 불공평은 멸망의 씨라
는 것을 통감하고 있는 듯하다. 사소한 불공평이라도 있다면 당장에 공론에 의해
서 억제되고 만다.

　이와 같은 미국의 현재는, 즉 그들의 고도로 발달된 과학적 문명과 민주주의는
그들의 짧은 역사 위에서도 미국의 교육정신, 이념이 오랜 역사를 가진 타국을
비판하고 투쟁하는 데에서 이루어진 것임을 엿볼 수 있었다.(「미국문화와 한국적
반성」, 1956년 미국 국무부 초청 문회교육 시찰기)

　모윤숙이 쓴 두 글 사이에는 엄청난 역사의 소용돌이가 스치고 지나갔다.
영국과 미국을 타도해야 할 이념적인 적대국으로 여겼던 증오심에서 단독정
부 수립을 위한 상전으로 모시게 되기까지의 사연과 그 과정에서 여류시인
모윤숙의 변신과 역할은 구태여 여기서 자세히 쓸 필요가 없을 것이다. 다만
한 인간이 이렇게까지 철저하게 변신할 수도 있다는 사실만 기억해 두고 넘
어가자.

　1909년 함남 원산에서 태어난 모윤숙은 원산 진성보통학교에 입학했으나
(1917), 졸업은 함흥 영생보통학교에서 했다(1925). 개성 호수돈여고(1928)와 이
화여전을 나왔으며, 간도 명신여학교(1932), 배화여고(1933) 교사를 지내면서
시를 쓰는 한편 연극활동을 했다. 해외문학파와 가까이 지내는 한편 모윤숙
은 이 무렵부터 이광수*와 개인적으로 가까이 지냈는데, 이광수가 부전호(赴
戰湖) 여행 때 "아무리 높은 고개에 올랐어도 저 구름송이를 잡을 재주는 없
지"라면서 모윤숙에게 '고개 위에 떠가는 구름', 영운(嶺雲)이라는 호를 지어
주었을 뿐만 아니라, 독일에서 철학박사 학위를 받고 귀국한 안호상(安浩相)
사이에서 결혼 중매까지 섰다(1934).

　잡지 『삼천리』의 기자를 거쳐 경성방송국 조선여성 교양강좌과로 들어간
(1936) 모윤숙은 이미 시집 『빛나는 지역』(1933)을 낸 데 이어 유명한 일기체
연가 수상인 『렌의 애가』(1937)로 명성을 얻었다.

　자신의 회고록이나 문학사전 등에는 첫 시집을 낼 때 고초를 당했으며, 이
밖에도 시 「조선의 딸」, 「이 생명을」 등 때문에 1940년에 구류를 살았다고 기
록되어 있다. 뿐만 아니라 모리(毛利)로 개명하라는 일제의 압력을 거부하면

모윤숙

서 '군국 일본의 시종살이를 해야 하는 악취의 선풍이 휩쓸고' 지나는 계절을 견딘 것을 자긍심으로 회고한다. 창씨개명을 하지 않아 경기도 경찰국으로 끌려가 취조를 당하다가 풀려 나왔을 때 모윤숙을 맞아 준 것은 방송국장과 일본육군 소장 구라하시 군보도과장이었는데, 이 때 그녀는 이런 생각을 했다고 한다. "나 같은 아무 것도 아닌 존재에게도 이런 강압이 오거늘 총독부가 보아서 쓸 만한 인재는 모두가 억지와 탄압으로 꼼짝 못하게 눌러서 저희 편을 만들었을 게 아닌가? 그러나 정말 그들의 편이 된 이가 몇 사람이나 될까?"

그러나 모윤숙은 1940년경부터 자신의 회고록과는 다른 활동을 한 여러 기록들을 남겨 두고 있다.

'조선민족의 딸'이기보다 '동방의 딸'이기를 강조

일제의 어용화를 위하여 만들어진 조선문인협회 문예대강연회(1940. 1~2)의 연단에 서는 것을 시작으로 모윤숙은 임전대책협의회(1941), 총독부 학무국이 만든 조선교화단체연합회(1941. 9), 조선임전보국단 부인대(1942) 등 각종 여성 관련 친일단체에서 활약을 했다.

『매일신보』에 실은 전시체제 아래서의 신생활운동을 강조하는 글들──

「독서와 교양미」(1940. 8. 1), 「신생활운동과 오락취미의 정화」(1940. 9. 10), 「창조적인 생활」(1940. 9. 17) 등——은 당시의 식민문화 생활정책의 대중화를 주장한 내용으로, 내핍, 사치향락의 배격, 근로동원에의 참여 등등을 강조하는 것이었다. 이런 일련의 글들은 방송국의 조선 여성 교화업무와도 관련된 것이었으며, 그는 노천명과 함께 여류 문인으로는 활발한 활동을 전개했다.

대동아공영권의 이념을 살려 조선 여인으로 하여금 고루한 민족 관념을 버리고 일본의 서양 정복전에 협력해야 한다는 주제를 노래한 시 「동방의 여인들」(『신시대』 1942. 1)에서 모윤숙은 이렇게 노래한다.

> 비단 치마 모르고
> 연지분도 다 버린 채
> 동아의 새 언덕을 쌓으리다
> 온갖 꾸밈에서
> 행복을 사려던 지난 날에서
> 풀렸습니다
> 벗어났습니다
>
> 들어보세요
> 저 날카로운 바람 새에서
> 미래를 창조하는
> 우렁찬 고함과
> 쓰러지면서도 다시 일어나는
> 산 발자욱 소리를
>
> 우리는 새날의 딸
> 동방의 여인입니다

전쟁의 단말마 속에서 내핍을 강조하면서 '조선민족의 딸'이기보다는 '동방의 딸'을 강조한 이 시는 대동아공영권의 이념을 여성들에게 교화시킨 전형적인 작품의 하나다. 이어 모윤숙은 일본군의 싱가포르 점령을 찬양하는 "2월

15일 밤!/대아시아의 거화!/대화혼의 칼이 번득이자/사슬은 끊기고/네 몸은 한 번에 풀려 나왔다/처녀야! 소남도(昭南島)의 처녀야!"(「호산나 소남도」,『매일신보』, 1942. 2. 21)라는 시를 썼다. 점령 후 싱가포르를 소남도로 고쳐 부른 일제의 침략을 미화한 이 시에서도 모윤숙은 서구에 대한 '동방'의 단결을 강조하면서, 침략과 점령을 일본에 의한 해방으로 풀이한다. "거리엔 전승의 축배가 넘치는 이 밤/환호소리 음악소리 천지를 흔든다/소남도! 대양의 심장!/문화의 중심지!/여기 너는 아세아의 인종을 담은 채/길이길이 행복되라/길이길이 잘살아라"고 끝 맺는 이 시는 서구 제국주의와의 전쟁 예찬과 이를 뒷받침하기 위한 아시아 약소 민족국가의 점령을 미화한다.

그리고는 이런 성전을 위하여 모든 아시아인 전체가, 그 중 특히 조선의 학도가 먼저 참여해야 한다는 취지의 「어린 날개──히로오카(廣岡) 소년 학도병에게」(『신시대』, 1943. 12), 「아가야 너는──해군 기념일을 맞아」(『매일신보』, 1943. 5. 27), 「내 어머니 한 말씀에」(『매일신보』, 1943. 11. 12) 등의 시를 발표했다.

메논 설득에 한몫

1945년 11월, 이기붕의 연락으로 이승만을 만난 모윤숙은 결혼했다가 헤어진 사실과 딸이 하나 있다는 것, 부모님이 이북에서 타계한 일 등에 대하여 이야기했는데, 이승만은 이 여류시인에게 "참, 우리 나라에 재주 있는 문인들이 더러 있었지! 그 이광수 씨 어디 있나? 주요한*이던가, 그 분도 문인이지"라고 되묻는다. 이 '노 독립운동가'가 민족과 국가의 장래를 논하는 자리에서 고작 친일문인을 거론한 것은 그 당시 이승만의 정치문화의식의 일단을 엿볼 수 있게 해 준다. 이 자리에서 모윤숙은 며칠 전에 만났던 춘원의 말을 상기한다. "나는 죄인이지. 그러나 그 잘못은 내가 책임을 질 것이고, 또 져야 옳은 일이지. 다만 조선 사람의 마음가짐을 나는 슬퍼하는 게야. 또 앞날이 무섭단 말야. 이제는 사상의 침략을 조심해야 해. 서로의 잘못을 캐내는 데 열을 낼 게 아니라 잘못을 찾는 대로 서로가 다시는 그런 세상이 안 되도록 정신 소제를 해야 한단 말야."

여기서 '사상의 침략'이란 좌익이었고, '서로의 잘못을 캐내는 데 열을 낼 게 아니라'는 것은 친일의 과거를 묻어야 한다는 것으로, 이런 정서는 이승만, 이광수와 같은 계층의 인사들에게 넓게 확산되어 갔다. 그 출구는 남한 단독정부 수립이었고, 이 계획은 1947년 11월 유엔 소총회의 결의로 구성된 '유엔한국임시위원단'의 한국 방문과 활동으로 진행되었다.

인도인 쿠마라 P. S. 메논은 유엔한국임시위원단의 위원장에 선출되어 유엔 소총회가 1948년 2월 26일 남한 단독정부 수립을 결의할 때까지 많은 활동을 해준 것으로 기록되어 있다. 처음부터 단정수립 반대국이었던 인도의 대표로서 한국에 온 메논은 모윤숙의 노력(?)으로 하지 중장을 떼어 버린 채 이승만과의 단독 대좌를 했는가 하면, 이광수와도 자리를 마련해 즐거운 한때를 가졌다. 이승만으로부터 메논을 설득해 달라는 간곡한 당부를 받은 모윤숙은 일제 때부터 가장 존경하던 선배이자 결혼 중개인이며, '영운'이라는 자신의 아호까지 지어 주었던 이광수에게 모든 것을 털어 놓고 상의했다.

단정수립 확정 후 메논이 한국을 떠난 뒤의 심경을 모윤숙은 "고마운 사람! 나만 아는 잊을 수 없는 은인. 그는 정치인이라기보다 우정과 신의에 가득 찬 영혼을 가진 세계의 외교관이었다. 이박사는 실로 그 은혜를 잊을 수도, 또 잊어서도 안 될 것이다"라고 썼다.

이 중요한 역사적인 고비를 넘긴 뒤 모윤숙의 활동은 차라리 사족이 될 것이다.

제3차 유엔총회 대표로 참석(1948. 10), 월간 『문예』 창간(1949) 등을 거쳐 한양여성클럽 회장, 대한여자청년단 총본부단장(1950), 한국문화단체총연합회 최고위원(1955), 국제펜클럽 한국위원회 위원장(1959~62, 1977), 공화당 전국구의원(1972) 등을 지냈으며 1990년에 세상을 떠났다. 대한민국 예술원상(1967), 국민훈장 모란장(1970), 3·1 문화상(1979) 등을 수상하였다.

■ 임헌영(문학평론가)

주요 참고문헌

모윤숙, 『자화상』, 대호출판사, 1982.
_____, 『호반의 밀어』, 대호출판사, 1982.

유치진

친일 '국민연극' 주도한 근대연극사의 거두

- 柳致眞, 1905~1974
- 1941년 현대극장 대표
  1942년 이용구를 찬양한 장막희곡「북진대」발표

근대연극사 제일의 희곡작가

대한민국 국민치고 중등교육을 받은 사람이라면 유치진을 모르는 이는 없을 것이다. 아직도 연극문화가 일반대중의 생활 속에 자리 잡고 있지 못한 우리의 현실에서 연극 한 편 제대로 보지 못하고 일생을 보내면서도, 희곡 작가 하면 으레 유치진을 떠올리게 된다. 왜냐하면 학창시절 국어 교과서에서 3·1운동에 참여한 학생 '정도'와 그 어머니를 주인공으로 하는 희곡「조국」이나, 신라의 삼국통일에서 혁혁한 공을 세운 바 있는 김유신의 아들 원술화랑을 주인공으로 한「원술랑」을 누구나 한 번쯤은 읽었을 것이기 때문이다.

유치진(아호 동랑)은 1905년 경남 통영에서 아버지 유준수(柳焌秀)와 어머니 박우수(朴又秀) 사이에서 장남으로 태어났다. 1921년에 도일하여 호우야마(豊山)중학에 편입한 이후 1931년 릿교(立敎)대학 영문과를 졸업하기까지 10년여 동안을 일본에서 지낸 그는, 1931년 귀국하자마자 신극운동 단체인 극예술연구회를 조직하여 활동한다. 이후 그는「토막」(1932),「소」(1935)를 비롯하여「조국」(1946),「흔들리는 지축」(1947),「나도 인간이 되련다」(1953)에 이르기까지 수많은 희곡을 발표하여 근대연극사 제일의 희곡작가로 인정받게 된다.

유치진

또한 그는 1974년 고혈압으로 운명하기까지 연극 연출을 비롯하여 연극평론 발표, 극단 운영, 드라마센터 건립 등 다방면에서 연극문화의 발전에 공로가 큰 인물이다.

이렇듯 근대연극의 발전에 공로가 크고, 그것도 3·1 운동을 희곡화한 작가 유치진에게 친일 작가 운운하는 것은 얼른 보면 부당하게 생각될지도 모른다. 「조국」만을 읽고서 자란 세대에게 유치진은 민족적 양심을 지닌 작가로서 기억되고 있을 것이기 때문이다. 그러나 사실 「조국」은 해방 이후, 즉 이 땅에서 일제가 물러간 후 누구나 애국을, 독립을 운운하던 바로 그 시절에 창작된 작품이다.

「왜 싸워」를 두고 왜 싸워?

이 말은 1957년 말 지상을 떠들썩하게 했던 '왜 싸워 사건'을 다룬 한 신문 기사의 제목이다. 이 '왜 싸워 논쟁'은 흔치 않은 연극계의 논쟁이라 그 시대를 살았던 사람에게는 지금도 아슴프레하게나마 기억에 남아 있을 것이다.

희곡 「왜 싸워」는 1957년 당시 한국연극학회 회장이던 유치진이 전국남녀 대학생 연극경연대회에 상연하고자 제출했던 작품이다. 학생극 진흥을 위해 좋은 창작극을 선보이겠다는 의지를 가지고 『자유문학』지에 1차 발표를 하고, 동시에 대학생들에게 작품을 주어서 무대에 올리도록 준비를 착착 진행하고 있었다.

그런데 엉뚱한 데서 문제가 발생했다. 당시 『자유문학』을 주관하고 있던 김광섭(金珖燮)이 「왜 싸워」는 친일작품 「대추나무」의 개작이므로 경연대회에서 상연되어서는 안 된다는 문제제기를 하고 나선 것이다. 그것도 유치진과는 1930년대 극예술연구회 시절 활동을 함께 했던 오랜 친구이자 동지이던 김광섭에 의해서 친일작품을 상연하려 한다고 갑작스럽게 매도를 당하니, 유치진으로서는 이만저만 화가 난 것이 아니었다. 당시 일간지에 두세 차례 설전이 있고 나서 사태는 흐지부지 진정이 되었지만, 유치진에게는 다시 한 번 '친일작가'라는 낙인이 찍히는 상처를 남기게 되었다.

록펠러재단의 후원으로 구미여행을 마치고 돌아온 유치진이 돌아오자마자 벌인 첫 사업에서 하필이면 「대추나무」의 개작을 들고 나섰는지 어지간한 상식인이라면 선뜻 이해가 가지 않는다. 그 시대에 친일 작품이 필요했던 것은 절대로 아닐 터이고, 그렇다면 그만큼 그 작품에 작가로서의 애정이 간절했기 때문이라는 얘기밖에는 안 된다. 그러나 그의 많고 많은 작품 가운데 하필이면 「대추나무」였을까.

훗날의 자서전에서 유치진은 이 「왜 싸워」를 선택한 이유를 나름대로 밝히고 있다.

「대추나무」는 1941년 내가 일제의 강요에 못 이겨 현대극장을 주재하던 무렵에 쓴 작품이었다. 「대추나무」는 이렇게 일제의 강압하에서 쓴 작품이지만, 그 무렵에 쓴 「흑룡강」이나 「북진대」(北進隊)와는 달라 아첨하는 구석이 없다.……작품상으로 「대추나무」는 그대로 재미 있는 것이었고, 지금도 나는 이 작품을 나의 대표작의 하나로 꼽는 데 서슴지 않는다. 이렇게 내가 작가적 양심으로 아끼던 작품이라 「대추나무」만은 친일작품으로 도매 취급당하는 것이 몹시 언짢았다. 「대추나무」는 나의 작가적 고충이 적잖이 서려 있는 유달리 애착이 가는 작품이었다. 내가 대학 연극 콩쿠르에 내놓은 「왜 싸워」는 이러한 「대추나무」를 개작한 것이었지 친일성이 강한 「흑룡강」이나 「북진대」를 개작한 것은 아니었다.(『동랑자서전』)

유치진은 친일성향이 노골적으로 드러난 「흑룡강」이나 「북진대」에 비하면 상대적으로 「대추나무」는 작가적 양심에 부끄럽지 않은 작품일 뿐더러, 대학생 연극대회에 「왜 싸워」를 내보임으로써 「대추나무」에 씌워져 있던 친일의 굴레마저 벗어 던질 수 있다는 자못 거대한 욕심까지 가지고 있었던 것 같다.

그런데 「대추나무」는 1942년 가을 당시의 관제 연극단체인 조선연극문화협회 주관의 제1회 (친일)연극경연대회에 출품하여 작품상을 수상한 바 있는 전력이 있는 친일연극이다. 그럼에도 「대추나무」가 외형의 경력은 그렇더라도, 내면에 있어서는 당시 민족의 현실을 우회적으로나마 다룬 작품이라는 작가 자신의 평은 견강부회적 변명에 가깝다.

「대추나무」를 『신시대』라는 잡지에 발표하였던 1942년 10월, 유치진은 「창성둔(昌城屯)에서」라는 기행수필을 『국민문학』지에 발표한다. 이 무렵 희곡 발표 외에도 「싱가폴 함락을 축하하며」(『매일신보』, 1942. 2. 19)라는 일본의 전쟁 승리를 축하하는 일반 시사 수필까지 틈틈이 발표하던 그는, 그 해 여름부터는 직접 만주지방을 기행하면서 보고서 형식으로 쓴 수필 「개척과 희망」(『매일신보』, 1942. 7. 30~8. 5)을 발표한다.

「창성둔에서」 또한 만주지방의 기행 수필 가운데 하나다. 그 내용은 평북 창성군이 수풍 수력발전소 건설로 수몰되자 마을 주민 전체가 만주에 입식(入植)하여 새로운 마을 창성둔을 개척한다는 것이다. 말이 수필이지 만주에 와서 갖은 고난과 역경을 딛고 창성둔이 모범 개척촌으로 자리 잡기까지의 사례담을 통해 한국인의 만주 입식을 선동하는 성격의 글이었다. 이러한 사례담의 형식은 1970년대 새마을운동 성공사례 발표를 떠올리면 쉽게 짐작이 갈 것이다. 이 수필은 공교롭게도 오늘의 입장에서 보면 당시 일제가 강행하던 만주로의 '분촌운동'(分村運動) 실상을 실감 나게 보여 주는 자료가 된다.

그런데 「대추나무」야말로 바로 이 창성둔 사례를 그대로 희곡화했다는 오해를 받을 만큼, 당시 조선 농촌이 살기가 힘들다는 사실 그리고 좁은 땅덩어리에서 이웃 간에 아웅다웅하고 살 일이 아니라 광활한 만주로 이주해 가면 넓은 농토에 자작농의 꿈이 실현될 수 있을 것이라고 선전하는 분촌운동 선전극이라 아니할 수 없다. 그럼에도 유치진은 분촌운동에의 독려 부분은 살

짝 빼 버리고 살기 힘든 농촌현실에서의 인간들의 삶의 애환을 그렸다 하여 내심 작가적 애정을 보이고 있으니 안타깝지 않을 수 없다.

구한말 친일의 선봉 이용구를 찬양──장막희곡「북진대」

그런데 「대추나무」의 친일성이 이 정도라면 작가 자신이 친일작품으로 인정하는 「흑룡강」(1941)과 「북진대」(1942)는 어떠했겠는가.

「북진대」(4막 5장)는 대추나무를 발표하기 반 년 전인 1942년 4월 4일부터 7일까지 경성부민관(지금의 세종문화회관 자리)에서 현대극장 배우들이 출연한 가운데 경성대화숙(大和塾 : 일본정신 교육기관) 주최로 상연된 작품이다. 이 작품은 "러일전쟁이 일어났던 1904년 8월부터 1905년 3월까지 사이에 일진회 회원들이 중심이 되어 일본을 위해 경의선 군용철도의 부설에, 혹은 군수품의 수송에, 혹은 러시아 국내에 잠입하여 적정(敵情)을 탐색하는 등, 일부 배일파(排日派)의 치열한 박해와 매도 속에서도 과감하게 일한 양국의 합병에 헌신하는 모습"과 '대동합방론'이라는 '고매'한 사상을 가지고 일진회를 이끌었던 이용구*야말로 "한국을 열국의 세력쟁탈장에서 구하고, 동양 영원의 평화를 확립하기 위해서는 조선은 그 동맹국인 일본과 친화하지 않으면 안 된다고 외친 선각자"로 인식시키려는 내용으로 되어 있는 일종의 역사극이다. (「북진대」, 『삼천리』, 1942. 7)

이 공연을 기획한 경성대화숙은 "이 연극은 내선일체의 심화철저를 기하고, 대동아전쟁하에 있어서의 반도청년의 궐기를 촉하려고 한 작품으로, 내선일체의 철저는 일한병합에 대한 올바른 인식에서 출발해야만 한다는 의도로 기획된 것으로서, 이 연극을 보면, 당시 조선반도가 남진하는 러시아의 호구(虎口)에 놓여 있었던 것과, 반도민중이 일한병합을 얼마나 열망하고 있었는지, 또한 일한병합이 무력 압박에 의한 것이 아니라 반도민중의 자발적 열망을 일본이 용인한 것이었음을 명료하게 보여 준다"라고 높이 평가하고 있다. (「북진대를 기획하고」, 『국민문학』, 1942. 6)

'국민연극'의 대표주자 현대극장을 주도

이처럼 당시에 훌륭한 국민연극으로 평가받던 「북진대」가 상연된 표면적 계기는 경성대화숙의 기획에 의한 것이었지만, 실제 창작에 있어서는 유치진 스스로 몇 개월에 걸쳐 작품 구상을 한 결과라 한다. 그 사연인즉, 1941년 여름 유치진이 이끌고 있던 극단 현대극장의 사무실이 견지정(堅志町)에 있는 시천교(侍天敎) 교당으로 옮겨 왔는데, 그 곳은 다름 아닌 내동일진회(일진회의 후신)의 본산이었다.

그 곳에서 유치진은 러일전쟁 때 철도부설에 참여하였던 구일진회 간부들로부터 직접 당시의 추억담을 듣곤 하였는데, 그에 감동을 받고서, 들을 때마다 "존경스러운 체험담을 주제로 작품을 쓰고자 욕망"(유치진, 「북진대 여화」)하고 있었다 한다. 그리고 집필에 들어가기에 앞서 『원한국 일진회 역사』(전4권, 문명사), 이선근(李瑄根)의 『조선근세사』 등 15권 정도의 역사책을 참고하여 상세한 조사까지 했다 한다. 결국 「북진대」 상연을 계기로 보았을 때, 대동일진회와 극단 현대극장의 관계가 어떠한 것이었나 하는 것은 짐작하고도 남음이 있다.

그렇다면 현대극장은 어떻게 만들어진 극단인가. 1937년 중국을 침략하면서 전시체제로 돌입한 일제는 문화예술부문에 있어서까지 전쟁동원체제를 강화시킨다. 그 결과, 이동연극 등을 통한 일선 위문공연을 비롯하여, 후방에서도 징병이나 징용에 대한 선전, 내선일체나 국민(사실은 일본 국민으로서의)정신의 선전 등에 나서도록 적극 독려하였다.

이러한 과정에서 1941년 3월 총독부 연극담당 사무관 나라데(星出壽雄)가 주도하여 직접 만든 극단이 바로 현대극장인 것이다. 그 진용은 유치진을 대표로 함대훈(咸大勳), 서항석(徐恒錫), 주영섭(朱永涉), 이원경(李源庚), 함세덕(咸世德) 등과 이백수(李白水), 강홍식(姜弘植), 전옥(全玉), 김양춘(金陽春), 김동혁(金東爀), 마완영(馬完英), 이해랑(李海浪) 등 "전일의 극예술연구회와 동경학생예술좌, 토월회 그리고 일부 상업극단과 영화인들로 구성되어 마치 예술계 전반의 대동단결로 보여진다"(박영호, 「예술성과 국민극」 『문장』 1941. 4)라고 하였다.

현대극장의 창립공연은 유치진 작「흑룡강」(5막)이었다.「흑룡강」은 "만 2
년에 걸쳐 5차의 퇴고를 거듭한 조심루골(彫心鏤骨)의 야심작"으로서, "소박하
고 거칠고 야성적인 것을 리얼한 면에서 취하여 대륙기질의 다이나믹한 박진
력을" "비열(沸熱)된 이념의 승화"로 이끌고자 하였다는 것이 작자의 말이다
(유치진,「'흑룡강' 상연에 제(際)하여」,『매일신보』, 1941. 6. 5). 만주에서의 조선
농민이 일본영사관의 보호 아래 복지 만주(福地滿洲)의 터전을 닦아 나가는
것을 내용으로 한「흑룡강」은 본격 '국민연극'으로서 첫 테이프를 끊은 것이
라 할 것이다.

이후 현대극장은 함세덕 번안의「흑경정」(黑鯨亭, 1941), 유치진의「북진대」
(1942)와「대추나무」(1942), 함세덕의「에밀레종」(1943)과「남풍」(1943),「황해」
(1943),「청춘」(1944),「백야」(1945), 조천석(朝天石)의「셔어멘 호」(1944) 등 '유수
한' 국민연극을 상연하였다. 유치진은 희곡 창작보다 연출을 위주로 활동을
했는데, 해방이 되던 1945년 8월 15일에도 약초(若草)국민극장(지금의 스카라
극장)에서 박재성(朴在成) 작「산비둘기」(4막)를 공연중이었다 한다.

그런데 유치진은, 현대극장을 조직한 것은 자신의 의지가 아니라 총독부의
강제에 의한 것이었다고 훗날 자서전에서 술회하고 있다. 그러나 과연 그러
한가. 유치진은 현대극장이 창립되기 이전에 이미 국민연극 지도기관인 조선
연극협회(1940. 12)의 이사로서 국민연극의 주요 사업을 제안할 정도로 국민연
극에 적극적이었다.

　　문화단체로서 연극인협회가 앞으로 연극을 위해서 해야 할 사명은 실로 크다.
　문화단체로서 해야 할 사업의 범위를 적어 본다면,
　　(1) 우선 새로운 국민극 수립을 위해서 연극인 양성을 목표로 한 연극학교는
　가까운 장래에 하나쯤 설립되어야 하겠고,
　　(2) 극본감독부라는 부서를 협회 내에 두어서 당국에 제출하기 전에 협회로서
　우선 극본의 사전검열을 행하여, 당국에서는 주로 극본의 치안상 검열을 한다면
　극본감독부에서는 문화적 내지 예술적인 검열을 하게 함이 어떨까 한다. 연극의
　질적 향상과 국민극의 방향을 건전케 함은 무엇보다도 극본이 먼저 그 성과의
　열쇠를 가졌으니, 좋은 극본의 생산을 위한 격려와 감상은 그 책임을 당국에서보

다 연극의 전문단체인 협회에다가로 분담시킴도 일 방책인 듯하다.

(3) 협회에서는 잡지를 발행하여 협회가 내포하는 극단 내지 회원 상호간의 소식전달과 국민극 수립에 대한 이론적 확립과 희곡의 활자화와 관객층의 교도와 지상 개척을 책(策)해 봄도 좋을 듯하고,

(4) 연극상제도(상금은 많을수록 좋음)를 제정하여 연 1회 그 해에 가장 우수한 업적을 남긴 연극인(협회에 소속된 극작가나 배우나 무대미술가나 기타 연극 종업자)에게 상을 정여(呈與)하여 연극기술의 상려와 연극의 질적 향상을 꾀하였으면 좋겠고,

(5) 연극종업자의 공제회 같은 것을 만들어서 실업한 혹은 병환에 신음하여 일하지 못하는 협회원의 생활개척의 일조를 삼으면 어떨까 한다. (유치진,「신체제하의 연극——조선연극협회와 연관하여」,『춘추』, 1941. 2)

그리고 그는 "연극협회가 조직되어 문화통제의 일익으로서 연극통제가 실시되게 되자", "연극은 종전과 다른 의미에서 진흥의 기운을 보이고 있다"는 점을 언급하면서, "세계연극사를 들쳐 보더라도 연극이 국가적인 보호를 받았을 때에 보다 왕성했던 전례를 지적할 수 있다"며 국민연극이야말로 연극의 발전을 의미한다고 강변하고 있기도 하다(유치진,「원칙적인 것과 구체적인 것」,『조광』, 1941. 6).

이로 보면, 유치진은 조선연극협회의 결성에 대해 문화신체제라는 시국적 요구에 대한 대응 외에도, 연극 부진의 상황을 타개하기 위한 적극적 지원·장려의 기회로까지 인식하고 있었음을 알 수 있다. 어떻게 보면 유치진에게는 조선 신극사에서 처음으로 당국의 탄압 없이, 나아가서는 당국의 '지원' 아래 연극활동을 마음껏 할 수 있는 기회로까지 인식되었기 때문에, '암흑기'의 사업이라고는 상상하기 힘든 연극학교, 연극잡지, 연극상 제도, 연극인 공제회의 조직 같은 장기적이고 안정적인 사업 구상을 펼치고 있는 것인지도 모른다. 어쨌든 조선연극협회와 현대극장의 결성이 단지 일제 당국의 강압과 강요에 의한 것만은 아니고, 당시 연극인들의 '자발적' 참여 과정과 결부되었음을 부인하기는 어려운 것이 사실이다.

오늘에 남은 친일연극의 청산 문제

유치진이 친일연극 활동에만 전념했던 것은 아니다. 사실 유치진은 일본 유학에서 돌아와 극예술연구회(1931)를 조직하여 신극운동을 전개하던 초기에는 「토막」, 「소」, 「버드나무 동리에 선 풍경」 등 비교적 일제하에서 고통받고 신음하던 가난한 농촌의 현실에 대한 리얼리즘적 작품을 남김으로써, 우리 희곡사에 커다란 족적을 남긴 작가다. 그렇다고 그가 당시 프롤레타리아 연극운동을 하던 작가들보다 저항성이나 민족의식의 토대가 강했던 것도 또한 아니다. 그의 민족의식이 허약했기 때문에, 일제 말이 되자 앞에서 살펴본 대로 '국책연극으로서의 국민연극'의 진흥에 앞장 섰던 것이다.

그러나 '국민연극'에 관해서라면 비록 유치진만의 문제는 아니다. 유치진만이 유별나게 나서서 설친 것도 아니고, 신파 배우든 좌익 출신이든 할 것 없이, 어떤 면에서는 한결같이 '국민연극'의 각본을 쓰고, 연기를 하고, 연출을 하고, 무대장치를 했던 것이 엄연한 사실이다. 일일이 거명을 하지 않아도 될 만큼 거의 모든 연극인이 국민연극에 종사했다. 일제의 탄압이 가장 심해진 1940년대에 들어서 그 많은 연극인 가운데 한 사람도 투옥되거나 심지어는 상연금지된 작품이 나오지 않은 것은 이를 잘 웅변해 준다. 따라서 유치진의 친일연극은 그 개인의 문제로 그치는 것이 아니고, 비극적이지만 전체 근대 연극사의 문제로 우리에게 다가서는 것이다(이 때문에 연극계는 해방공간에서 일제 잔재 청산을 제대로 해결하지 못한 채 이 문제를 훗날의 과제로 남겨 놓게 된다).

일제하에서 활동하던 지식인치고 '친일'에서 자유로울 수 있는 자는 흔치 않았을 것이다. 때문에 식민지하에서의 연극인 또한 우리가 지금으로서는 상상할 수 없는 상황과 조건에서 연극을 해야만 했을 것이고, 어떤 면에서 그러한 고충을 우리가 이해하지 않으면 안 될 줄 안다. 그러나 아무리 개개인의 면면과 고충을 이해한다 하더라도, '국민연극'으로 근대연극사의 한 페이지를 '장식'했던 역사적 과오는 오늘의 우리에게 고스란히 남아 있는 것이다.

지금 우리에게 문제가 되는 것은 어느 개인의 친일문제가 아니라 그러한 친일의 과정으로 인해 오늘날 우리 연극 문화가 주체적·자주적 문화로 자리 잡지 못하고, 대중으로부터 유리된 채 제자리 걸음을 하고 있다는 오늘의 현실인 것이다. 더욱이 우리 연극의 잘못된 뿌리에 대한 진지한 점검 한 번 없이, 유치진과 관련된 것이라면 친일도 괜찮은 것이라는 안이한 사고방식 자체에 있는 것이다. 몇 년 전 연극 「격정만리」의 사태에서도 극명하게 드러났듯이, 현재의 한국연극협회가 연극계 선배들의 친일문제는 그저 덮어 두려고만 하면서 건전한 민족연극의 발걸음을 붙잡으려고 한다는 데 그 심각한 문제가 있는 것이다. 이러한 모든 사태는 해방 직후 일제 잔재의 청산이 제대로 이루어지지 못한 데 가장 큰 원인 있을 것이며, 그 이후로도 계속하여 교과서나 일반인의 인식 속에 무감각하게 자리 잡고 있다는 데 있는 것이다.

이 글이 우리 연극사의 큰 위치를 가지고 있는 유치진에게 일단의 욕이 되는 내용으로 비칠 수도 있을 것이다. 하지만 무조건 덮어 둔다고만 하여 문제가 해결되는 것이 아니다. 엄밀하게 말하면 그의 친일행적에 대한 냉엄한 지적만이 그에게 덧씌워진 역사의 굴레 또한 바르게 벗겨 내는 길일 수도 있다. 죄가 밉지 인간이 미운 것이 아니라는 상투적 표현을 빌리지 않더라도 유치진의 친일행각을 살펴보면서 오늘의 연극이 바른 방향을 찾아나가는 데 타산지석이 되길 바랄 뿐이다.

■ 박영정(연극평론가, 건국대 국문학과 박사과정)

주요 참고문헌

유치진, 『동랑자서전』

＿＿＿, 「북진대」『삼천리』 1942. 7.

＿＿＿, 「신체제하의 연극──조선연극협회와 연관하여」『춘추』 1941. 2

최재서
서구적 지성론자에서 천황숭배론자로

- 崔載瑞, 창씨명 石田耕造, 1908~1964
- 1941년 친일문학지『국민문학』주간
  1943년 조선문인보국회 이사

서구적 지성론자에서 동양적 국가주의자로

　평론가, 영문학자. 호 석경우(石耕牛). 황해도 해주 출생. 최재서는 경성제대 영문과를 나와 영국 런던대학에서 유학하고 돌아온 후 경성제대 강사, 보성전문학교·법학전문학교 교수 등을 지내면서 영문학을 가르치고 문학평론을 썼다. 그는 종래의 경향문학 비평이나 인상주의적 비평에 대하여 주지주의적 비평을 시도, 우리 문학에 과학적 비평방법을 제시하였다. 광복 후 연세대, 한양대 등에서 교수를 지내는 동안 문단과의 관계를 끊고 문학연구에만 전념하였다.

　이상은 어문각에서 출판한『한국문예사전』에 나와 있는 최재서 항목의 설명이다. 일제 말기 문학가 중에서 가장 적극적으로 친일활동을 했던 사람 중의 하나였던 그의 경력에 친일부분이 없는 것은 물론이고, 8·15 이후 그가 친일경력 때문에 문단활동을 할 수 없게 되어 강단에 설 수밖에 없었던 사정에 대해서는 아무런 이야기가 없이 그냥 '문단과의 관계를 끊고 문학연구에만 전념'이라고 표현함으로써 마치 그가 어떤 학문에 대한 남다른 열정과 집념이 있어서 그 길을 선택한 것처럼 보일 소지를 남겨 주고 있다.

최재서

　후세의 사람들도 애써 감추고자 했던 그의 친일경력은 그가 비평가였던 만큼 심정적인 차원의 것이 아니라 논리적인 기반을 갖추고 있는 것이었다. 그가 친일의 문학논리를 구체적으로 주장하기 시작한 것은 제2차 세계대전, 특히 1940년 4월에 독일이 파리를 침공할 때부터였다. 그 이전까지 그는 불안한 세계정세에 대해서 오히려 우려하고 있었고 그러한 데서 파생한 문화적 위기를 지성적 관점에서 극복해 보려고 노력하였다. 그러다가 중일전쟁이 한창 진행되는 동안에 그는 다소 혼란된 모습을 조금씩 보이다가, 그 자신이 주간으로 있었던 『인문평론』을 창간한 1939년 10월부터는 잡지 권두언에서 친일적 발언을 조금씩 하기 시작하였다.

　최재서가 쓴 것으로 보이는 『인문평론』 창간호 권두언인 「건설과 문학」에는 "세계의 정세는 시시각각으로 변하고 독파(獨波 : 독일과 포르투갈——인용자) 간에는 벌써 무력충돌이 발생하여 구주의 위기를 고하고 있다. 그러나 동양에는 동양으로서의 사태가 있고 동양민족에게는 동양민족으로서의 사명이 있다. 그것은 동양 신질서의 건설이다. 지나를 구라파적 질곡으로부터 해방하여 동양에 새로운 자주적인 국가를 건설함이다"라는 대목이 나온다. 이는 명백한 일본의 중국침략을 서구로부터 중국을 보호하는 행위라고 비호하는 얼토당토 않은 친일적 주장이며, 서양과는 다른 일본 중심의 신체제와 대동아공영권을 건설하자는 친일 논리이다. 이 무렵 그는 일본 총독부의 공작으로 만들어진 친일문학 단체인 조선문인협회의 조직(1939. 10)에 적극적으로 참여하였다.

영문학을 전공했고 주지주의와 같은 모더니즘을 옹호했던 최재서에게 현실인식 전환의 결정적 계기를 마련해 주었던 것은 동아시아에서 벌어졌던 중일전쟁보다는 유럽에서 벌어졌던 제2차 세계대전, 특히 1940년 4월에 있었던 독일의 침공으로 인한 파리의 함락이었다. 파리의 함락은 최재서에게는 바로 르네상스 이후 서구의 근대가 몰락하고 새로운 질서, 즉 독일 전체주의 중심의 새로운 세계질서로 재편되는 것으로 비쳐졌다. 누구보다도 서구의 근대에 관심이 많았던 최재서에게 서구 근대의 몰락처럼 보였던 파리의 함락은 새로운 현실 인식을 요구하였고, 그것은 파시즘과 민주주의의 대결이라는 정세 판단 대신에 서구 근대의 개인주의와 문화주의의 부패 및 전체주의와 국가주의의 성장이라는 극히 잘못된 현실인식으로 바뀌었다.

이렇게 변화된 생각이 가장 먼저 드러난 글은 1940년 6월 『인문평론』에 실린 「전쟁문학」이다. 그는 이 글에서 제1차 세계대전을 반전적 관점에서 쓴 『서부전선 이상없다』를 비판하고, 그 당시 참전하였던 독일학생들의 편지를 묶은 책을 소개하면서 그들의 호전적 지향을 적극적으로 선전하였다. 그는 조선에도 중일전쟁을 다룬 전쟁문학이 나와 온 조선 사람이 전쟁에 참여하기를 바라면서 다음과 같이 주장하기 시작한다.

우리가 오늘날 전쟁문학이라고 할 때 그것은 후세에 영구히 남아질 예술적 작품보다는 차라리 생생한 전장의 체험을 그대로 전할 만한 보고적인 작품을 일컫는 경우가 많다. 병대(兵隊)가 전장에서 어떠한 고생을 하고 있는가, 그들은 전장에서 무엇을 느끼고 무엇을 생각하고 무엇을 서로 이야기하고 있는가, 이런 것을 아는 것이 현재의 우리로선 더 절실한 일이 아닐까 생각한다. 우리들이 멀리 총후에 남아서 병대들과 더불어 전쟁의 감정을 나누고 그들과 매한가지로 국민의식에 연결되려면 이러한 전쟁문학이 가장 손쉽고 또 현재 가질 수 있는 유일의 수단이 되기 때문이다.(「전쟁문학」, 『인문평론』, 1940. 6)

당시 벌어지고 있던 중일전쟁을 옹호하는 전쟁문학을 기대하던 그가 좀더 논리적으로 자신의 전환을 이야기한 것은 「전환기의 문화이론」과 「문학정신의 전환」이라는 글에서다. 그는 이 글에서 개인주의와 문화주의의 절멸과 전체주의와 국가주의의 발흥을 이야기하면서 '우리 조선은 이런 현실에 맞추어 새로운 세계관을 확립해야 한다'고 강력하게 주장한다. 그가 이러한 현실 인식 위에서 그 대안으로 내세운 것이 바로 국민문학이었다. 아직 국민문학론의 구체적 내용을 드러내고 있지는 않지만 대체적인 흐름이 국민문학으로 모아져야 할 것임을 명백하게 주장하고 있다.

「전환기의 문화이론」에서는 "국민적인 분열과 항쟁의 의식을 고취하는 문화는 다만 그것만의 이유로서 국가적 입장에선 거부될 것이다. 계급적 분열을 고취하는 좌익문학은 말할 것도 없고 개인의식의 분열을 유일의 주제로 삼는 심리주의 소설이나 가족간, 특히 부자간의 분열항쟁을 폭로하는 가정 비극소설이 오늘 백안시되는 것은 여상의 이유로써라도 해석된다. 여하튼 국민문화는 국민 전체에 통일을 주고 국민적 단결을 더욱 공고케 하게 만드는 문화가 아니어서는 아니될 것이다"라고 하면서 국민문화를 주장하였다.

또한 「문학정신의 전환」이라는 글에서는 "이렇게 생각할 때 금번 전쟁은 우리가 즉시적인 전환을 행해야 할 것을 경고하는 동시에 그 전환의 목표를 우리에게 제시하고 있다는 사실을 해득할 수 있다. 전환에 대한 경고란, 즉 위기에 선 현대문화가 부패한 맹장으로서 절단되느냐 또는 신문화 창조의 배아로서 조장되느냐 하는 실로 결정적인 판단에 대응할 것을 의미한다.…… 현대문화가 취할 바, 전환의 목표란 거지반 자명에 속한 일이 되고 만다. 문화의 국민화, 이 이외에 길은 없을 것이다. 따라서 문학정신의 전환도 이 전체적인 전환과 방향을 같이하게 된다"라고 강력하게 주장하였다.

이로써 신중하게 모색하던 새로운 문학론의 출구는 결국 친일문학론인 국민문학론으로 귀결되고 말았다.

친일문학지 『국민문학』의 창간과 친일적 국민문학론의 수립

1940년 8월에 『동아일보』와 『조선일보』를 폐간한 후에 일제 총독부는 용지 공급 문제를 공식적인 이유로 모든 문학잡지를 폐간시켰다. 즉, 1941년 4월에 그 동안 문학작품의 발표지로서 큰 역할을 차지했던『문장』과『인문평론』을 폐간시킴으로써 더 이상 문학지는 존재하지 않는 상황이 되었다. 일제는 그 후 최재서와 상의하여 국민문학을 주도할 수 있는 잡지를 내기로 결정하고 그 잡지의 주간을 최재서가 맡아 보기로 결정하였다. 이러한 협의 끝에 나온 것이 친일문학지『국민문학』이다. 이 잡지는 '국체관념의 명징, 국민의식의 앙양, 국민사기의 진흥, 국책에의 협력, 지도적 문화이론의 수립, 내선문화의 종합, 국민문화의 건설' 등을 내걸고 노골적인 친일활동을 벌였다. 이 잡지의 주간으로 있던 최재서는 이 시기 국민문학론을 주도하게 된다.

『국민문학』창간호에 발표된 최재서의「국민문화의 요건」은 이 점에서 친일적 국민문학론의 형성과정에서 매우 중요한 역할을 한 논문이다. 이 논문이 나오기 전까지도 국민문학론에 대해서는 여러 사람의 글이 있었지만 기본적으로 혼란을 면치 못한 것들이었다. 상식적인 의미에서 국민문학이라 하면 근대 이후 각 민족이 통일된 국민국가를 건설하는 과정에서 시민의 손에 의해 자연스럽게 나온 문학을 가리키는 것이다. 영국에서 셰익스피어, 독일에서 괴테, 러시아에서 푸슈킨 등은 바로 국민문학의 선구자에 해당하는 인물들이다.

그러나 이런 세계문학사적인 의미는 이 당시 일반적으로 말해지던 국민문학론과는 상당한 거리를 가지거나 혹은 병존하기 힘든 것이었다. 이 시기 일본 중심의 국민문학은 서구 근대의 개인주의와 자유주의를 근본적으로 부정하고 전체주의를 옹호하는 것으로, 일반적으로 말하는 국민문학의 의미와 배치될 수밖에 없었던 것이다. 그렇기 때문에 이러한 논리적 혼란을 바로잡아야 이른바 친일적 국민문학론이 성립될 수 있었다. 이것을 밝힌 것이 바로『국민문학』창간호에 실린 최재서의 글이다.

최재서는 이 글에서 국민문학은 "단적으로 말하면 유럽의 전통에 뿌리 박은 이른바 근대문학의 한 연장으로서가 아니라, 일본 정신에 의하여 통일된 동서의 문화 종합을 터전으로 새롭게 비약하려는 일본 국민의 이상을 담을 대표적인 문학으로서 금후의 동양을 이끌고 나갈 사명을 띠고 있는 것이다" 라고 주장함으로써 그 이전의 국민문학의 논리적 혼란을 교묘하게 얼버무려 버리고 독특한 친일적 국민문학론을 수립하게 된다. 이제 국민문학론은 통일된 민족국가의 시민계급에 의해 수립되는 근대적인 의미의 문학이 아니라 일본 정신을 담는 문학으로 폭력적으로 규정된 것이다.

문화주의로부터 국가주의 및 전체주의로의 전환이라는 문학정신의 전환을 막연하게 부르짖던 단계에서 벗어나 국민문학의 성격을 나름대로 규정할 정도로 논리적인 친일문학론을 펼친 최재서가 이제 할 수 있는 것은 친일적 국민문학론에 입각하여 한층 더 그것을 정교화하는 것이었다. 여기에서 나온 것이 '지방문학으로서의 조선문학'이라는 논리이다.

당시 조선어로 쓰여지던 문학이 차츰 사라져 가자 많은 사람들은 조선문학은 이제 끝났다라고 비관했다. 그러나 최재서는 과거 2000만 조선인만을 대상으로 하던 조선문학에 비해 이제 일본어로 작품활동을 하기 때문에 1억의 전국민을 대상으로 할 수 있어 조선문학이 절망하기는커녕 오히려 규모가 커졌다고 변호하였다. 또한 그는 일본문학만을 국민문학으로 삼고 조선문학을 그것에 포함시키지 않는 것에 대해 분개하면서 '지방문학으로서의 조선문학을 일본인들이 인정해 달라'고 호소하고 있다. 이처럼 조선인은 달래고, 일본인에게는 구걸하고서 그는 다음과 같이 결론 맺고 있다.

반도의 문화인들은 시대를 잘 깨닫고 대승적 문화의식을 파악하는 것이 필요하며 그와 동시에 내지 동포가 또한 큰 도량을 갖고 신참 조선문학을 포용하며 너그럽게 그것을 길러 주는 이해와 열의를 갖는 것이 필요하다.(「조선문학의 현단계」, 『국민문학』, 1942. 8, 일문)

'천황'숭배론자로의 전락

1940년 6월의 파리 함락을 결정적 계기로 하여 문화주의로부터 국가주의와 전체주의로 전환하고, 1941년 11월 친일문학잡지 『국민문학』을 창간하면서 '국민문학론'과 '지방문학으로서의 조선문학'이라는 논리를 제시한 그에게 이제 남은 것은 더 이상 친일문학론의 논리적 구성의 문제가 아니었다. 이미 그것은 수립되어 끝난 상태이고 이제 남은 것은 그것을 체화시키는 것이었다. 그리하여 이 시기부터는 이전의 비평뿐만 아니라 대중적 호소력을 가질 수 있는 소설을 통하여 자신의 견해를 풀어 보려고도 했다.

1943년 4월 『국민문학』에 발표된 최재서의 소설 「보도연습」은 그의 친일이 얼마나 근본적이고 확신에 찬 것인가를 잘 말해 주는 대표적인 것 중의 하나이다. 1943년 4월 무렵이면 이전의 친일문학단체였던 조선문인협회를 재조직하여 조선문인보국회라는, 더욱더 적극적인 친일단체가 수립되는 시기이다. 최재서 역시 이 단체의 이사로 참가할 정도로 적극적이었다.

이 시기에 그는 친일 소설을 발표하였다. 「보도연습」은 중국의 전쟁을 취재할 언론계 종사원들을 미리 연습시키기 위하여 그 쪽과 지형이 비슷한 평양 부근의 훈련소에서 미리 연습하는 주인공 송영수의 이야기를 중심으로 쓴 다분히 자전적인 소설이다. 주인공의 나이가 서른여섯이라든가, 영문학을 전공했던 것이라든가, 출판사 사장이라든가 하는 점을 미루어볼 때 이 작품이 자전적 작품임은 쉽게 드러난다.

이 작품의 절정은 마지막 부분으로 이 훈련소에 나온 조선인 지원병들과 만나는 자리에서 일어나는 이야기 대목이다. 즉, 지원병 중 한 사람이 자신이 고향에 다녀온 이야기를 하면서 동네 친구 중 한 사람이 징병으로 끌려가기보다는 지원병이 되는 편이 낫다는 말을 하는 것을 듣고 그것을 한심한 것이라고 생각하면서 자신의 의견을 말하는 부분이다. 이 병사는 "뱃속까지 완전히 황국신민이 되지 않은 자는 군대에 들어가서도 비참할 것이라고 생각합니다"라고 말한다. 이 말은 물론 작중인물의 것이지만 지나치게 강조하는 것으로 미루어보아 작가 최재서의 생각이라고 보아야 할 것이다.

최재서의 친일활동은 글에서뿐만 아니라 문단활동에서도 여지없이 드러난다. 그는 1943년 8월에 열린 제2회 대동아문학자대회에 참가하기도 하였고 「대동아의식에 눈뜨며」라는 일문으로 된 참관기를 1943년 9월 『국민문학』지에 발표하였다. 대동아문학자대회는 대동아의 문예부흥을 목표로 이른바 대동아공영권 내 각국의 문학자가 참가한 회의인데 이는 일본문인보국회 주최로 1942년 이후 매년 열리는 것이었다. 그는 이 회의에서 행한 '조선문학운동의 보고'라는 강연에서 징병제와 해군특별지원병제의 시행으로 조선은 전쟁방관자적 태도가 일소될 것이고 이는 조선문학에 절대적 영향을 미칠 것이라고 주장하기도 하였다.

논리적인 차원을 떠나 심정적인 차원으로 넘어가면서 그는 무조건적인 친일활동을 하게 되었고 이것의 극적인 표현은 '천황'에 대한 무한한 숭배로 드러났다. 이는 「대동아의식에 눈뜨며」에서 시작되어 그 후 계속 이어져 「받들어 모시는 문학」이라는 글에 이르면 그 최고조에 이르게 된다. 그는 이 글에서 '천황'을 받들어 모시는 행복을 다음과 같이 표현하였다.

태어날 때부터 만세일계의 천황을 모시고 있는 우리들의 행복은 새삼스럽게 어느 누구에 비길 수도 없이 대견하고 고마운 일이다.

최재서는 중일전쟁 이후 막연하게 동요하다가 파리 함락을 계기로 자신이 그나마 견지해 오던 모든 근대적 지성의 노력을 포기하고 전체주의와 국가주의로 전환하여 전쟁옹호론자로 바뀌었다. 그 후 일본의 국가주의에 맞는 '국민문학론'을 제창하고, 이어서 '지방문학으로서의 조선문학'을 국민문학의 일부로서 규정 짓기에 이르렀다. 그 후 그는 일본인이 되는 것을 스스로 실행하기 위해 이시다(石田耕造)로 창씨개명까지 하면서 '천황'숭배론자로 전락하고 마는 것이다. 따라서 이러한 문단활동 역시 비평가로서의 문학활동 못지않게 그의 친일행각에서 중요한 비중을 차지한다.

이상의 그의 글과 행적은 일제의 탄압에 못 이겨 어쩔 수 없이 친일을 하는 것과 종류가 다름은 물론이고, 그 이후 그가 문단활동을 하지 않고 강단에서 학문활동을 했다는 것만으로 면제받을 수 없는 그런 성격의 것임을 확인할 수 있다.

■ 김재용(문학평론가, 연세대 강사)

주요 참고문헌
최재서, 「전쟁문학」, 『인문평론』, 1940. 6.
_____, 「국민문학의 요건」, 『국민문학』, 1941. 11.
_____, 「받들어 모시는 문학」, 『국민문학』, 1949. 4.

백철
인간탐구론자에서 국민문학론자로

- 白鐵, 창씨명 白矢世哲, 1908~1985
- 1940년 『매일신보』 학예부장. 1941년 조선문인협회 간사
  1943년 『매일신보』 베이징 지사장 겸 특파원

중일전쟁과 '동양적 신질서'의 수용

'조국광복을 지향하여 거족적으로 발양된 위대한 3·1 정신을 영원히 기념하기' 위해 만들어진 3·1 문화상의 수상자 중 30% 이상이 친일을 했다는 사실은 좀체 믿어지지 않지만 널리 알려진 이야기다. 이 중 한 사람이 문학평론가 백철이다. 그는 당시 문학가 중 상당히 적극적으로 친일을 한 편임에도 불구하고 이 상이 그에게 주어졌을 뿐만 아니라 또한 이 상을 받는 그 자신도 아무런 거리낌이 없었던 것이다. 오히려 이 상을 받음으로써 마치 면죄부를 받은 것처럼 생각하기조차 했을 것이다. 이러한 왜곡된 분위기는 이 시기에서뿐만 아니라 이미 해방 직후부터 그러했던 것이다. 백철은 자서전 『문학과 현실』에서 다음과 같이 해방 직후의 자기 처신과 그 의미를 밝히고 있다.

해방 직후의 큰 난맥상의 하나는 어제까지의 허물은 감쪽같이 숨기고 너나 할 것 없이 하루 아침에 애국자들로 변신을 한 사실들이다. 그런 가운데서 공석에서 자기 반성의 신상발언을 하고 명예스러운 직책을 사퇴한 예는 나의 경우밖에 없었다고 기억한다.

백철

　그가 말하는 공석에서의 자기반성이라고 하는 것은 1945년 8월 16일에 열렸던 조선문화건설중앙협의회의 예비모임 석상에서 『매일신보』 베이징 지사장으로 있었기 때문에 이 조직의 서기장 자리를 맡을 수 없다고 말한 것을 가리킨다. 당시 이 모임에 참석한 사람 중에는 백철이 가장 두드러지게 친일행각을 한 사람이고 보면 이러한 사퇴는 당연한 것이었다. 그러나 그가 1945년 9월부터 문필활동을 다시 속개하고 있는 것을 볼 때 그의 반성이라는 것은 극히 얄팍한 것일 뿐만 아니라 오히려 그것을 마치 자신의 재출발의 면죄부로 삼고 있음을 알 수 있다. 바로 이러한 심리가 작용했기 때문에 3·1 문화상을 수상하고서도 아무런 거리낌없이 살 수 있었고 오히려 자랑할 수 있지 않았는가 생각된다.

　백철이 친일활동을 하게 되는 결정적 계기는 중일전쟁이다. 중일전쟁을 지켜보면서 그는 일본을 중심으로 한 동아시아의 재편을 받아들일 수밖에 없는 현실로 인정하게 된다. 이것을 부정하고 다른 것을 꿈꾸어 보았자 헛일이고 오로지 이 시대적 현실을 인정하는 것만이 진정한 지식인의 길이고 이 속에서 새로운 전망을 찾아야 한다고 생각한 것이다. 그가 얼마나 이 중일전쟁을 큰 시대적 충격으로 받아들이고 있고 또한 이것을 계기로 그가 기존의 세계관과 현실인식을 버리고 친일활동을 하게 되었는가 하는 점은 1939년 3월 이전에 발표한 여러 글에서 나타나고 있는데, 이것이 최초로 뚜렷하게 드러난 것은 1938년 12월에 쓴 「시대적 우연의 수리」라는 글이다. 1937년 7월 노구교 사건으로 시작된 중일전쟁이 일본의 예상과는 다르게 장기전으로 들어가면서, 그 결과 1938년 10월 무한 삼진이 함락된 것을 보면서 쓴 것으로 보이는 이 글에서 그는 일본의 중국 침략이 지니는 제국주의적 성격을 비판하기보다는 동아시아에서 새롭게 제기되는 전망을 읽어 내었다.

직접 지금 동양의 현실을 두고 볼 때에도 이번 사실이 문학자나 지식인 앞에 결코 무의미한 것만이 될 수는 없는 일이다. 우선 그런 의미에서 한편으로는 이번 사변을 크게 평가하여 동양사가 비상히 비약한다는 일가견을 가지고 있다. 사실 나는 이번 사변에 의하여 북경, 상해, 남경, 서주, 한구 등이 연차 함락되는 보도와 접하고 또는 사실 등을 통하여 지나의 모든 봉건적 성문이 함락되는 광경을 눈앞에 놓고 볼 때에, 우리들의 시야가 훤하게 뚫려지는 이상한 흥분이 내 일신을 전율케 하는 순간이 있다. 여기서 지식인이 눈앞에 보는 사실에 멎어서 부정적인 요소만을 보는 것은 한 개의 사실주의에 떨어진 근시안적인 판단일 줄 안다. 다른 것은 고사하고 오직 그 봉건적인 성문들이 함락한다는 사실 그것만을 가지고도 이번 정치에 하나의 역사적인 의미를 붙여 보는 데 족한 것이다.

일제의 중국 침략을 봉건적 중국을 근대화시킨다고 호도한 총독부의 시각을 그대로 옮기고 있는 이 매판적 지식인의 현실 인식은 바로 친일활동으로 나아가게 되는 계기로 작용하게 된다. 일제가 조선을 침략할 때의 구실이 또한 이런 것이었다는 사실을 생각할 때, 식민지 조선의 지식인으로서 그의 맹목과 매판성은 명백한 것이다. 이후 그는 「이상주의의 신문학」(1939. 1)과 「시국과 문화문제의 해방」(1939. 4) 등에서 같은 견해를 여러 번 되풀이하고 있다. 그 후 그가 쓴 소설 「전망」에서 이러한 견해는 절정에 도달하게 된다.

『매일신보』의 학예부장과 본격적 친일활동

무한 삼진의 함락을 보면서 동양 신질서의 전망을 읽은 백철에게 이제 친일은 본질적인 것으로 되어 버렸다. 그가 1939년 3월 매일신보사에 입사한 것은 지극히 당연한 행로였다. 친일지였던 『매일신보』에 입사하는 것이 더 이상 반민족적인 것이 아니라 새롭게 전개되는 신질서의 전망에 참가하는 것이 되는 것이다. 그가 후일 이를 두고 '보호색'이라고 주장했지만 그가 쓴 글을 읽어 보면 이것은 단지 변명에 지나지 않음을 알 수 있다. 당시 매일신보사는 경성일보사에서 독립하면서 그 산하에 『국민신보』라는 일문 주간지를 내게 되었는데 그는 거기에서 일하게 된다. 그 후 1940년 1월에 『매일신보』의 학예부장으로 발탁되어 거기서 1943년 베이징 지사장으로 전근갈 때까지 계속석으로 친일 언론활동과 문필활동을 하게 된다.

매일신보사에 입사한 후에 그가 쓴 글을 검토해 보면 이제 더 이상 새로운 세계의 '현실 인식'은 문제가 되지 않고 새롭게 전개되는 '현실을 옹호'하는 것만 남게 된다. 이 작업 중 그가 제일 먼저 하는 문필활동은 당시 중일전쟁을 취재하여 쓴 글을 평가하는 작업이었다. 물론 이전에도 일본인들이 중일전쟁을 취재한 전쟁문학을 평가하는 「전장문학 일고」라는 글을 발표하기도 했다. 그러나 그가 조선인의 관점에서 본격적으로 다루는 글은 황군위문작가단의 일원인 박영희*와 임학수가 쓴 『전선기행』과 『전선시집』을 각각 평하는 글이다. 주지하다시피 이 황군위문작가단은 황군을 위문하기 위해 조직된 것으로, 1939년 4월에 조선인 문인 중에서 김동인*, 박영희, 임학수 세 사람이 중일전쟁터를 방문하였다. 일본인들이 전쟁터를 방문하여 막 책을 낼 무렵이었는데, 이에 반도문인들도 참가하여야 한다는 명목으로 일제 총독부의 강요와 당시 경성부내의 출판사의 후원으로 성사되었다. 전쟁터를 방문하고 난 후 박영희는 『전선기행』을, 임학수는 『전선시집』을 각각 발간하였다. 백철은 이것을 평하는 독후감을 1939년 10월 4일자 및 15일자 『매일신보』에 발표하였다.

전쟁을 고취하는 문학을 주장하던 그는 1940년 1월에 『매일신보』의 학예부장으로 자리를 잡으면서 한층 더 여러 방면으로 친일활동을 하게 된다. 이 때는 개인적인 문필활동 차원이 아니라 매일신보사 학예부장의 지위로 여러 가지 친일활동을 한다. 이 시기에 오면 그는 모든 저널리즘이 신체제에 복무하여야 한다는 논지의 글인 「신체제와 저널리즘」을 발표하기도 한다.

그런데 이 시기의 그의 친일활동 가운데는 문학활동이 아닌 저널리스트로서의 친일활동도 두드러지게 나타난다. 그것에 해당하는 것이 「천황폐하어친열 특별관함식배관근기」(『삼천리』, 1940. 12), 「내선 유연(內鮮由緣)이 깊은 부소산성(扶蘇山城)」(『문장』, 1941. 3), 「제국 해군의 위용」(1941. 5. 27) 등이다.

「천황폐하어친열 특별관함식배관근기」는 일본 국왕이 전함을 돌아보는 장면을 직접 취재한 글인데 여기서 그는 반도인으로서 이 행사에 참여하는 것을 무한한 영광으로 생각한다고 적고 있다.

「내선 유연이 깊은 부소산성」은 당시 일본과 친밀한 관계를 가지고 있어 내선일체의 전통으로 일제에 의해 선전되어 오던 부여성지에 신궁을 만드는 것에 문화인 약 30명이 근로봉사원으로 참여하게 된 것을 적고 있는 글이다. 그는 이 글에서 이 행사에 참여하는 것이 내선일체의 사상을 구현하는 뜻 깊은 일이라고 칭찬해 마지 않는다.

「제국 해군의 위용」은 일제 해군의 제36회 해군 기념일을 맞이하여 일제 해군을 칭송하는 글이다. 그는 이 글에서 "나는 이 장관(壯觀)을 앞에 두고 오직 황홀한 감탄 속에 제국 해군의 위관을 예찬하는 가운데 더욱이 아(我) 제국이 사변 처리중에 지나 연안의 제해권을 완전히 확보한 나머지 오히려 이만한 기세를 국내 해상에 거느리고 있다는 데 다시금 제국의 국민된 긍지와 행복을 일신에 느끼는 것이었다"라는 친일적 발언을 서슴지 않았다.

이 시기의 이런 저널리스트로서의 친일활동에 대해서는 부인하기 어려웠던지 훗날 자서전 속에서도 백철은 이 대목만은 인정하고 만다. 물론 여기에 참석하게 된 것이 우연한 친구의 주선으로 이루어졌다고 변명하고 있지만, 자신의 생애에 있어 치부라고 인정하고 있는 것이다.

이렇게 저널리스트로서의 친일활동을 하는 한편 그는 친일적 문단활동도 꾸준히 하였다. 조선문인협회에 참가하여 그는 열심히 친일 강연활동을 했다. 1939년 12월 조선문인협회 주최의 문학의 밤에서 그는 '전쟁문학에 대하여'라는 주제로 강연을 하였다. 그 후 1940년 11월에는 사상문화운동의 일환으로 전개된 전국 순회강연에서 '총력운동과 선전의 임무'라는 제목으로 강연을 했다. 1941년 8월의 조선문인협회 재조직에서는 간사로 선임되기도 한다. 1941년 2월에 조직된 친일 미술가 조직인 조선미술가협회의 이사로 일하기도 한다. 이렇게 친일 문단활동과 저널리스트 활동을 하던 그가 1941년 11월 『국민문학』이 창간되면서부터는 다시 친일 비평활동을 한다.

국민문학론자로의 변모와 베이징행

1941년 『국민문학』이 창간된 후 문단의 일부가 국민문학 논의에 들어갈 때 백철 역시 이에 빠지지 않고 참가한다. 이 무렵에 들어 그는 비평가로서의 자신의 직분을 친일적으로 다시 활용하기 시작하는데, 그것은 일단 국민문학을 주장하는 데서 시작되었다. 많은 사람들이 국민문학 논의에 참가하지 않거나, 혹은 참가하더라도 다소 비판적이거나 현상기술적인 차원에서 그치고 마는 반면, 백철은 국민문학을 적극적으로 주장하게 되는 것이다. 바로 이 점이 그가 친일을 적극적으로 하고 있었다는 피할 수 없는 증거이다.

그런데 우리가 여기서 특기해야 할 점은 백철이 국민문학론을 주장했다는 점을 넘어서 어떤 논리로 그것을 옹호했는가 하는 점이다. 이 시기에 이르면 최재서*를 비롯하여 여러 사람들이 '국민문학론'을 주장한다. 그렇기 때문에 단순히 국민문학론을 주장한다는 사실만으로 이 시기 백철의 친일 논리의 특징을 제대로 해명하기는 힘들다.

백철은 1942년 1월 『국민문학』에 일문으로 된 논문 「낡음과 새로움」을 발표하는데, 여기서 여러 가지 자기 나름의 주장을 한다. 그 가운데 백철의 친일 국민문학론의 특징이 가장 뚜렷하게 드러나는 부분은 개성론이다. 당시의 국민문학론은 천황을 중심으로 한 일본 국가주의에 복무하는 문학이다. 그렇게 되면서 이른바 서구의 근대가 이룩한 개인주의와 자유주의마저 배척하기에 이른다. 이것은 국가주의에 배치되기 때문이다. 따라서 당시 국민문학론에서 개성의 배척은 일반적으로 주창되었다. 그런데 백철은 개성을 무시할 것이 아니라 그것 중에서 취해야 할 부분은 이어받아야 한다는 주장을 이 글에서 펼쳤다. 언뜻 보면 당시 국가주의에 배치되는 것처럼 보이는 이러한 주장을 좀더 깊이 살펴보면 일반적인 어설픈 국가주의의 국민문학론보다 더 철저한 것임을 알 수 있다.

오늘날 국민이 국체의 관념으로 돌아가서 국민의 임무를 수행해야 한다는 것은, 국민이 국가라고 하는 전체관념 속에 자기를 막연히 해소해야 한다는 이야기가 아니다. 그것은 무엇보다 국민으로서의 입장을 깨닫는 것이다. 즉, 국민으로서 올바르게 국체와 국가에 봉사하기 위해서는 국민으로서의 자기 입장을 뚜렷하게 깨닫고 자기의 입장에서 발휘할 수 있는 데까지의 재능을 죄다 발휘해야 한다. 국가에 대한 봉공과 직역에 있어서 자기를 발휘하는 일이 표리가 일치해야 하는 것은 국민의 개인적 입장을 바르게 이해함에서이다. 그런데 국민이 각자의 입장을 깨닫지 않고 국가에의 봉사를 생각한다면 그것은 단순히 추종일 뿐이며 국책에의 진실한 협력이라고 할 수 없다.(『국민문학』, 1942. 1)

백철의 견해에 의하면 개성이 배제된 국가주의, 즉 내면화되고 육화되지 못한 국민문학론이나 국가주의보다는 개성에 매개된 국민문학론이나 국가주의가 훨씬 더 엄밀한 국책에의 호응이라고 주장하는 것이다. 이것은 그의 같은 글에 표현된 '일본적인 것을 체내에 받아들여 충분히 씹고 소화하여 문학 속의 살아 있는 생명의 흐름으로까지 발전시켜 나가는' 것을 논리적으로 해명한 부분이다. 이런 점에서 볼 때 국민문학론을 논하는 이 시기 백철의 친일활동의 특징을 어렵지 않게 확인할 수 있다. 이러한 그의 논지는 이후에 발표된 「문학의 이상성」(『동양지광』, 1942. 6~7), 「결의의 시대」(『국민문학』, 1942. 11)에 그대로 드러나고 있다. 이 시기에도 그는 이러한 문학활동 이외에 저널리스트로서도 친일행위를 일삼았다.

1943년 봄에 그는 『매일신보』 베이징 지사장 겸 특파원 자격으로 베이징으로 향한다. 그는 이것을 도피행이라고 자서전에서 부르고 있지만 그렇게만 볼 수는 없다. 그러나 그가 베이징에 도착하여 활동하고 있을 때 그 곳은 조선과는 달리 연안 지방의 독립 활동가들이 드나들 수 있었던 상황이라 조선 내에서 느끼지 못하는 긴박함을 차츰 느끼기 시작했을 것이고 세계의 현실이 그 동안 자신이 인식했던 것처럼 진행되고 있지만은 않음을 확인할 수 있었을 것이다. 특히 전황이 일본에게 불리한 쪽으로 진행되는 것을 알아차리고 눈치만 보았던 것으로 보인다. 그렇기 때문에 그는 그와 비슷한 행로를 걸었던 최재서가 국내에서 더 친일화되는 것과는 달리 더 이상 강한 친일활동을 하지는 않은 것으로 보인다. 그렇기 때문에 이 시기 그의 베이징행을 단순히 도피로만 볼 수는 없을 것이다.

이렇게 점철된 백철의 친일활동은 그의 말처럼 해방 직후 공석에서의 신상 발언으로 '면죄부'를 받고, 그 후 곧 문단활동을 재개하게 된다. 그리고는 3·1 문화상을 아무런 양심의 가책도 없이 받을 정도로 '명사'로 활약하였다.

■ 김재용(문학평론가, 연세대 강사)

주요 참고문헌

백　철, 「戰場文學—考」, 『人文評論』, 1939. 10.

＿＿＿, 「內鮮由緣이 깊은 扶蘇山城」, 『文章』, 1941. 3.

＿＿＿, 「舊さと新しさ」, 『國民文學』, 1942. 1.

김기진
황국문학의 품으로 투항한 계급문학의 전사

• 金基鎭, 창씨명 金村八峰, 1903~1985
• 1944년 조선문인보국회 상무이사 겸 평론수필부회장
  1945년 조선언론보국회 이사

인민재판에 회부되었다가 기적적으로 회생

1950년 7월 2일, 북한 인민군이 서울에 입성한 지 닷새째 되는 날 아침, 서울 세종로 부민관(옛 국회의사당) 앞에서는 6, 7백 명의 군중이 모인 가운데 '인민재판'이 열리고 있었다. 40대 후반의 한 사내가 군중들 앞으로 끌려 나왔다. 곧이어 '좌익활동의 변절자', '일제 경찰의 밀정' 등의 죄목으로 그에게 사형이 구형되었다. 그리고는 바로 형이 집행되었다. 몽둥이가 그의 뒷머리를 두 번 내리쳤고 그는 분수처럼 피를 쏟으며 쓰러졌다. 그런데 갑자기 쓰러진 사내가 일어나 앉아서 잠시 앞을 바라보다가는 나무 막대기 하나를 집어 들고 벌떡 일어나 앞으로 걷기 시작했다. 그의 등 뒤로 또 다시 몽둥이가 내리쳐졌다. 사내는 쓰러져서 더 이상 움직이지 않았다. 그의 시신은 줄에 묶여 이리저리 끌려 다니다가 몇 시간 뒤에 한 내무서원에게 인계되었다. 나흘 후인 7월 6일 오후, 그 사내는 동대문 경찰서 유치장에서 눈을 떴다. 기적적인 회생이었다. 팔봉 김기진의 또 다른 삶은 이렇게 시작되었다.

너무나 극적이어서 오히려 비현실적인 느낌마저 주는 이 사건은, 한국전쟁 중 인민공화국 치하의 '잔학상'을 증명하는 사례로 자주 인용되는 것인데(당

김기진

시 인민재판의 사진 기록이 남아 있다), 그 단죄의 폭력성과 무모함은 어떤 명분으로도 정당화될 수 없는 것이겠지만, 또 한편으로 그것은 잔인한 우리 현대사의 우여곡절과 역사의 격랑에 휩쓸린 한 지식인의 삶을 압축적으로 상징하는 것이기도 하다.

카프 2차 검거사건 이후 전향

식민지 치하의 조선 문단에 프롤레타리아 문학의 씨를 뿌리고 그 운동을 이끌었던 팔봉 김기진의 친일행위는, 현재 남아 있는 기록과 자료를 종합해 볼 때 1938년부터 시작된 것으로 보인다.

1935년 카프 제2차 검거사건으로 구속되었다가 기소되지 않고 석방된 그는 그 때 이미 총독부의 기관지인 『매일신보』의 사회부장으로 재직하고 있었다 (이미 그 전에 카프 탈퇴 선언을 한 박영희*도 기소되는 형편에 그가 기소되지 않고 풀려난 데에는 아마도 그의 이러한 직책이 작용하지 않았나 추측된다). 그렇다면 그가 『매일신보』 기자로 입사한 1934년에 이미 친일행위를 시작한 것으로 보아야 한다는 주장도 있을 수 있겠으나 그것은 너무 무리한 해석이다. 적어도 1935년 초 무렵까지의 팔봉은 계급문학의 이념을 가지고 있었고 문필활동을 통해 그것을 표현했던 것으로 보인다. 1935년 1월에 쓴 「조선문학의 현계단」이라는 평론에서 그는 민족문학파의 역사소설이 복고적이고 퇴영적인 것이라고 신랄하게 비판하면서 현재의 조선문학을 일으킬 사람들은 "중압을 뚫고 일어서는 현실적이요, 진취적이요 그리고 유물적인 사상가와 시인"임을 역설한다. 그러니까 1928년 이후부터 카프의 해산을 전후한 시점까지의 김기진은 비록 카프를 주도하는 소장파 이론가들과는 분명히 미학적 견해를 달리하고 있었지만, 그 기본이념에 있어서는 여전히 중요한 이론가로 활동하고 있었던 것으로 보아도 별 무리가 없을 것이다.

1934년까지의 왕성한 문필활동과는 달리 1935년에 들어서 그는 「조선문학의 현계단」 외에 한두 편의 단평을 쓰는 것 말고는 일체의 문필활동을 중단한다. 이 침묵은 1938년 5월 『삼천리』지에 「문예시평——'작가'와 '현실'에 대한 단상」이라는 글을 발표할 때까지 이어진다. 이 글은 예전의 투철한 의식이 거의 탈색된 것이기는 하지만 특별히 노골적인 친일성향을 보이는 것은 아니다.

김기진의 친일활동은 1938년 7월 3일 일제가 조선의 좌익전향자들을 규합하여 만든 친일단체 '시국대응전선사상보국연맹'의 결성준비위원으로 참가하면서부터였다. 이어 그 해 9월 20일부터 28일까지 『매일신보』에 게재된 수필 「미나미(南) 총독 수행기」는 그의 친일 문필활동의 시작이었다. 이것은 물론 『매일신보』의 기자로서 조선총독의 지방시찰을 수행하면서 쓴 취재기이지만, 그 이전에도 기자로 근무하고 있었다는 사실을 감안한다면(혹시 익명으로 쓴 기사가 있어서 그것이 확인된다면 몰라도 그렇기 전에는), 이 글을 그의 친일 문필행위의 첫 출발로 볼 수 있을 것이다. 이 글의 내용이야 새삼 말할 것도 없이 총독의 선정과 황민화정책을 찬양하고 홍보하는 것이었다.

이상의 사례를 종합해 보건대, 김기진의 경우는 대체로 1935년 이후 약 3년간의 침묵 혹은 '투항기'를 거쳐 1938년 중반 이후 친일의 행로에 들어선 것으로 보인다. 그러나 이 때로부터 약 1년간 김기진의 친일활동은 그렇게 적극적인 것은 아니었다. 위의 '보국연맹'의 준비위원으로 이름을 내건 것과, 1939년 1월 『삼천리』지 주최의 '전쟁과 문학과 그 작품'이라는 좌담회에 김동환*, 박영희* 등과 함께 참석한 것, 그 해 4월 이른바 '황군위문작가단'의 장행식에서 개회사를 한 것, 그리고 10월에 결성된 '조선문인협회'의 발기인으로 참여한 것, 그리고 1939년 8월 『매일신보』에 실린 「한해대책 현지보고」라는 기사를 쓴 것 등이 이 기간에 표면적으로 드러난 그의 친일행위이다. 물론 소극적인 것이라고 해서 그 행위 자체를 덮을 수 있는 것은 아니지만, 문인으로서의 일차적인 행위가 글로 표현되는 것이라고 볼 때 그리고 같은 시기의 다른 문인들의 행위와 비교해 보았을 때 이 시기 그의 행동이 훨씬 소극적이고 미약했던 것만은 틀림없는 사실이다.

1940년 무렵부터 친일활동 적극화

그러나 1940년 무렵부터 팔봉의 친일활동은 적극성을 띠기 시작한다. 1940년 2월 27일부터 29일까지 『매일신보』 지상에 발표된 평론 「문예생활의 지표」, 「장래할 역사의 파악」, 「재출발의 기본선」과 같은 글을 시작으로, 1941년에는 「대아세아주의와 김옥균 선생」을 비롯한 수필 3편, 1942년에는 「국민문학의 출발」(평론), 「역사적 명령」(수필), 「신세계사의 첫장」(시), 「향항 함락」(시), 「마닐라 점령」(시), 「신세계사 첫장 쓰던 날」(수필), 1943년에는 「님의 부르심을 받들고서」(시), 「가라! 군기 아래로 어버이들을 대신해서」(시), 「나도 가겠습니다」(시), 1944년에는 「탄환과 충언」(수필), 「신전의 맹서」(수필), 「조선영화의 신출발」(평론, 일문), 「이 길로 가자」(수필), 「경산시첩」(시조), 「의기충천」(시), 1945년에는 「근감단편」(수필) 등을 씀으로써 적극적인 친일활동을 전개했다.

한편, 이러한 문필활동 외에도 그는 조선문인보국회라는 친일단체를 통하여 적극적인 활동을 전개하였다. 조선문인보국회는 1939년에 결성된 조선문인협회를 확대·강화한 조직으로서 1943년 4월에 결성되었다. 팔봉은 조선문인협회에는 발기인으로 참여한 정도였으나, 조선문인보국회에서는 평론·수필부회의 평의원으로 있으면서(1943. 6), 1944년 2월 8일부터 3월 31일까지의 '미·영격멸국민궐기대회'의 행사로 기획된 보도특별정신대의 일원으로서 강원지방에 순회강연을 다닌 바 있고, 1944년 4월에는 국민총력조선연맹의 파견으로 증산전선(增産戰線)을 시찰하고 「길주 펄프공장에서」라는 수필을 썼으며, 6월에는 재선문학자총궐기대회의 준비위원으로 선출되었다.

또한 그는 1944년 6월 18일에 열린 조선문인보국회 정기총회에서 상무이사 겸 평론수필부 회장으로 선임됨으로써 일제 말엽 가장 강력한 친일문예조직이었던 이 단체의 중추적 인사가 되었다. 그리하여 1944년 8월 17일 부민관 대강당에서 열린 '적국항복문인대강연회'에서 팔봉은 이광수*, 유진오, 주요한* 등과 함께 '문화인에 격함'이라는 강연을 하였고, 1945년 6월에 결성된 조선언론보국회에는 이사로 재직하면서 그 해 7월에 그 단체가 주도한 전국순회강연회에 경북지방 연사로 활동하였다. 그리고 조선문인보국회의 상임이사로서 1944년 11월에 중국 난징(南京)에서 열린 이른바 대동아문학자대회 제3차 회의에 참석하여 문인보국회의 기금 모집에 진력하다가 다음해 1월 9일 귀경하였다.

"독립을 위한 비밀공작을 했다"는 궤변

훗날 일제 말엽의 친일행위에 대한 김기진 자신의 기록은 다른 친일문인들의 그것과 마찬가지로 설득력이 없고 지극히 주관적이다.

「나의 회고록」(1964~66), 「일제 암흑기의 문단」(1970)과 같은 글에서 그는 조선문인보국회 상무이사를 맡게 된 사정을 매우 소상하게 서술하고 있다. 그러나 조선문인보국회 상무이사가 되기 전, 그러니까 1944년 6월 이전까지 자신은 문단과는 담을 쌓고 살았으며, 조선문인협회 회원도 아니었고, 그것이 조선문인보국회로 바뀐 것도 몰랐으며, 매일같이 술이나 마시면서 지냈다고 말했다. 만일 그의 말대로라면 그의 친일활동은 단지 조선문인보국회 상무이사를 맡은 것뿐이다. 어떤 회고에서도 그는 그 이전에 자신이 문인으로서 쓴 글에 대해서는 한마디의 언급도 하지 않았을 뿐만 아니라 조선문인보국회 상무이사를 맡게 된 동기를 도저히 납득할 수 없게 설명하고 있다.

또 그의 주장에 따르면 그는 일제가 물러간 뒤에 민족의 독립을 준비할 신간회와 같은 민족기간단체를 꾸릴 작정을 하고 있었다는 것이다. 그래서 당시 정무총감의 비서로 있던 김영돈(金永敦)이라는 자를 통해서 일본 정부와 총독부의 허가를 받아 합법적인 민족기간단체를 결성할 요량으로 보국회의 상무이사직을 수락했다는 것이다. 그리고 대동아문학자대회에 참석한 것도 그 단체를 조직하기 위한 '정치자금'을 마련하려는 것이었다고 한다.

요컨대 문인보국회의 상무이사를 맡은 것 외에는 일체의 친일활동을 한 바 없으며, 보국회에서도 전혀 일을 하지 않고 오로지 독립을 위한 '비밀공작'을 했다는 것이 그가 훗날에 남긴 기록들 속에서 되풀이해서 주장하는 내용이 다.

그의 회고록은 이러한 과정을 매우 소상하게 기록하고 있는데, 도대체 일본 정부와 총독부의 허가를 받아, 대표적인 친일단체의 책임자가 꾸미는 '독립 준비 조직'이라는 것의 정체를 어떻게 생각할 수 있을까? 일본 관헌의 협조와 도움으로 단시일에 100만 원(지금의 100억)이라는 어마어마한 거금을 조성하는 것을 과연 독립을 준비하는 민족단체의 정치자금이며 비밀공작이라고 생각할 수 있을까?

1950년 7월의 인민재판 이후 팔봉은 1951년 5월에 조직된 육군종군작가단에 입대하여 1952년에는 부단장으로 활약하면서 '금성화랑무공훈장'을 받기도 하였다. 이후 그는 남한 문단에서 가장 극렬한 반공작가의 한 사람으로 활동하였고 박정희 정권 초기에는 재건국민운동본부 중앙회장으로 취임하기도 하였다.

■ **김철**(한국교원대 교수·국문학)

주요 참고문헌

임종국, 『친일문학론』, 평화출판사, 1966.

김병걸·김규동 편, 『친일문학작품선집』 1권, 실천문학사, 1986.

홍정선 편, 『김팔봉 문학전집』, 문학과지성사, 1988.

박영희
카프문학의 맹장에서 친일문학의 선봉으로

- 朴英熙, 창씨명 芳村香道, 1901~?
- 1939년 조선문인협회 간사장. 1940년 국민총력조선연맹 문화위원
  1943년 조선문인보국회 총무국장

얻은 것은 친일이요, 상실한 것은 예술 자신?

아마도 회월(懷月) 박영희 하면 가장 먼저 떠오르는 것이 "얻은 것은 이데
올로기요, 상실한 것은 예술 자신"이라는 유명한 글귀일 것이다. 이른바 백철*
의 「비애의 성사」와 더불어 카프(KAPF : 조선프롤레타리아예술동맹의 약
칭) 전향선언의 가장 대표적인 글로 손꼽히는 「최근 문예이론의 신전개와 그
경향」(『동아일보』, 1934. 1. 2~11) 속에 나오는 한 대목이다. 카프의 이론적 맹
장이 스스로 유물사관의 이데올로기만 얻고 예술 자체를 잃어버렸다고 폭탄
선언함으로써 프로문학 전반에 대한 부정을 감행한 것이다. 그에 따라 프로
문학 진영에서 이에 대한 비판의 목소리가 거세게 터져 나왔지만, 다른 한편
으로 그 뒤 이 말은 정치적 의미를 갖는 사회참여적 문학형태에 대한 비판의
도그마로 가장 많이 애용되는 문학적 구호가 되었다.

문학사를 보면 우리는 간간이 위대한 문학적 변신을 목도하게 된다. 가까
운 예로 시인 1960년대의 김수영, 1970년대의 고은의 변신을 상기하는 것으로
도 충분할 것이다. 그런데 우리 근대문학사에서 가장 커다란 문학적 전환상을
들라 하면 낭만주의 문학의 요람이었던 『백조』 동인 중 일부가 가장 현실적

박영희

이고 투쟁적인 문학사조였던 신경향파문학의 선봉장이 되었다는 점과 8·15 해방 직후 과거 상호대립적이었던 구인계 모더니즘 문인들이 카프계 문인들과 합류하여 진보적인 문학진영인 '조선문학건설본부'를 결성한 사실을 들 수 있을 것이다.

바로 전자를 대표하는 문인들 중에는 단연 박영희와 김기진*이 손꼽힌다. 이들은 배재중학 동창생으로, 『장미촌』에 뒤이어 『백조』 동인으로 활약하던 박영희의 도움으로 김기진 역시 『백조』의 동인이 되었다. 그러다가 당시 도쿄에서 유학생활을 하던 김기진이 프로문학에 동조하여 이를 박영희에게 전파함으로써 이들은 『백조』를 와해시키고 국내에 프로문학을 소개·보급하는 첨병 역할을 하게 된다. 특히 박영희는 1927년을 전후하여 자신에게 프로문학의 길을 열어 주었던 김기진과 논쟁하면서, 목적의식적으로 카프가 방향전환할 때 가장 강경한 계급이데올로기자로 나서며 카프의 지도적 인물로 부상한다.

그런 그가 1934년 이른바 '신건설사' 전주사건으로 일컬어지는 카프 제2차 검거사건으로 체포되어 약 1년 동안 복역한 후 그 유명한 전향선언을 하게 된 것이다. 그리고 이후 박영희는 각종 친일모임(전향자대회, 북지종군, 대동아문학자대회 등)에 주도적으로 참여하고 친일문학단체(조선문인협회, 조선문인보국회 등)의 간부로서 가장 현실정치적인 활약을 함으로써 굴곡 많은 문학적 삶을 보여 준다. 그리하여 8·15 해방 직후에는 반민족자 명단에 오르는 치욕을 당하고 한국전쟁중에 서대문형무소에 수감되었다가 납북되고 만다.

극단에서 극단으로 옮겨간 삶의 저울추

이처럼 박영희의 문학적 삶을 되돌아볼 때 가장 흥미로운 것은 극단에서 극단으로 자신의 삶의 저울추를 선택하였다는 사실이다. 극도의 개인주의에 기반한 낭만주의의 요람이었던 『백조』의 동인에서 가장 전투적이고 정치적이었던 카프의 대표적 이론가로 갑작스런 변신을 도모한 점이나, 다시 1935년을 전후하여 가장 먼저 과감하게 카프로부터의 전향을 선언한 사실이나 그리고 다시 1930년대 말 무렵부터는 반민족적인 친일문학을 스스로 주도해 나간 점에서 이를 쉽사리 확인할 수 있다. 『백조』에서 카프로의 변신은 혈기왕성한 20대 초년기의 일이라 무시한다 하더라도 카프로부터의 전향과 친일문학으로의 길은 식민지 치하 우리 문학사가 뱉어 낸 불행한 자국임에 틀림없다.

결국 박영희가 스스로 친일적 행동을 하게 된 배후에는 카프에서 전향함으로써 초래되는 정치적·의식적 인간의 자기파멸이란 점을 고려하지 않을 수 없다. 프로문학과 친일문학은 사실 우리 근대문학사에서 가장 정치적인 요소가 강한 문학경향이다. 그러나 이 두 가지는 서로 결합할 수 없는 대척적인 정치성향이다. 그럼에도 불구하고 박영희에게 있어 이것이 하나로 연결된 데에는 바로 극단끼리는 통한다는 비극적 무대장치가 가로놓여 있다.

1934년 카프 2차 검거사건으로 구속되었다가 1935년 12월 집행유예로 출옥한 박영희는 사상범보호관찰법이라는 밧줄에 묶여 있었다. 1936년 11월에 공포된 사상범보호관찰법에 의거, 같은 해 12월 발효되어 설치된 경성사상범보호관찰소에는 약 150여 명이 수용되었는데, 박영희도 여기에 속해 있었다.

1938년 일본 도쿄에서는 일제가 기치로 내건 '국민정신총동원'을 위해 시국대응전국위원회가 개최되었는데, 이 때부터 박영희가 참여하는 시국대응전선사상보국연맹이 만들어지게 된다. 1938년 6월 경성보호관찰소 회의실에서는 재선(在鮮) 전향자들이 모여 조선전향자 대표로 박영희와 권충일(權忠一)을 선출하였다. 이들은 경성관찰소 보호사 요코다(橫田伍一)의 인솔하에 경성을 출

밤, 1938년 6월 20일부터 3일간 도쿄에서 열린 전향자전국위원회격인 시국대응전국위원회에 참석하였는데, 이로써 박영희는 공개적인 친일행위를 하기 시작한다.

귀국 후 박영희를 비롯한 참석자들을 중심으로 시국대응전선위원회를 조직하기 위한 준비위원회가 결성되고, 1938년 7월 시국대응전선사상보국연맹이 결성된다(박영희는 경성지부 간사). 이 연맹은 이후 관찰대상자의 취직 알선 및 비전향자 포섭에 노력하고, 장병 위문과 물품 헌납, 유가족 방문 등의 활동을 하였다. 이 때 박영희는 1939년 7월 경성부내(京城府內) 분회 결성식에서 제1분회장으로 선출되었다.

한편, 다음해인 1939년 4월에 김동인*, 임학수와 함께 박영희는 황군위문작가단으로 북지에 파견된다. 1939년 3월 14일 부민관에서 문장사를 비롯한 14개 출판사의 협력으로 예비회의가 소집되어 문인 50여 명이 모였다. 이광수*의 사회로 박영희를 의장에 천거한 다음, 위문사 후보로 김동인, 백철, 임학수, 김동환*, 박영희*, 주요한*, 김용제, 정지용이 뽑혔다. 이들 중 최종 위문사로 박영희, 김동인, 임학수가 뽑혔고, 이 때 박영희는 일어로 쓴「성전의 문학적 파악」(『국민신보』, 1938. 4. 16)을 통해 위문길에 나선 마음가짐을 피력하였다. 그해 4월 12일 부민관에 80여 명이 모여 환송모임을 가지고, 3일 뒤인 4월 15일 남산에 있는 조선신궁을 참배한 다음 열차편으로 황군위문의 길을 나선 것이다. 당시 그와 절친했던『매일신보』기자 백철은 그의 친일 동기에 대해 다음과 같이 말하고 있다.

그는 내게는 선배, 같은 평론을 하는 사람이었기 때문에 개인적으로 그와 나 사이는 가까웠던 편이어서 이 때의 그의 심정을 나는 잘 알고 있다. 춘원도 그렇지만 회월도 성격이 퍽 약하고 생에 대한 애착 같은 것 때문에 미리부터 겁을 집어먹는 경향이 있었다. 자연 정세에 대한 근시안적인 도취도 되기 쉬웠다. 회월이 종군을 떠나기 전날 나와 둘이서 점심을 부민관 식당에서 할 때에 그는 춘원이 내게 하던 이야기와 꼭 비슷한 말을 하고 있었다. 시기가 빠를수록 좋다는 것이다. 그리고 할 바에는 먼저 해서 생색을 내야 한다, 그렇게 해서 조선 사람의 특권을 얻어 내야 한다고 했다.(백철,『문학자서전』박영사)

하여간 이들 일행은 베이징을 거쳐 석가장, 태원, 임분지역 등을 강행군으로 한 달 가량 돌아 5월 13일 경성에 다시 도착하였다. 그리고 돌아와 「북지여행기」(『국민신보』, 1939. 6. 4), 『전선기행』(박문서관, 1939. 10) 및 영화 「지원병」의 원작을 담당하면서 본격적인 친일문학의 길로 들어선다.

친일문학계의 선봉장

1939년 11월 조선문인협회가 결성되었다. 약 240여 명의 회원이 참여한 조선문인협회는 명예총재에 총독부 학무국장 시오와라(鹽原時三郞)가 앉고 회장 이광수 밑에 12명의 간사(조선인으로 백철, 유진오, 모윤숙*, 이태준, 최정희, 정인섭, 김동환 등 7명)를 두었다. 박영희는 1941년 8월 확대개편된 체제에서 간사장으로 선출된다. 그리고 1942년 기구혁신 때에도 간사장으로 선출된다. 이처럼 박영희는 친일단체의 주도적 인물로 부상하면서 그 자신의 친일행위는 바로 그가 간부로 있었던 친일문학단체의 활동과 궤를 함께 하게 된다.

이들은 첫 사업으로 자작 위문문을 담은 위문대를 모집하여 전선에 발송하였다. 또한 조선문인협회는 결성 1주년을 맞아 1940년 11월 15일 오후 부민관에서 간사회를 열고 국민총력조선연맹의 후원 아래 전국 각지를 순회하며 시국강연회를 열었다. 4개 반 중에서 박영희는 제1반(경부선) 강사를 맡아 김동환, 유진오 등과 함께 그 해 11월 30일 출발하여 부산, 마산, 진주, 대구, 청주, 공주 등을 순례한다. 최근 한일간에 여자정신대 문제로 논란이 많았는데, 당시 친일문인들이 시국강연회를 개최한 것은 '문학정신대'란 이름의 친일행위였다.

문인협회 주최로 조선문인 20여 명이 전선(全鮮) 각지에 문예보국강연대로 행각의 길을 떠났다는 것은 당시 신문에도 보도되었거니와, 이것은 조선서 처음 보는 문학정신대라 사회각층에 비상한 감명을 주었던 것이다.……
그러나 단순한 시국인식만으로써는 도저히 이 난국을 타개할 수가 없을 정도로 모든 정세가 긴박하였다. 이러한 정세에 대응하기 위하여 국내기구의 전면적 재편제를 목표로 하는 신체제가 실시되었고 이에 따라 문화 각 부분도 새로운 전진을 개시하게 되었다. 이 때에 문학은 직역봉공(職城奉公)의 정신을 체득하여 우수한 작품생산에 매진할 것이나, 그러나 문인의 직역을 다만 사색과 집필에만 국한한다는 것도 편협의 비방을 면치 못하리라. 문인은 다만 작품을 통하여 미지의 독자와 상대할 뿐만 아니라 직접 청중과 상대하여 같이 국민적 공기를 호흡하며 국난타개를 꾀하는 데서 또한 새로운 사명을 발견할 것이다.(「문학정신대」, 『인문평론』 1941. 1, 권두언)

그렇다면 조선문인협회는 그 외에도 어떤 일을 했는가. 필자의 설명적 서술보다는 당시의 기록을 있는 대로 보여 주는 것이 보다 적합하리라.

객년(客年) 11월 3일 명치절(明治節)을 기하여 조선문인협회 주최로 조선신궁 대전에서 문장보국 기서식(祈誓式)을 거행하였다. 참집한 자 조선문인 30여 명, 엄숙리에 이 획기적인 식은 끝났다.

사변(事變) 이래 조선문인은 그 시대적 임무를 자각하여 작년 초에 북지에 문단사절을 파송한 것을 시초로 동년 말엔 문인협회가 결성되고, 이래 전선위문품과 위문문 발송, 문인의 강연대 파견, 각종 군사적 행사 참여 등 꾸준히 시국을 걸어오던 중 금번 이 장거를 보게 된 것이다. 황기(皇紀) 2600년을 맞이하는 명치 가절에 문인, 그 국가적 봉공을 신전에 맹서하였다는 것은 실로 의의 깊은 일로서 경하하여 마지 않는 바이다.(「문장보국」, 『인문평론』 1941. 2, 권두언)

한편, 일제 말기 친일조직으로 가장 방대했고 또한 그 해악이 가장 심했던 단체가 다름 아닌 국민정신총동원조선연맹의 후신인 국민총력조선연맹이다. 1940년 10월 16일 "국체의 본의에 기하여 내선일체의 실을 거하고 각 그 직역에서 멸사봉공의 성을 봉하여 협심육력(協心勠力)함으로써 국방국가체제의 완성, 동아 신질서 건설에 매진할 것을 기함"이라는 강령을 내걸고 재출발한 국민총력조선연맹은 1940년 11월 산하 사상부를 이분하여 문화부를 설치한다. 여기에 박영희는 김억, 백철, 유진오 등과 함께 문화위원으로 선임된다.

또한 이광수, 유진오와 함께 '제1차 대동아문학자대회'(1942. 11)에도 다녀오는 등 친일적인 문학가의 대표로서 각종 정치·사회적 단체활동을 활발하게 전개하였다. 몇몇 예만을 간단히 들면 내선일체의 실천을 위하여 일본 정신을 깨닫고 황도를 받잡자는 취지로 발기된 황도학회 이사, 조선임전보국단 평의원 등이다.

문예 분야와 관련해서 일제 말기 가장 거대한 조직은 조선문인협회 등의 발전적 해산에 따라 결성된 조선문인보국회(1943. 4)이다. '조선에 세계 최고의 황도문학을 수립하자'는 기치하에 결성된 조선문인보국회는 1000여 명이 참여한 방대한 조직이었다. 회장 야나베(矢鍋永三郎), 이사장 가라지마(辛島驍) 밑에 상무이사, 이사를 두고 실무부서로 사무국장, 총무국장과 출판부장, 사업부장, 심사부장 그리고 소설·희곡부, 평론·수필부, 시부 등 6개 부서를 두었다. 박영희는 여기서 총무국장이라는 막강한 직책을 맡았다. 각종 친일적 문예행사를 주도하고 또한 홍보정신대를 파견하거나, 출진학도격려대회와 결전태세즉응(卽應)재선문학자총궐기대회를 개최하기도 하였다.

박영희가 해방 이전에 마지막까지 맡았던 직책은 총력연맹 홍보부 주필, 조선문인보국회 평론부 회장 직이었다.

박영희와 요시무라 고도의 거리감

박영희는 누구보다도 빨리 요시무라 고도(芳村香道)라고 창씨개명하여 이를 필명으로까지 사용함으로써 고야마 미쓰로(香山光郎) 이광수와 여러모로 유사한 점을 보여 준다. 친일단체의 감투를 많이 둘러쓰고 있었다는 점이나 각종 친일행사의 단골손님이었다는 점에서도 그렇고, 무엇보다 창씨개명한 방식에서도 그러하다. 대부분 어쩔 수 없이 창씨개명한 경우 한 자를 추가하거나 성씨를 두 자로 분리하는 방식을 취했는데, 이들은 성과 이름자를 전부 바꾸어 버렸다. 백철에 따르면, 필명에까지 창씨개명한 이름을 사용한 이유를 박영희는 이렇게 말했다고 한다.

우리야 하라고 하니까 호적의 이름은 개명할 수밖에 없다 해도 글을 쓰는 데까지 '요시무라 고도'(芳村香道)라고 써야 하느냐고 했더니 회월은 한참 생각하고 나서 "그야 누가 오랫동안 쓰던 자기 필명을 버리고 싶겠소. 하지만 이름 하나고집하다가 큰 오해를 당하면 어떻게 하겠소, 이런 판국에……" 하고 대답을 해서 우리는 다시 더 말을 계속하지 않았다.(백철, 『문학자서전』, 박영사)

친일문사들 혹은 부분적으로 친일행위에 몸담은 적이 있었던 사람들 대다수는 친일의 동기를 생존문제로 끌고 간다. 박영희의 문학활동에 대해서 상세한 연구를 한 바 있는 김윤식은 1938년 이후 회월의 친일활동은 그의 문학상에서 볼 때,『백소』파와 함께 한갓 허상이라 할 수 있다고 말한다. 이것은 박영희의 문학활동 전반을 볼 때, 그의 문학적 본질과 어긋나는 피할 수 없는 외도와도 같다는 것이다. 그리고 그 증거로 1941년『문장』지에 연재한 문학원론「문학의 이론과 실제」를 들고 있다.

이러한 점을 두고 임종국도『친일문학론』에서 "일본 정신을 파악하고 나서 친일한 것이 아니라, 친일하고 나서 일본 정신을 파악하려 한 탓이라고 생각된다. 정신의 전향보다 행동의 전향이 앞섰고, 스스로 우러난 친일 전향이 아니라 외부적 압력에 의한 그것이었기 때문일지도 모른다"라고 했다.

이제 박영희의 행동은 복원불가능하게 흔적도 없이 사라져 버렸지만, 그에게는 아울러 수많은 친일적 글이 지울 수 없는 상처처럼 머무르고 있다.『인문평론』전쟁특집호에 실린「전쟁과 조선문학」(1939. 10),『매일신보』에 실린「국민문학의 건설」(1940. 1. 1),「문장보국의 의의」(1940. 4. 25),「문학운동의 전시체제」(1940. 7. 6),「포연 속의 문학」(1940. 8. 15~20),「신체제를 맞는 문학」(1940. 11. 6~7),「국가이상의 문학」(1941. 1. 1),「문학의 새로운 과제」(1941. 4. 11~15),「국민적 신문화의 제안」(1941. 7. 6),「대동아문학자대회 출석을 앞두고」(1942. 10. 29) 그리고『국민문학』에 실린「임전체제하의 문학과 문학의 임전체제」(1941. 11. 일문) 등이 그것이다. 이 글들은 이미 제목에서 당시 일제가 친일단체를 통해 의도하고자 했던 바를 느낄 수 있다.

박영희는 국민문학, 이른바 신체제문학론을 활발히 펼침으로써 스스로의 덫에 걸린 친일문학가라는 오명으로부터 벗어날 수가 없다. 국체의 이념을 떠난 작가 개인의 인생관이나 국가관이나 세계관은 있을 수 없다, 국민총력운동의 일익으로서 문학의 임전체제로까지 고양되지 않으면 안 된다는 그의 단호한 목소리 앞에서 시대의 아픔으로 모든 것을 떠넘길 수는 없다. 다른 누구보다도 변혁적 이데올로기에 철저하려 했다가 탄압의 고통 속에서 그 이념을 벗어던지자, 탄압의 회피를 위한 또 다른 정치적 이데올로기의 족쇄를 차지 않을 수 없었던 박영희의 삶에서 우리는 무엇을 배워야 할까?

■ **임규찬**(문학평론가, 성균관대 강사)

주요 참고문헌

백 철, 『문학자서전』, 박영사.

박영희, 「문학정신」, 『인문평론』, 1941. 1, 권두언.

_____, 「문장보국」, 『인문평론』, 1941. 2, 권두언.

사회·문화―음악·미술

홍난파
현제명
김은호
김기창
심형구
김인승

홍난파
민족음악개량운동에서 친일음악운동으로

- 洪蘭坡, 창씨명 森川 潤, 1898~1941
- 1940년 국민총력조선연맹 문화위원
  1941년 조선음악협회 평의원

한국 근대양악사의 대변자

우리가 머리 속에 홍난파를 떠올릴라치면 누구나 공통적으로 짚히는 것이 있다. 어린 시절 누구나 불러 보았던 "나의 살던 고향은 꽃 피는 산골……"(「고향의 봄」)이랄지, 우리네 누님들이 서럽게 부르며 길게 늘어뜨린 "울밑에 선 봉선화야 네 모양이 처량하다……"(「봉선화」) 등의 작곡가라는 점이다. 더욱이 「봉선화」는 담 밑에 저만치 외롭게 피어 있는 꽃과 같은 일제하 조국의 비운을 상징한다고 음악선생에게 배운 바 있는 우리에게, 홍난파는 '민족적 수절을 지킨 음악가'처럼 여겨졌다.

실제로 1942년 2월, 일본 도쿄에 있는 무사시노(武藏野)음악학교(1929년 설립, 1949년부터 음악대학으로 직제개편)를 졸업한 소프라노 김천애(金天愛)가 같은 해 4월 도쿄 히비야(日比谷) 공회당에서 개최된 전일본신인음악회에 하얀 치마 저고리를 입고 출연하여 「봉선화」를 열창함으로써 열렬한 환호와 벅찬 눈물로 감동을 가져온 바도 있다. 그리고 그 날 이후부터 김천애는 귀국 활동을 통하여 「봉선화」(때로는 봉숭아로 알려졌다)로 모든 사람의 심금을 울렸다. 더욱이 1943년 경성후생실내악단 단원이었던 김천애가 경상남도 삼천

포 공연에서도 이 노래를 부를 계획이었는데, 일제에 의하여 이 노래가 '금지
된 노래'로 처분됨에 따라 '봉선화=홍난파=민족음악가'로 알려지기 시작하
였다.

홍난파는 우리 나라 근대음악사 중에서 양악사의 가장 큰 산맥일 정도로
그가 우리 음악에 공헌한 것은 사실이다. 그의 전공은 바이올린이었지만 여
기에 머무르지 않고, 작곡가, 지휘자, 음악교육가, 음악평론가로서 큰 역할을
하였고, 때로는 출판사업가와 작가로서 여러 단편을 발표한, 말 그대로 선천
후 만능 음악가였다. 그만큼 양악의 모든 분야에 우뚝 솟은 음악가임에 틀림
없다. 왜냐하면 한국의 '근대' 양악사는 여명기나 다름없어서 매우 열악하였기
때문이다.

그는 한국 근대사의 인물이다. 1898년 4월 10일 경기도 화성군 남양면 활초
리에서 태어나 1941년 8월 30일 삶을 마감할 때까지 그의 44세의 삶과 예술이
바로 한국근대양악사를 대변하고 있기 때문이다.

1912년에 황성기독교청년회 중학부를 졸업한 그는, 1913년부터 3년 동안 음
악학교 '조선정악전습소 서양악과'에 다님으로써 바이올린 연주가로 활동하기
시작하였다. 그리고 21세가 되던 1918년에 일본 '도쿄음악학교'(흔히 '우에노'로
줄여 말하는 학교)로 유학하였다. 그렇지만 그 다음해인 1919년에 3·1 운동이
일어나자 학업을 중지하고 귀국하여 음악활동을 열정적으로 펼쳐 나간다. 바
이올린 연주가, 작곡가, 평론가, 음악교육가, 지휘자, 작가로 활동한 것이 바로
그것이다.

그는 1926년에는 사립인 도쿄고등음악학원에 편입하여 1929년에 졸업하였
고, 1931년 7월에는 미국 시카고 셔우드(Sherwood) 음악학교에서 2년간 수학
하기도 하였다.

한편, 그는 경성악우회 주간(1919), 전문적인 음악연구기관이라고 할 수 있
는 연악회(硏樂會) 창설(1922) 및 운영, 조선음악가협회 상무이사(1931), 이화여
전 음악강사(1933), 난파 트리오 조직(1933) 및 활동, 경성방송국 양악부 책임
자로서 경성방송관현악단 조직 및 지휘(1936), 경성음악전문학교 교수(1938)
등을 역임하면서 조선악단 전면에 우뚝 솟았다.

홍난파

민족음악개량운동에서 친일음악운동으로의 급격한 변모

그러나 홍난파는 일본제국주의 식민지하의 민족현실과 무관한 음악가였다. 그의 화려한 음악활동은 일제가 3·1 운동 후 내세운 이른바 '문화정치'에 상응하여 '서양음악으로 민족의 힘을 키워야 한다'는 입장 속에서 진행된 것이었다. 즉, 민족개량운동 쪽에서 펼친 음악활동이었던 것이다.

더욱이 중일전쟁이 일어나는 1937년 7월 이후부터는 지금까지 펼쳐져 왔던 그의 '민족음악개량운동'이 '친일음악운동'으로 급격하게 변모하기에 이른다. 이러한 변모는 두 가지 이유에서 비롯된 듯하다. 하나는 '민족음악개량운동'이 애초부터 식민지하에서는 한계를 지닐 수밖에 없었다는 점이고, 또 하나는 '수양동우회' 사건이다.

"조선음악 대부분이 극히 지완(遲緩)하여(더디고 느려서——인용자) 해이하고 퇴영적인(뒤로 물러나서 움직이지 않는——인용자) 기분에 싸여 있지마는 서양의 음악은 특수한 예외를 제외하고는 거개 경쾌 장중하다"(「동서양음악의 비교」, 1936)라고 말할 정도로 조선음악을 비판하고 서양음악을 열정적으로 계몽·보급하려 한 그의 '민족음악개량운동'은 기실 조선음악의 역사인식이나 미학에 관하여 무지한 데서 비롯하였다. 또한 이러한 서양음악 계몽운동이 식민지하의 민족현실과 정면에서 부딪히지 않아야만 가능하였기 때문에도 그의 '민족음악개량운동'은 처음부터 한계를 지니고 있었다는 말이다. 이러한 상황에서 그는 1930년대 후반부터 일제의 탄압이 본격화되자 쉽게 친일의 길을 걸어간다.

홍난파는 1937년 4월 총독부 학무국이 주도하고 일본과 조선의 문예가 30여 명이 결성한 사회교화단체 '조선문예회'에 회원으로 가입한다. 조선문예회는 작가들과 홍난파, 김영환, 박경호, 윤성덕, 이종태, 함화진, 현제명* 등의 음악가들로 구성된 친일단체였다.

홍난파는 1937년 6월에 안창호 등 수양동우회 회원 150여 명이 치안유지법 위반으로 피검된 '수양동우회' 사건에 연루되어 한동안 대구형무소에 수감되었는데, 그 이후 그의 친일화는 본격화된다.

1937년 9월 15일 조선총독부와 조선문예회가 '시국인식을 철저히 하며 사기를 고취'하기 위한 '시국가요발표회'를 이왕직 아악부에서 개최하자, 홍난파는 최남선* 작사의 「정의의 개가(凱歌)」에다 곡을 붙여 친일가요를 발표하였다.

1937년 9월 30일에는 조선문예회가 신작발표회로서 '황군위문조성·총후반도의 애국가요' 발표회 겸 '시국가요 피로의 밤'을 부민관 대강당에서 가질 때, 그는 「장성(長城)의 파수(把守)」(최남선 작사)와 「공군의 노래」(空軍の歌: 彩本長夫 작사)라는 친일가요를 발표하였다. 1937년 10월 3일에는 경성고등음악학원이 주최하고 경성군사후원연맹이 후원하는, 부민관에서 열린 음악보국대연주회에 출연하였다.

1938년 6월에는 앞서의 수양동우회 사건으로 말미암아 전영택(田榮澤), 현제명 등 18명의 동우회 회원이 친일단체인 대동민우회(大東民友會)에 가입하여 활동하였다. 수양동우회 사건은 1941년 최종재판에서 그 동안의 친일 전력이 참작되어 전원 무죄판결이 날 때까지 계류되어 있었다.

음악총력전의 기수

그는 1938년 7월 9일에 경성방송국 제2방송 '동요와 합창' 시간(오후 6시)에 경성방송관현악단의 반주와 경보(京保)합창대·경성보육학교생도합창대(지휘 이흥렬)의 노래를 지휘하여 친일가요를 방송하였다. 이 때의 노래들 중 중일전쟁(1937. 7. 7)의 산물로 나온 「애국행진곡」은 일본인에 의해 작곡된 노래로서, '천황폐하의 신민으로 일본정신을 발양하고 약진하자'는 내용인데, 일본 전통의 전형적인 2박자풍 작품이고, 더욱이 '일본의 제2 국가(國歌)'로 알려진 작품이었다.

1939년 10월 5일 9시부터는 경성방송국 제1방송을 통하여 홍난파가 지휘하는 경성방송관현악단 공연이 방송되었다. 프로그램 제목은 '애국가곡집'이었는데, 이 때의 '애국'은 '일본천황국가에 대한 애국'이었음은 물론이다. 그 곡목이 이를 반증하고 있는데, 「황국정신을 되새기며」(皇國精神にかへれ), 「부인애국의 노래」(婦人愛國の歌), 「애마진군가」(愛馬進軍歌), 「태평양행진곡」(太平洋行進曲) 등이 그것이었다.

「애마진군가」의 경우, 일제가 동남아시아에서 전쟁을 일으킨 후 그 전선에서 전쟁용 말(馬)이 필요하게 되자, 조선과 일본 현지인들로 하여금 '애마사상'(愛馬思想)을 함양시키기 위해 일본 육군에서 가사와 곡을 공모한 작품이었다. 그 음악적 특징에 있어서도 이 노래는 요나누키 음계에다 2박자라는 일본 민족의 전형적인 음악이었다. 1939년 1월에는 6개에 이르는 일본의 레코드 회사가 이를 녹음하여 발매하기도 하였다.

「태평양행진곡」은 1939년 7월 20일 '바다의 기념일'(海の紀念日)을 제정한 직후 공모한 작품 중 제1위를 차지한 작품으로, '황국(皇國)의 생명선'인 태평양을 일본 영역화하자는 작품이었다.

당시 이러한 노래들은 '국민가요'로 불렸다. 「애국행진곡」, 「애마진군가」, 「태평양행진곡」, 「흥아행진곡」, 「출정병사를 보내는 노래」 등은 태평양전쟁 직후부터 국민총력조선연맹이 음악총력전을 펼치며 이른바 '국민개창운동'과 '국민가집' 발행을 통하여 '중점적으로 불러야 할 노래'로 선정하면서 강압적인 학습노래가 되어 있었다. 그 노래 내용은 어김없이 '일본 국민가요'로서 '천황폐하 중심의 일본 정신과 정서'를 드러내고 있는 반민족적인 노래들이었다.

이 노래들이 반민족적인 노래들이고 이 노래들을 전파하는 것 자체가 친일 음악행위라는 것은, 그 노래들이 우리 민족의 정신과 정서를 일본정신과 일본정서로 바꿔 놓으려는 것이며, 결국 우리 민족이 오랫동안 역사적으로 합

希望의 아츰

이광수 작사

홍난파 작곡

1. 밤 이 새엇 다 희망의아 츰   東 편 — 하늘 에 솟는햇 발 — 은
2. 이 러 나거 라 우리임금 의   분 부 — 받자 와 一億一 心 — 히
3. 大 陸 二萬 里 大洋十萬 里   大亞 一 細亞 의 大共策 國 — 의

다 들   밫 — 으라 듬 뿍받아 서   소 리소리 높여 서 萬 歲불러 라
넓 은   天 — 地에 八 紘一宇 의   새 — 론 — 세계 를 일 욱하랴 고
우 리   日 — 章旗 날 리는곧 이   子 子孫孫 萬代 의 복 누릴國 土

의해 온 바 있는 민족정신과 민족정서를 '해체'하려는 의도에서 비롯된 것이
기 때문이다.

더욱이 홍난파는 친일단체에 가입하여 활동하는 것에 그치지 않고 친일 가
요와 글을 계속하여 발표하였다. 연대 미상이지만 중일전쟁 이후에 발표한
친일가요 「희망의 아침」은 그의 대표적인 작품이고, 1940년 7월 7일자 『매일신
보』에 발표한 「지나사변과 음악」은 그의 대표적인 글이다.

「희망의 아침」은 사단법인 조선방송협회가 펴낸 『가정가요』 제1집에 발표
된 노래로 가사는 춘원 이광수*가 지었다. 가사에서 "일어나거라 우리 임금의
분부" 받아 "새로운 세계를 이룩"하고 "대아시아 대공영권"의 "우리 일장기
날리는 곳이 자자손손 복 누릴 국토"라는 것은 말할 나위 없이 '천황폐하에게
몸과 마음을 바쳐 대동아공영권을 건설하자'는 일본정신, 곧 황국정신의 구현
이었다. 음악 특징으로는 전형적인 일본 민족음계인 '도레미솔라'라는 요나누
키 음계에다, 역시 일본 음악의 특징인 2박자 계통으로 작곡되었다.

따라서 홍난파가 1930년대 벽두부터 주장한 순수음악운동은 일제 식민지하

에서 민족현실을 외면할 수 있었던 자기도피와 자기기만의 음악운동이었다. 그가 조선양악계의 대부라는 점에서도 그의 두 마음과 두 정서는 일본 마음과 일본 정서가 중심이었다.

한편, 「지나사변과 음악」이라는 글에서 그는 더욱 분명하게 일본인이 되어 있었다.

성전(聖戰)도 이제는 제3계단에 들어가서 신동아(新東亞) 건설의 대업(大業)이 ○○○ 더욱 견실하게 실현되어 가는 이 때에 총후(銃後 : 후방——인용자)에 있는 여러 음악가와 종군(從軍)했던 악인(樂人)들의 뇌리에는 용용히 넘쳐 흐르는 감격과 ○○적 감흥이 감발(感發)해 갈 것인즉, 이번의 성업(聖業)이 성사되어 국위를 천하에 선양할 때에 그 서곡으로, 그 전주적 교향악으로 '음악 일본'의 존재를 뚜렷이 나타날 날이 1일이라도 속히 오기를 충심으로 비는 바이며, 우리는 우리의 모든 힘과 기량을 기울여서 총후국민(銃後國民)으로서 음악보국운동에 용왕(勇往) 매진할 것을 자기(自期 : 마음속에 스스로 기약함——인용자)하지 않으면 안 될 것이다.

이 글을 보면 홍난파는 이미 제국주의를 펼치고 있는 일본 '천황'의 신민(臣民)이 되어 있었다. '음악 일본'이 하루라도 빨리 본궤도에 올라 서 있기를 바라는 그에게 '음악 조선'은 처음부터 안중에도 없었다.

그는 1940년 9월 1일자 『매일신보』에서 창씨개명한 이름 모리카와 준(森川潤)을 사용하고 있는데, 창씨개명한 이름조차 성도 이름도 완전하게 일본식으로 바꾼 것이다. 같은 해 10월 16일에 홍난파는 국체본의에 바탕을 두고 내선일체를 획책하며 신동아질서 건설에 매진할 것을 목적으로 하는 국민총력조선연맹의 문화위원으로 선정되었다.

또한 1941년 1월 25일에는 '악단을 통하여 직역봉공을 하고 신체제운동을 하기 위해' 결성된 조선 최대의 친일음악단체 조선음악협회(회장은 조선총독부 학무국 학무국장 시오와라鹽原時三郞)의 23명의 평의원 가운데 7명밖에 안되는 조선음악인 평의원 중의 한 사람으로 선정되었다.

1941년 홍난파는 악화된 늑막염으로 경성요양원에서 회한의 삶을 마감하였다. 하지만 그의 죽음은 난파 개인의 죽음으로 끝나지 않는다. 그의 죽음은 민족현실 없는 순수음악운동이 왜 식민지하에서 허구이며 죽음인지를 드러내고 있으며, 또한 우리가 그를 통하여 기대했던 희망이 좌절된 것을 의미한다. 한국근현대사의 음악역사가 스스로 제기하고 있는 목숨 같은 질문, '음악과 음악을 다루는 사람은 이 땅에서 어떻게 존재해야 하는가'가 부각되는 것도 이 때문이다.

■ **노동은**(목원대 교수·음악학)

주요 참고문헌

홍난파, 「지나사변과 음악」, 『매일신보』 1940. 7. 7.

_____, 「희망의 아침」, 『가정가요』 제1집, 조선방송협회, 1938.

현제명
일제 말 친일음악계의 대부

- 玄濟明, 창씨명 玄山濟明, 1902~1970
- 1938년 시국대응전선사상보국연맹 경성지부 간사
  1944년 경성후생실내악단 이사장, 조선음악협회 이사

서울음대 창설의 주역

'현제명' 하면 누구나 곡목은 몰라도 "해는 져서 어두운데 찾아오는 사람 없어……"(「고향생각」)랄지, "오가며 그 집 앞을 지나노라면……"(「그 집 앞」)이랄지, 또는 "배를 저어가자 험한 바다물결 건너 저편 언덕에……"(「희 망의 나라로」) 등 콧노래가 절로 나올 정도로 귀에 익숙한 노래들이 생각난 다. 그만큼 현제명은 가곡 작곡가로 널리 알려진 음악가이다.

그는 분명 홍난파와 더불어 몇 안 되는 양악계의 큰 별임에 틀림없다. 그는 한국 양악계에서 부동의 중진 음악가이다. 더욱이 홍난파가 해방 이전의 한 국근대양악계의 대부라는 점과 달리 현제명은 근대뿐만 아니라 현대양악계 에까지 큰 산맥을 이룬 음악가라는 점에서 특히 그러하다. 그것은 그가 단순 히 노래 몇 곡 작곡하고 성악가로 활동했다는 점 때문만이 아니라 각종 조직 체에서 중요한 역할을 하였고, 또 해방 직후 오늘날의 '서울대학교 음악대학' 을 창설한 주역이라는 점에서도 그는 가장 영향력 있는 음악가였다.

그러나 그의 영향력이나 역사적 평가는 여기에 그치지 않는다. 현제명은 또한 뚜렷한 친일 전력을 가진 음악인이었으며, 해방 이후 역사적 반성 없이

현제명

악단에서 가장 강력한 대부로 등장한 인물이었다. 음악인은 오직 미적 평가의 대상이지 윤리적·역사적 평가의 대상이 아님을 정당화시킨 병리적 계기가 그로부터 비롯되는 것이다.

현제명 역시 홍난파와 함께 일제 중반까지 '양악으로 민족개량운동'을 전개하다가 후반부터는 음악과 관련된 모든 조선총독부 관제 친일단체에서 지도자로 가장 강력하게 활동한 대표적인 인물이다.

공교롭게도 친일 전력의 음악인들은 거의 예외없이 개신교 출신이었고, 또 홍난파와 함께 현제명은 극소수의 미국유학파 출신이었다는 점에서 공통점을 가지고 있다. 근대양악계가 열악한 환경이었다는 것도, 이들의 음악활동이 모든 분야에 걸쳐 있다는 것도 공통점이었다. 이러한 배경은 해방 후 음악계의 사고를 '기독교-친일-친미-반공이데올로기'로 제한시키는 데 공헌한다.

현제명은 1902년 12월 8일에 대구 남산동에서 2남 2녀 중 둘째로 태어나 1970년 10월에 고혈압으로 작고할 때까지 성악가(전공), 국민개창운동 지도자, 경성후생실내악단 이사장, 고려교향악단 창설자, 음악원 교장으로서 음악교육가, 오페라 연출가, 작곡가, 지휘자로 활동하였고, 예술원 종신회원 등을 지냈다.

대구 대남국민학교와 계성학교를 졸업한 그는 대구 제일교회 성가대 단원으로 음악 체험을 시작하였다가 1924년에 평양 숭실전문학교를 졸업하였다.

이 곳에서 그는 선교사들로부터 성악과 피아노 지도를 받았으며, 이후 전주 신흥중학교에서 음악과 영어교사로 활동하였다. 1926년부터 2년간 미국 시카고에 있는 무디(Moody)성경학교를 다녔고, 1928년부터 1년 동안은 인디애나주 레인보우의 건(Gunn)음악학교에서 성악을 공부하였으며, 귀국한 후에는 국내악단의 지도자로 부각되었다.

1929년 봄부터 연희전문학교 음악교수, 조선음악가협회(1930년 결성) 초대 이사장으로 취임한 데서 알 수 있듯이 그의 부각은 뚜렷하였다. 1930년대 초·중반 동안 국내 음악인으로는 홍난파, 김영환, 채동선, 안기영, 최호영, 독고선, 홍재유, 윤성덕, 김인식, 박경호, 김세형, 박태준, 김동진, 권태호, 이인선, 한기주, 김재훈, 김관, 정훈모, 채선엽, 이유선, 이영세, 홍성유, 이흥렬, 박태현, 홍종인 등이 활동하고 있었다. 이 기간에 현제명은 작곡집 2권을 펴내기도 하였다.

1937년은 현제명에게 전환점을 가져오는 해이다. 즉, 이 해에 그는 전에 유학한 바 있는 건음악학교에서 '자연발성법'이라는 논제로 성악박사학위를 받았는데, 그 직후부터 국내에서 가장 실력 있는 음악가로 주목받았던 것이다.

수양동우회 사건 이후 '음악보국'운동 본격화

1937년 5월에 그는 홍난파, 김영환, 박경호, 윤성덕, 이종태 그리고 전통음악 분야의 함화진과 함께 새롭게 결성된 조선문예회의 회원으로 가입하게 되는데, 이로부터 그는 친일의 길을 걷게 된다. 홍난파와 마찬가지로 친일의 배경에는 수양동우회 사건이 있었고, 또한 민족음악개량운동의 허구성도 자리 잡고 있었다.

조선문예회는 사회교화단체로서 총독부 학무국이 주도하고 일본인과 조선인 문예가 30여 명이 결성한 단체였다. 음악인들은 주로 곡을 붙여 발표하거나 악보제작과 음반취입 활동을 하고 있었다. 말하자면 조선 음악인이 조선인을 계몽한다는 구실 아래 일제 지배층과 손을 잡음으로써 양악전공활동을 보장받은 것이다.

현제명은 1937년 조선문예회 활동을 통하여 '천황폐하 중심의 일본 정신으

로 국체 관념을 뚜렷이 함으로써 시국인식을 고취하고 황군을 격려한다'는 취지 아래 「가는 비」, 「서울」(이상 최남선* 작시), 「전송」(お見送り, 土生よねさく 작시)을 작곡하여 발표하였다.

1938년 6월에 현제명은 홍난파, 전영택 등 18명의 수양동우회원이 1937년 7월에 기소된 사건을 계기로 친일 대동민우회에 가입·활동하면서 그의 친일활동을 본격화한다. 그는 시국대응전선사상보국연맹(1938년 결성)에서 경성지부 간사를 역임하였고, 친일단체인 조선음악협회(1941년 결성)가 후에 개편될 때에는 이사를 맡았다. 또한 '전시하의 국민들에게 건전한 음악과 음악 자체의 예술성을 국민음악 정신대(挺身隊)로서 활동·보급'하는 것을 목적으로 결성(1942)된 '경성후생실내악단'이 제2기로 개편(1944)될 당시에 이사장으로 취임하면서 그의 친일음악활동은 정점에 이른다. 그리고 1940년대에 들어와서는 구로야마(玄山濟明)라는 창씨명으로 활동하였다.

한편, 그는 1941년 6월 조선음악협회가 신체제 문화운동의 일환으로 '음악보국'(音樂報國)하자며 양악·조선음악·일본음악별로 음악회를 개최할 때(6. 4), 자신의 성악작품 「후지산을 바라보며」 등을 발표하였다. 현제명 이외에 이 음악보국 음악회에 출연하거나 작품을 발표한 음악인들을 살펴보면, 지휘 겸 테너 히라마 분쥬(平間文壽), 작곡 안기영·김메리·임동혁·김성태·박경호·이흥렬·김세형, 소프라노 이관옥·채선엽·김자경·최희남·이승학·이유선·김천애·주경돈, 테너 송진혁, 바리톤 최창은, 피아노 이흥렬·김영의·이경희, 바이올린 홍지유·림향자·하대응·계정식·김생려·김재훈·고종익, 비올라 안성교, 첼로 김태연, 플루트 김재호 등 국내 주요 음악인들이 망라되어 있었으며, 조선음악협회합창단과 이화여전·세브란스의전·경성음악학원·경성여자사범학교 학생연합합창단도 출연하였다.

1941년 11월 9일에 현제명은 일본어 보급을 통하여 '참된 황국신민 배출을 목적으로 설립한 전국적 시국학교' 중의 하나인 경성대화숙이 주최한 '(일본)국민음악의 밤'(부민관 대강당)에서 독창을 하였다. 이 음악회에는 김자경, 계정식, 경성음악전문학교 합창단, 이화여전합창단, 경성취주악단 등이 출연하였다. 그리고 경성대화숙이 1941년 12월 14일에 '총후 사상전에 정신(挺身)'하면서 개최한 대화숙 1주년 기념식에서는 현제명의 반주로 군가와 성수만세가

봉창되기도 하였다. 1942년 1월 23일 역시 대화숙 주최로 열린 '군가강연의 밤'에서도 현제명은 일본 정신과 일본 정서로 만들어진 군가와 일본 국가를 부르기도 하였다.

현제명이 대화숙과 관련을 맺은 결과, 마침내 1943년 4월 1일에 경성대화숙 내에 '경성음악연구원'을 개설하는 데 성공한다. 이 음악연구원 교수진은 현제명을 대표로 하여 성악 김천애, 피아노 김영의, 바이올린 김생려, 작곡 및 이론 김성태 등으로 짜여졌다. 중요한 사실은 경성대화숙 부설 경성음악연구원이 해방 직후 경성음악학교로 이어지고 다시 서울대학교 예술대학 음악학부로 발전한다는 점이다.

그는 1942년 12월 11일에 총독부와 조선군사령부 후원으로 개최한 조선음악협회 주최 제1회 음악경연대회에서 성악부 심사 전문위원을 역임하였고, 1943년 2월 24일 부민관에서 경성후생실내악단 주최, 국민총력조선연맹 후원으로 열린 '(일본)국민음악연주회'에서는 개창지도를 하였다. 이 음악회는 미국과 영국음악을 몰아 내자는 태평양전쟁 결전음악으로 '1억 국민이 군가로 국민개창운동을 보급'하자는 목적에서 개최되었다.

국민총력조선연맹은 1943년에 태평양전쟁에 대한 결전결의 앙양기간을 설정하고, 조선음악협회와 합동으로 '국민개창운동'을 전개하기 위하여 여러 가창지도대를 전국에 보내 순회 지도하도록 하였다. 이 때 현제명은 가창지도대 지도자로 나섰다. 즉, 4월 29일에는 수원 일원, 5월 7일부터는 경기도 이천읍 일원, 5월 9일부터는 경기도 강화면 일원 등에서 국민개창운동을 전개하였다.

당시 주요 (일본)국민가는 일본 제2 국가(國歌)로 선정된 「바다로 가면」(海行かば), 「애국행진곡」, 「흥아행진곡」, 「출정병사를 보내는 노래」, 「태평양 행진곡」, 「애마진군가」, 「대조봉대일의 노래」, 「대일본 청소년단가」, 「대일본 부인회가」, 「아세아의 힘」, 「야스쿠니 신사의 노래」, 「국민진군가」, 「일월화수목금토」, 「대동아결전의 노래」 등 하나같이 일본 육군성이나 해군성 그리고 전시체제를 수호하는 기관들이 공모하여 유명해진 일본어 노래들이었다. 이 노래들은 조선의 민족정신을 약화시키고 민족정서를 해체시키는 일본 정신과 일본 정서를 표현한 곡들이다. 이러한 노래들을 현제명을 비롯한 국내 음악 주

역들이 앞장 서서 가창지도하고 있었던 것이다. 그야말로 일본 정신과 일본 정서로 길들이는 가창지도였다.

현제명은 1943년 8월 1일부터 징병실시 감사주간에 실시된 조선총독부 행사에 어김없이 출연한다. 즉, 8월 3일 오후 7시 경성운동장에서 진행된 '야외 음악·영화의 밤'에 징병실시 시행에 대한 감사의 뜻으로 「항공일본의 노래」와 「대일본의 노래」를 부른다.

홍난파 사후 친일음악계의 지도자로 부상

현제명은 홍난파가 없는 1941년 이후에 일제권력과 더욱 밀착한 결과 강력한 악단 대부로 존재하게 되었다.

1944년 5월에 '건전한 (일본)국민음악예술의 수립을 위하여' 제2기 경성후생실내악단이 새롭게 출발하였는데, 이 때 현제명은 이사장으로 취임하여 가장 강력한 대부로 등장한다. 단원으로는 피아노 김원복·윤기선·김영애, 편곡 이홍렬, 바이올린 정희석, 첼로 나운영, 소프라노 이규봉·고영희, 바리톤 정영재, 김학상, 음악교육 이종태 등이 있었고, 상무이사에는 스즈키 간이치로(鈴木貫一郎), 즉 이종태(李宗泰 : 일본 도쿄음악학교 출신의 음악교육가)가 창씨명으로 활동하였다.

경성후생실내악단은 광산이나 공장 등 소위 병참기지화되어 버린 조선의 생산지대들을 찾아 산업전사들의 사기를 북돋우며 (일본)국민음악 건설에 매진한다는 취지에서 발족된 것이었다.

한편, 조선음악협회는 1944년 7월에 일본에서 정보과 촉탁으로 이와모토(岩本政藏)를 영입하여 새로운 정비를 단행하는데, 이 때 현제명은 이사로 선임되었다. 조선음악협회의 회장은 아베(阿部) 총독부 정보과장이었고, 이사는 모로류(諸留) 조사관과 이와모토 정보과 촉탁이 맡았으며, 민간인 이사로는 오오바 이사노스케(大場勇之助 : 국민총력조선연맹 문화위원 겸 경성제1고등여학교 음악교유) 및 아베(阿部文雄)와 함께 현제명이 자리에 앉게 되었다. 이로써 현제명은 경성후생실내악단 이사장직과 더불어 유일한 조선인 조선음악협회 이사로서 조선 최고의 친일 음악실력자가 되었다.

현제명은 조선음악협회 이사로 취임하는 것을 계기로 세 가지 주요 사업을 전개하였다.

첫째, 남산에 있는 조선신궁에서 조선음악협회 회원과 경성시내 중등학교 학생을 동원(30개 단체 500여 명)하여 국가봉납식(國歌奉納式), 곧 일본 국가인 기미가요(君が代)를 일본신전에서 봉창하면서 황국신민으로서 일본 정신을 고취하고 음악보국을 맹세하는 식을 거행하였다(1944. 7. 26. 오후 2시 30분). 이 자리에는 아베 총독부 정보과장과 음악협회 관계자, 중앙방송 관현악단, 각급 학교장 등이 참가하였는데, 일본 국가를 부르고 역시 제2 국가인 「바다로 가면」을 부르면서 음악보국을 맹세하였으며, 식이 끝난 후 밴드를 앞세워 남대문에서 총독부 앞 광장까지 시가행진을 하였다.

둘째, 음악가 숙정사업이었다. 1944년 5월 18일 조선총독부 부령으로 확정한 '조선흥행취체규칙'에 의거, 같은 해 9월 1일부터 전면 실시하는 '기예자 증명서'(기예증) 발부를 기화로 음악관계자 약 400명 중 350명을 합격시키고 나머지는 숙정하였다. 물론 이 숙정사업에는 음악협회 이사장과 일본인 이사 그리고 현제명이 심사위원으로 활동하였다.

셋째, 조선총독부 지시하에 조선음악협회를 비롯하여 경성후생실내악단과 국민총력조선연맹이 연대하거나 또는 독자적으로 일본국민음악 보급으로 전시체제를 갖추는 사업을 전개하였다. 구체적으로는 각종 노래 보급과 음악회 개최, 일본 음악인 초청 등을 추진하였다. 조선음악협회가 1945년 5월 27일부터 9월 10일에 걸쳐 경성부민관에서 일본음악, 조선음악, 조선양악 등 세 분야의 음악회를 개최한 것도 그의 일환이었다.

또한 일본 테너로서 이탈리아를 유학하고 일본에서 꽤나 알려진 후지와라 요시에(藤原義江)를 초청하여(1945. 1. 5~7, 약초국민극장), 조선군 보도부, 경성군인원호회, 국민총력조선연맹 홍보부 등의 협력으로 상이군인 및 산업전사 위문 결전음악회를 개최한 데 이어 경성 이외의 다른 지역에서도 개최한 것도 그 예이다. 또한 일본음악을 각급 학교에 보급한 것도 이에 속한다. 그는 해방이 가까워지면서도 일본본토 결전을 위한 경성부민대회나 그 음악회를 기획하기도 하였다.

그 결과, 현제명이 이사장으로 있는 경성후생실내악단은 1945년 5월 8일에

'조선예술상'을 받았다. "조선의 문화향상 발전을 꾀하고 그 공적이 많은 문인·화가·음악가 또는 단체에게 도쿄 신태양사가 수여"하는 조선예술상은 제5회 수상대상자로 경성후생실내악단을 선정하였던 것이다. 즉, 결전음악과 활발한 공연활동으로 일본음악보국운동의 공적이 인정되었다.

해방 직후 현제명은 제일 먼저 고려교향악협회와 그 산하에 고려교향악단을 창설하고 미군정 장관을 명예회장으로 영입하였으며, 한국민주당 문교위원으로 정당활동을 하였고, 경성음악학교 교장으로, 서울대학교 예술학부 초대 음악학부장으로 등장하였다.

이는 사실 일본제국주의 잔재를 민족정기로 청산하지 못한 해방정국에 기인한다. 수많은 음악가와 음악교사 그리고 유행가 작곡가와 가수들이 펼친 식민지하의 일본식 가창운동을 해방 이후 청산하지 못한 결과 오늘날 가라오케, 비디오케 등 일본문화사업이 노래방 문화를 장악하고 있다. 이러한 현상 또한 그 음악가들의 친일행위와 무관하지 않다는 점에서 여전히 우리들에게 과제로 남는다.

■ **노동은**(목원대 교수·음악학)

주요 참고문헌

『매일신보』

『가정가요』 제1집, 조선방송협회, 1938.

김은호

친일파로 전락한 어용화사(御用畵師)

- 金殷鎬, 창씨명 鶴山殷鎬, 1892~1979
- 1937년 이후 '선전' 참여작가
  1941년 조선미술가협회 일본화부 평의원

「금차봉납도」를 미나미 총독에게 증정

김은호는 이 땅이 일제식민지로 전락한 직후 순종의 초상화를 두 차례 그린 어용화가이다. 또 봉건 왕조의 마지막 어용화사(御用畵師)로 출발하여 맨먼저 일제 군국주의에 동조하는 내용의 「금차봉납도」(金釵奉納圖)를 그린 친일파 화가이기도 하다. 그는 순종의 어진 제작 경력과 빼어난 인물묘사 솜씨로 윤택영, 윤덕영*, 민병석* 등 친일 매판귀족이나 일본인 고관들의 초상화 주문에 응하면서 화단의 총아로 부상하였다. 그리고 그들의 후원에 힘입어 조선인 화가로서는 처음으로 '선전'(朝鮮美術展覽會)에 16회(1937) 때부터 심사위원격인 '참여'작가로 발탁되었다. 선전은 식민지 문화정책의 일환으로 조선총독부가 1922년부터 주최한 관제 공모전이다.

1937년 11월에 그린 「금차봉납도」는 제작 시기로 보아 참여작가의 '영광'에 대한 보답의 의미가 담겨 있다. 이 그림의 주제는 1937년 8월 20일 결성된 '애국금차회'의 일화를 담은 것이다. 순종의 외척인 윤덕영의 처 김복완(金福緩)이 회장으로, 이윤용·민병석 등 매판귀족의 처와 김활란* 등이 간사로 참여한 애국금차회는 국방헌금 조달과 황군원호에 앞장 선 여성부인회이다.

김은호

애국금차회는 결성식 때 즉석에서 금비녀 11개, 금반지와 금귀지개 각각 2개, 은비녀 1개, 현금 889원 90전을 모아 일제의 '성전'(聖戰) 승리를 위한 국방헌금으로 냈는데(『매일신보』, 1937. 8. 21), 김은호는 이 '감격스러운' 광경을 담은 「금차봉납도」를 미나미(南次郞) 총독에게 증정하였던 것이다.(『매일신보』, 1937. 11. 20)

왼편에 금비녀(金釵) 따위를 증정하는 회장 김복완과 한복차림의 부인들을, 오른편에 그것을 받는 미나미 총독과 총독부 고위관료들을 정밀한 초상화법으로 그린 이 「금차봉납도」는 김복완의 남편 윤덕영과 김은호의 친분 관계 속에서 그들의 부탁으로 제작된 것이다. 특히 김은호의 초기 화단활동은 윤덕영의 후원에 힘입은 바 컸는데, 김은호가 어용화사로 발탁되었을 때 윤덕영의 옷을 빌려 입고 궁중에 출입할 정도였다. 윤덕영은 김은호가 어려웠던 청년시절 가장 큰 도움을 준 보호자 겸 은인이었다.

김은호의 「금차봉납도」는 개인적 출세욕에 눈먼 미술인들의 친일화를 부추기고 그 길로 인도하는 데 구체적인 방안을 제시한 군국주의 경향성의 첫 작품이고 대표적인 사례이다. 이에 대하여 김은호는 윤덕영과의 교분상 어쩔 수 없이 그린 것이라고 하지만 당치 않는 변명에 불과하다. 김은호는 이 작품을 계기로 본격적으로 친일활동을 하였기 때문이다.

1930년대 만주침략(1931)에 이어 대동아전쟁을 선포(1939)하고 태평양전쟁

(1941)을 일으킨 일제가 경제수탈과 침략전쟁에 광분해 있는 가운데 그는 조
선인의 황국신민화와 내선일체, 창씨개명에 동조하고 군국주의에 야합한 가
장 '모범적'인 예술인이었다. 창씨개명에 적극 동조하여 그는 쓰루야마(鶴山殷
鎬)라고 성을 바꿀 정도였다. 김은호는 전시에 후방에서 화가로서 일본'천황'
을 위해 '화필보국'(畫筆報國) 및 '회화봉공'(繪畵奉公)하고자 한 조선미술가협회
(1941년 결성)에 이상범, 이영일, 이한복과 함께 일본화부 평의원으로 참여하
였다. 일본화부는 내선일체에 동조하여 동양화부의 이름을 바꾼 것이었다.

조선미술가협회는 총독부 학무국장이 회장인 관변단체로서 조선에 와 있
던 일본인 화가들이 포함된 친일 미술인의 총력 협의체였는데, 1943년 1월 다
른 예술단체와 함께 '국민총력조선연맹' 산하에 배치되어 국방기금마련을 위
한 전람회 개최 등 전시체제에 열렬히 협조하였다.

이어 김은호는 이상범과 함께 친일미술전람회의 총화격인 '반도총후미술
전'(半島銃後美術展)의 일본화부 심사위원으로 선정되기도 하였다(1942~44). '선
전'보다 한술 더 떠 총독부 정보과가 후원한 총후미술전은 조선인에게 일제
군국주의 찬양과 황국신민화의 '영광'을 고무시키기 위한 공모전 형태의 전람
회였다. 이와 함께 김은호는 '조선남화연맹전'(1940. 10), '애국백인일수(愛國百人
一首)전람회'(1943. 1), 총독부와 『아사히신문』이 후원한 '일만화(日滿華)연합 남
종화전람회'(1943. 7) 등 '성전' 승리를 위한 국방기금 마련전에 열심이었다.

파벌조성과 왜색풍을 물들이는 데 앞장 서

김은호는 친일활동의 명성에 걸맞게 한국 근현대 채색화에 왜색풍을 수용
하여 유포시켰고 제자 양성에도 적극적이었다. 친일파로서 김은호 개인의 이
력은 물론이려니와 폭 넓은 일본 채색화풍 수용과 제자 배출은 우리 현대회
화의 정상적인 발전에 큰 장애물이 되었고, 아직까지도 극복되지 못한 식민
잔재로 남아 있는 형편이다.

김은호는 인천의 부농 집안 출신으로 구한말 인천관립일어학교(1906~07)를
다녔다. 일본 물결이 유입되는 세상의 변화를 그 누구보다 빨리 읽은 것이다.
집안이 몰락하자 인흥(仁興)학교 측량과를 마쳤고(1908), 아버지가 세상을 떠

김은호, 「금차봉납도」, 1937. 11.

나자 서울로 옮겼다. 그는 측량기사의 조수로 혹은 도장포와 인쇄소 등을 전
전하다가 영풍서관에서 고서를 베끼는 일을 맡게 되었다.

거기서 김은호는 어려서부터 보여온 그림에 대한 능력과 남다른 손재주를
인정받아 이왕가가 후원하는 근대적 화가 양성기관인 '서화미술회'에 제2기생
으로 편입하였고, 화과(畵科)와 서과(書科) 과정을 마쳤다(1912~17). 그의 입학
은 영풍서관에서 만난 서예가 현채와 중추원 참의 김교성의 소개로 이루어졌
다. 그리하여 안중식, 조석진, 정대유, 강진희, 김응원 등에게서 전통서화를 익
혔고, 안중식으로부터 '이당'(以堂)이라는 아호를 받았다. '이'(以)는 주역의 24괘
중 첫 자를 딴 것으로 김은호는 아호처럼 모든 면에서 으뜸이었다.

김은호는 서화미술회에 입학하자마자 빼어난 묘사 솜씨로 친일세도가인
송병준*의 초상화를 그린다. 그것이 계기가 되어 순종 초상을 제작하는 어용
화사로 발탁되었다(1915, 1928). 초상화가로 유명해지자 당대의 상류층인 친일
귀족, 자본가, 관료 등의 초상화를 맡게 되고, 그들과 교분이 두터워지면서 부
와 명성을 동시에 얻는다. 이 경력은 김은호가 친일파 화가로 전락하는 서막
인 셈이다.

서화미술회 졸업 후 김은호는 민족미술에의 의지를 표방하며 결성된 '조선서화협회'(1918년 발족, 1921년에 첫 협회전 가짐)전에 참여하였고, 1919년 3·1운동 때에는 독립신문을 배포하다 체포되어 옥고까지 당한 적도 있다. 그러나 이후 화가로서 그림에만 전념하는데, 특히 일본식 채색화 기교에 치중하면서 그나마 지녔던 민족의식은 무기력해질 수밖에 없었던 듯하다. 1922년 이후의 작품 경향과 '선전' 참여 활동이 그것을 잘 말해 준다.

1920년대 후반 대부호 김용문의 도움으로 다녀온 3년여의 일본 유학(1925~28)은 자신의 전통적 기법에 기초한 화풍에 큰 변화를 가져온다. 일본식 채색화 기법을 정식으로 습득한 것이다. 그는 3년 동안 도쿄미술학교 일본화과의 청강생으로 일본화과 교수인 유키 소메이(結城素明)에게 사사받았다. 유키 소메이는 서양화의 사생기법과 접목시켜 자연사생 중심의 새로운 일본 풍경화풍을 일으킨 화가이다. 김은호가 귀국하여 제7회 '선전'(1928)에 출품한 「늦은 봄의 아침」(暮春の朝) 이후 섬세한 채색화에는 그의 영향이 뚜렷이 나타난다.

사실 김은호는 인물화나 화조화에서 그 이전부터 이미 장식적인 일본 채색화풍에 물들어 있었다. 선전에 입상하기 위해서는 일본인 심사위원의 구미에 맞는 형식을 구사해야 했기 때문인데, 김은호는 1회 '선전'에 「미인승무」로 4등상, 3회 때 「부활 후」로 3등상, 7회 때 「북경소견」으로 특선을 수상하였다. 도쿄에 머물면서 일본의 권위 있는 공모전인 '제전'(제국미술원전람회)의 일본화부에 입선하였고 '동양회화전'에서는 「단풍」으로 1등상을 받았다(1928). 이들은 대부분 당시 일본에서 유행한 새로운 감각의 채색화풍을 따른 것이다.

그런데 제8회 '선전'(1929) 때 출품작이 입선에 그치자 출품을 중단하였고, 한때 발길을 끊었던 서화협회전에 다시 참여하였다. 이 행동은 이익을 따라 움직이는 철새 같은 미술인의 전형으로 비난을 받기도 했다. 그 이후는 허백련과 2인전을 갖거나 김용문의 도움으로 중국여행을 통하여 견문을 넓혔고, 특히 후진양성에 관심을 쏟았다. 그러다가 8년 만인 제16회 '선전'(1937) 때부터 '참여'작가로 선정되는데, 바로 그 해 가을 앞서 설명한 「금차봉납도」를 그린 것이다.

이처럼 김은호는 자신의 출세욕에 따라 왕성한 활동으로 화단에서 자리를 굳혔으며, 주변에는 자연히 많은 사회 저명인사 애호가와 화가 지망생들이 모이게 되었다. 김은호 자신도 후배양성에 관심이 많았고, 한편 '인정미 넘치는 예술가'로 지칭되듯이 사람을 끄는 매력이 있었던 것 같다.

1920년대 후반부터 그의 화실 낙청헌(絡靑軒)에 몰려든 사람들과 함께 '이묵회'(以墨會)라는 서화연구회를 꾸렸고, 이들 중 백윤문, 김기창*, 장우성, 조중현, 이유태 등은 따로이 '후소회'(後素會)를 결성하여 1936년부터 정기전을 갖기 시작하였다. 또한 1937년에는 박광진, 김복진과 함께 체계적인 미술교육기관으로 '조선미술원'을 개설하였으나 시노로 그쳤다.

'후소회'는 김은호의 장식적이고 정밀한 필치의 섬약한 일본식 채색화풍을 전수한 모임으로서 일본 남화풍이 가미된 산수계열의 이상범 문하 '청전화숙', 전통적 남종화풍을 고수한 허백련의 광주 '연진회'와 더불어 당시 동양화 분야의 3대 후진양성 통로였다. 이러한 세 유형의 화가 모임 가운데 특히 '후소회'의 활동이 가장 돋보여 해방 후 국전 운영과 화단까지 주도하는 정치력을 갖게 된다. 여섯 번의 정기전(1936~43) 외에도 후소회원들은 '선전'에서 단연 두각을 나타내었다.

1934년부터 김은호가 지도한 백윤문, 한유동, 장운봉(장덕), 김기창, 장우성 등이 입선과 특선을 차지하였고, 제21회 '선전'(1942) 때에는 동양화부 입선작 60점 가운데 21점이 회원작품이었으며, 또 2점이 특선하여 세상의 관심을 끈 바도 있다(『매일신보』, 1942. 5). 뿐만 아니라 회원의 주축을 이룬 백윤문, 김기창, 장우성, 이유태, 조중현 등은 최고상과 특선 등을 독식하다시피 하였다.

그런 가운데 주변의 시샘과 방해공작도 있었던 모양이다. 김기창이 16회부터 19회까지(1937~40) 연속 4회 특선으로 김은호의 제자 중 첫 추천작가로 선정되는데, 19회 특선 때의 일화가 그 한 사례이다. 심사중 특선후보 작품 속에서 일인 심사위원이 김기창 작품을 치워 놓자 안면 있는 다른 심사위원에게 간청하여 재심을 받게 했다는 것이다. 결국 그 심사위원이 김은호의 제자사랑에 감복하여 무감사 특선으로 밀어 주었다고 하며, 김은호는 답례로 자신이 아끼던 고려청자를 선물하였다고 한다. 청각장애자인 제자를 생각하는 김은호의 '인정미'와 심사원 자격으로 '참여'한 정치력을 한껏 과시한 것이다.

이 일화는 이후 화단에 친일파 화가의 대량배출, 인맥에 의한 파벌 조성과 왜색조의 채색화풍을 풍미하게 한 요인이 되었음을 적절히 시사해 준다. 이런 현상은 당대에 그치지 않고 오히려 기득권을 강화하며 해방 후 화단에까지 지속적으로 확대되었다는 데 더 큰 문제가 있다.

관변을 맴돌며 친일행각은 철저히 감춰지고

황국신민의 '영광'을 안고 열과 성을 다해 작품활동과 후진양성에 전념해 온 김은호는 일제에 부역한 탓에 결국 해방 직후 결성된 '조선미술건설본부'에서 이상범, 김기창, 김인승*, 심형구*, 김경승, 윤효중 등과 함께 제외당했다. 그러나 김은호는 미군정 이후 친일파의 재기용 내지 득세에 편승, '인정미'로 기른 제자들의 옹호 속에서 다시금 화단의 총수로 떠오르게 된다. '미협'(대한미술협회)과 '국전'(대한민국미술전람회)의 주도적 참여를 시작으로 제자들과 함께 제도권 미술계의 가장 거대한 파벌로서 일제 강점기에 이어 지속적으로 정치력을 키워 갔다.

해방 후에도 김은호는 여전히 정심한 필치와 채색의 인물화 분야의 일인자였다. 그래서 이승만 정권이나 박정희 정권 아래서 관변의 요청으로 많은 초상화를 제작하였다. 이순신, 정몽주, 신사임당, 논개, 성춘향, 안중근, 서재필, 이승만 등은 물론 미국 대통령 윌슨, 영국 여왕 엘리자베스, 주한미국 대사 무초 등의 초상화는 화풍도 그러하려니와, 그가 일제 때 어용화사로 시작하여 관변에서 맴돌며 살아간 흔적의 좋은 사례들이다.

이에 힘입어 김은호는 군사정부 아래서 서울시 문화상, 5월 문예상 미술부문 심사위원과 8·15 해방 17주년 기념 문화훈장(이상 1962), 3·1 문화상 예술부문 본상(1965) 및 대한민국예술원회원(1966)과 예술원상(1968), 제11회 5·16 민족문화상 학예부문 본상(1976)을 받는 등 다른 친일인사와 마찬가지로 친일화가로서의 '영예'를 차지하였다.

그에 못지않게 김은호에 대한 인간적인 평가도 존경과 찬사로 일관된다. 이은상은 팔순기념으로 김은호를 다음과 같이 읊조린 바 있다.

솔거 가신 뒤에 천오백 년 긴세월을
동방화단에 누구누구 해옵던고

화선을 만나려거든 이묵헌을 찾으시오
붓끝에 새가 울고 먹 뿌리면 꽃이 피고
산수인물이 조화 속에 나타나고
담소로 팔십평생에 늙을 줄을 모르네
빼어나 고운 모습 학수(鶴壽)를 사오리다
수정같이 맑으신 뜻 석수(石壽)를 사오리다
문생들 화봉을 이어 백내장생 하오리다.(畵仙以堂頌, 1971. 8)

또한 김은호에 대한 기존 미술계의 회화사적 평가 역시 마찬가지이다. '전통의 맥을 시대적으로 되살린 근대적 채색화의 개척자'로 '근대·현대 한국화단에 새로운 채색화 계파를 형성시킨 유일한 존재'(이구열, 1992)라거나 '극채세화(極彩細畵)의 화풍을 고수하면서 진실한 마음으로 제자를 기른 인정미 넘치는 예술가'(이규일, 1992)로 논평되고 있다. 그의 친일 협조에 따른 반민족 행위와 왜색조에 물든 회화세계에 대하여는 '아쉽다'라거나 '어쩔 수 없었던 일'로 치부하면서, 그가 이룬 사실주의나 제자 육성의 공적에 비하면 크게 개의할 일이 아닌 것으로 넘어가는 게 현실이다.

그러나 그가 남긴 왜색풍은 마치 '엔가'풍의 트로트 뽕짝이 '전통가요'로 둔갑한 현실정서와 궤를 같이 하는 것이다. 우리 시대 현대화단의 숙제로 남아 있는 일제잔재 청산은 여전히 김은호에 대한 바르고 엄정한 재평가로부터 시작될 것이다.

■ 이태호(전남대 교수·미술사, 반민족문제연구소 연구원)

주요 참고문헌

김은호, 『書畵百年』, 중앙일보사, 1977.
한국근대미술연구소 편, 화집 『이당 김은호』, 국제문화사, 1978.
화집 『이당 김은호』, 예경산업사, 1989.
『한국근대회화선집』 한국화 3권 '김은호', 금성출판사, 1990.
이규일, 「이당 김은호의 생애와 예술」 『이당 김은호——탄생 100주년 기념전 도록』, 호암 갤러리, 1992.
이구열, 『근대한국미술사의 연구』, 미진사, 1992.

김기창
스승에게 물려받은 친일화가의 길

- 金基昶, 1914~
- 1940년 '선전' 추천작가
  1942년 반도총후미술전 추천작가

화풍만 아니라 친일행각까지 스승의 길 따라

김기창은 여러 면에서 친일화가의 선두주자였던 김은호*의 수제자격이다. 섬세한 사실 묘사 위주의 일본식 채색화법을 고스란히 배웠을 뿐 아니라 친일행각까지도 착실히 스승의 길을 따랐기 때문이다.

김기창은 서울 종로구 운니동의 비교적 부유한 가정에서 태어났는데, 8세 때 장티푸스를 앓으면서 청각장애를 일으켜 정상적으로 학교과정을 마치지 못하였다. 그는 어머니 한윤명(韓潤明)의 정성으로 한글과 일어, 한문 등을 익혔고, 그림에 대한 재능이 일찍 발견되었다. 김기창의 어머니는 감리교 신자로 진명여학교를 졸업하고 한때 개성의 정화여학교 교사를 지낸 바 있는 신여성이었다. 김은호의 문하생이 되어 본격적인 화가 수업을 한 것도 어머니의 배려 덕택이었다. 그의 나이 17세 때(1930)의 일이다.

김기창은 김은호의 문하에 들어선 지 6개월 만에 제10회 '선전'(朝鮮美術展覽會)에 「널뛰기」(板上跳舞)를 출품하여 입선하는 기량을 발휘하였다(1931). 이 때 어머니로부터 '운포'(雲圃)라는 아호를 받게 된다.

이후 계속해서 '선전'에 입선하다가 24세 때인 제16회 '선전'(1937)에 할머니

김기창

의 옛얘기를 듣는 아이들을 담은 「고담」(古談)을 출품하여 최고상인 '창덕궁상'을 받았다. 다음해에는 「여름날」(夏日)로 '총독상'을 받고, 18·19회 '선전'에 계속 특선으로 입상되어, 연 4회 특선 경력으로 추천작가가 되었다. 이 때 그의 나이 27세였다. 16회와 17회 때에는 스승인 김은호가 직접 심사원으로 참여하였고, 19회 때에는 주변의 시샘과 방해가 있었으나 김은호의 주선으로 무난히 무감사 특선에 올라 추천작가의 '영예'를 안은 것이다.

이러한 김기창의 '선전' 출품작들은 대부분 향토적 내용에 장식적인 색채감각과 호분의 사용, 섬세한 필치 등 일본인 심사위원들의 요구에 충실히 부응한 것이었으며, 스승인 김은호의 일본식 채색화풍을 전수받은 것이었다. 물론 거기에는 김기창의 뛰어난 묘사력이 뒷받침되어 있었다. 1938년에는 일본인 화가(矢澤弦月, 野田九浦 등)를 만나 본토의 정통 채색화풍을 익히러 도쿄에 잠시 다녀오기도 했다.

'선전'에 추천작가가 되면서 본격적으로 친일파 대열에 합류한 김기창은 자신의 탁월한 회화 기량으로 젊은 나이에 '추천작가가 된 영광'을 일제 군국주의에 동조하는 것으로 갚았다. 그 영광을 가져다 준 스승 김은호가 밟은 길을 따라 총독부의 전시 문예정책에 부역한 것이다. 화가로서 개인의 명예를 한 몸에 얻게 되었으니 척박한 민족현실이 안중에 있을 리 만무했다.

김기창은 '조선남화연맹전'(1940. 10)과 '애국백인일수(愛國百人一首)전람회'

(1943. 1)를 비롯하여 김규진, 김은호, 이상범, 이한복, 허백련 등 대가급 친일 미술인들과 어깨를 나란히 하며 기금마련 전람회에 적극 협력하였다. 또한 그는 김은호, 이상범이 심사위원으로 참여한 일제 말 친일미술전의 핵심인 '반도총후미술전'(半島銃後美術展)에 후소회 동문인 장우성과 함께 일본화부 추천작가로 발탁되었다(1942~44). 자연스레 친일파의 나락으로 빠져 든 것이다.

김기창은 일제 군국주의를 찬양·고무하기 위한 선전 작업에도 앞장 섰는데 『매일신보』에 게재된 「님의 부르심을 받고서」(1943. 8. 6), 조선식산은행의 사보 『회심(會心)』지에 실린 완전군장의 「총후병사」(1944. 4) 등이 그 대표적 사례이다. 「님의 부르심을 받고서」는 '축 입영(祝 入營)……'이라는 어깨띠를 두른 학도병 좌우에 갓 쓰고 안경 낀 연로한 아버지와 수건을 쓴 어머니가 수묵소묘 풍으로 그려진 삽화이다. 이는 1943년 8월부터 시행된 조선 청년 징병제를 선전하기 위한 작품이다. 종군하게 되어 감격스러운 듯한 학도병의 진지함과 장한 아들을 굽어보는 아버지의 표정에 선전효과의 의도가 다분하다.

훈련병을 그린 「총후병사」는 펜화에 담채를 가한 삽화이다. 완전군장으로 간이의자에 앉아 휴식을 취하는 병사의 옆모습을 포착한 것으로 얼굴과 주먹 쥔 손에는 성전에 참여한 멸사봉공의 굳은 의지가 생생하게 담겨 있다. 또한 제21회 '선전'(1942)에 출품한 채색화 「모임」은 마을 부녀회의 반상회 광경을 연상시키는데, 전시 후방에서 지원할 수 있는 방안을 모색하고 있는 듯하다.

가증스런 점진적 식민잔재 극복론

젊은 나이에 '선전'의 추천작가가 된 '영예'와 기량으로 김기창은 일제 군국주의에 부화뇌동하였다. 김기창의 작업들은 당시 일본인 화가들의 전쟁선양 작품들에 버금가는 내용을 담고 있다. 이러한 친일 경향과 활약으로 김기창은 해방 직후 결성된 '조선미술건설본부'에서 스승인 김은호를 비롯하여 이상범, 심형구*, 김인승*, 김경승, 윤효중 등과 함께 당연히 제외당했다. 그러나 그 역시 미군정과 이승만 친미 파쇼정권의 등장 이후, 친일행적은 감추어진 채 제도권 미술계의 중심으로서 일제 때 친일하면서 누렸던 명예와 인기를 유지하게 된다. 김기창은 해방 후 나름대로 '눈 뜬 장님으로' 친일파가 된

김기창, 「총후병사」, 1944. 4.

자기 변명과 극복론을 폈다. 당시 상황에서 어쩔 수 없었다는 환경지배론과 점진적 식민잔재 극복론이 그것이다.

원로화가가 된 김기창은 최근 한 일간지 기자와의 대담에서 친일의 변으로 "사람은 자기가 살아가는 환경에 영향을 받는 것 같아요. 물론 의지가 강한 자기 정신을 소유한 사람은 문제가 없지만 평범한 인간이면 누구나 환경의 지배를 받게 되겠지요"(『경향신문』, 1991. 8. 3)라고 피력한 바 있다. 친일파의 반민족적 행위에 대한 자기 반성치고는 너무나 안일한 발언이 아닐 수 없다.

더구나 그 대담에서 "내 살 속의 과거를 깎아 내며 민족적인 것에 이르고자 신체적 장애를 딛고 끊임없이 정진해 왔다"는, 전혀 '평범한 인간'의 논리와 걸맞지 않는 발언에 이르면 가증스럽다는 생각마저 든다. 이는 자신의 의지대로 화가로 출세하기 위해 '선전'에 출품해서 추천작가의 영예를 안았고, 그에 대한 보답으로 그리고 그 '환경' 속에서 더 출세하기 위해 스스로 친일 행각을 벌였다는 얘기가 되기 때문이다.

또한 이는 해방 직후 어머니가 지어 준 아호인 '운포'(雲圃)의 '포'(圃)에서 '囗'를 떼어 내고 '운보'(雲甫)로 바꾼 이유가 '과거의 굴레'에서 벗어나기 위함이었다는 얘기와도 맞물려 있다. 그의 형식주의적 경향은 점진적 식민잔재 청산론과 해방 후 변모가 큰 화풍에서도 찾아진다. 이런 논리는 해방 이듬해 화단활동을 본격화하면서 쓴 아래의 글을 통해 엿볼 수 있다.

> 우리의 모든 문화면은 오랜 왜정 압박하에 자유를 속박당하며 가사상태에 빠져 그 향상력이 저지되어 왔고, 특히 미술에 있어서 그 영향을 지독히 흡수한 것이 동양화였다. 그야말로 눈 뜬 장님처럼 예술관념을 인식치 못한 제작을 했고, 그 작품에서 예술의 대명사의 대접을 받아 떳떳이 내놓을 무엇이 있었던가. 결국 환경적으로 왜놈의 탈을 쓰고 그들의 유행성을 모방만 하느라고 급급했기 때문이었으니, 일종의 고질적인 우리들의 비예술관념과 깊이 뿌리 박힌 일본적인 습관을 현재에 있어서 여하히 처리할 것인가. 단지 지금 와서 일본적인 것을 이탈하려고 성급한 초조를 하더라도 안 될 것이니, 차라리 그것이 일본적이라 하더라도 서서히 이탈하도록 자신을 다시 한 번 반성하고, 자기 실력을 가다듬어야 할 것은 물론이다. 해방 기분으로 가뜩이나 어리빵빵한 모호한 제작태도를 지닌 우리들이 '조선적, 조선적' 하기만 하고 날뛴다면 자신을 더욱 방황의 구렁텅이에 몰아 넣게 될 것이요, 그 작품이란 죽도 밥도 아닌 엉터리 작품이 될 것이니, 우리는 그런 태도를 청산하고 제일 먼저 화안(畵眼)의 양성, 즉 그림을 바로 인식할 줄 아는 교양을 쌓을 것이오……(김기창,「해방과 동양화의 진로」,『조형예술』 1호, 1946).

이 점진론은 결국 식민지 시절 벌인 반민족적 행각에 대한 반성의 핵심은 간과한 채 '현실'이 아닌 '그림을 바로 인식할 수 있는 교양'을 쌓자는 주장만 담고 있는 것이다. 그런데 그의 '그림 교양'은 또다시 해방 후 격변하는 시대현실과 무관하게 형식실험적 태도로 바뀌었고, 개인주의적 작업과 사회활동 그리고 화단정치에서도 점진론과는 정반대로 맹활약을 벌였다. 특히 다양한 화풍의 변화가 그것을 잘 말해 준다.

김기창은 '운보적이고 민족적인 것을 찾기 위해, 야성적이고 생명감 넘치는 격정적인 힘찬 화면'을 만들어 내기 위해 분방하고 '줄기찬 자기연소'(이구열, 1979) 과정을 거쳤다. 그 자신의 고백대로 김은호를 배우면서 형성된 일본식 채색화풍을 벗고, 1952년 전후로는 형상 변형이 반추상적인 입체파풍의 시기였고, 1964~65년은 문자를 변용하거나 완전 추상에 빠진 시기, 1970년대는 수묵의 강한 선을 쓰는 시기, 그리고 1975년부터는 민화류 소재를 이용한 바보산수 시기 등으로의 변모가 그것을 잘 말해 준다.

그런데 이런 화풍의 변모는 개인적 갈등과 창작욕구에 의한 것이지만, 실제는 해방 후 우리 미술계에 물밀듯이 유입된 모더니즘의 조형논리를 그대로 답습한 데 불과하다. 이는 일제 강점기에 일본화풍에 매몰되었듯이 해방 후에는 서구 제국주의 미술에 기대어 자기 회화세계를 변모시켜 낸 결과이다.

왕성한 활동력과 정치력으로 친일행위 은폐

해방 후 김기창의 회화적 변모에는 여성화가로서 추상주의를 지향한 박래현의 영향도 있었다. 해방 다음해 결혼한 박래현과는 17회의 부부전을 열어 세상의 이목을 끌기도 하였다. 『자유신문』의 미술기자, 민속박물관의 미술부장을 잠시 지낸 것(1947~48)을 제외하고는 작업과 화단활동에 주력하였다. 그는 미협과 국전 운영에 깊이 관여하고 국전과 민전의 심사위원으로서 꾸준히 화단의 세력을 장악했다. 그리고 백양회 창립 주도, 해외전에 한국 대표로 적극 참여, 해외 여행, 홍익대 미술과 교수(1954)와 수도여사대(지금의 세종대) 교수(1962~74) 역임 등 그의 정치력에 걸맞는 화려한 이력을 쌓았다.

또한 왕성한 활동으로 상복도 많아 여타의 친일 인사의 경우와 마찬가지로 제12회 3·1 문화상(1971)을 받았고 3·1 문화상 심사위원(1972, 1977)에 위촉된 바도 있다. 이외에도 은관 문화훈장(1977), 국민훈장 모란장(1981), 예술원 정회원(1981), 『중앙일보』 중앙문화예술상 본상(1982), 예술원상(1983), 5·16 민족상과 서울시 문화상(1986), 색동회상(1987) 등 관민단체의 상을 두루 받았다.

한편, 화단과 사회활동도 국제적이어서 한독미술가협회 회장(1981), 후소회 회장(1985)을 비롯해서 세계문화자유회의 한국지부 실행위원(1967), 한국농아복지회 창립과 초대 회장(1979), 세계농아연맹 문화예술분과 부위원장(1985), 아시안게임 동남아채묵(彩墨)전 추진위원장(1986)을 역임하였으며, 88올림픽 아트포스터 제작 작가로 선정되는 등 다채롭고 의욕적인 면모를 과시하였다.

또한 박정희 군사 정권 아래서는 초상화나 기록화 제작을 도맡기도 하였

다. 김정호와 의병장 조헌의 영정(1974), 을지문덕과 신숭겸 영정(1975), 그
리고 신라 태종무열왕과 문무대왕 영정(1974)을 제작하여 국가 표준영정으
로 지정받은 것은 그 대표적인 사례이다. 공공건물의 벽화나 그림제작도 많
았고 성화집『예수의 생애』에서는 한복을 입은 기독교화를 그려 세인의 관심
을 끌기도 하였다.

현재는 1979년에 착공한 청주 교외의 화실에서 노년의 작품활동을 계속하
고 있다. 또 최근에는 『운보 김기창 전작도록』 간행위원회를 발족시켰는데,
63년 동안의 작품활동을 총망라해서 초대형 화집을 발간할 예정인 모양이다.
그 간행위원회에 참여시킨 문화계·미술계 위원들의 면면을 살펴보면 역시 김
기창의 정치력이 얼마나 거대한 것인지 알 수 있다.

운보 화백이 한국 미술에 있어서 도저(到底)한 거봉이요, 또한 그의 작업이 장
강처럼 맥맥히 이어져 왔음을 그 누구도 부인하지 않을 것이다.……즉, 운보의
80년 생애와 그 방대한 작품이……특히 그의 삶이나 예술은 육체적 이중고를
초극한 실로 '위대한 실존상'으로 우리 모두의 삶의 귀감이 될 것이다.(구상 시인
의 글, 발간위원회 두번째 소식지, 1993. 1)

이 글을 쓴 시인 구상은 『운보 김기창 전작도록』 발간위원장이다. 아직도
우리는 김기창의 친일활동은 철저히 밀쳐 놓은 채 그를 '삶의 귀감'으로 삼자
는 주장이 공공연한 현실 속에서 살아가고 있다.

■ 이태호(전남대 교수·미술사, 반민족문제연구소 연구원)

주요 참고문헌
김기창, 『나의 사랑과 예술』 정우사, 1977.
화집 『운보 김기창』 경미문화사, 1980.
『한국근대회화선집』 한국화 9권, '김기창/박래현', 금성출판사, 1990.
이구열, 「줄기찬 자기 연소」 『계간미술』 11호, 1979년 여름.

심형구
친일파 미술계를 주도한 선봉장

• 沈亨求, 1908~1962
• 1941년 조선미술가협회 서양화부 이사
  1944년 '선전' 참여작가

조직적인 친일미술활동의 총책격

1940년대에 들어서 일제의 폭압이 강화되면서 미술계에도 군국주의에 동조
하자는 주장들이 제기되었다. '성전'(聖戰) 승리를 위해 병사들이 총을 들고 싸
우는 것 못지않게 후방의 화가들도 미술의 무기화를 모색해야 한다는 것이
다. 그 핵심을 담은 글이 최근배의 「미술계의 제문제」(『조광』, 1939. 1)와 구본
웅의 「사변과 미술」(『매일신보』, 1940. 7. 9), 그리고 심형구의 「시국(時局)과 미
술」(『신시대』, 1941. 10) 등이다. 심형구는 「시국과 미술」에서 아예 일본인의
입장이 되어 독일 파시즘 미술의 예를 들어가며 미술의 무기화를 위해서는
그 전문성을 가지고 일제 군국주의에 동조하는 삽화나 포스터 제작에 참여해
야 된다는 구체적인 방안까지 제시하고 있다.

금일은 문학이나 예술이나 무엇이나 좀더 국민생활이라 하는 것과 직접으로,
유기적으로 결합하지 않으면 안 된다. 문학을 위한 문학, 미술을 위한 미술은 벌
써 있을 수 없게 되었다. 일본 사람은 일본 사람으로서의 국민생활을 좀더 향상
시키자는 점만을 생각하게 된다는, 당연 협소한 경지를 떠날 수 있을 것이다. 그

심형구

러나 제반 문화인은 각자각자가 자신의 순수한 목적만으로만 생각하여 왔다. 이
는 예술가만을 책할 수 없겠으며, 모든 사람이 국가에 봉사한다는 목적을 망각하
고 있었다는 사실이다.……하등의 목적이 없이 민족이상도 국가의식도 가지지
않는 예술이요, 미술이라면 무가치한 물건이다. 한 민족의 예술이라는 것은 그
민족을 강대하게 한다는 목적이 없어서는 안 될 것이다.……

　동경에서는……일류화가가 신문삽화나 무대장치 같은 것을 하게 될 때 무대
장치나 삽화가 전체적으로 보아서 그 정도가 높아졌다 한다. 즉, 훌륭한 회화를
제작하는 동시에 그와 동일한 기백으로서 삽화나 무대나 자기 기능을 충분 발휘
한다는 일이 미술을 생활화하는 수단이라고 생각한다. 즉, 화실에서 조용히 앉아
서 제작만 할 수 있는 시대는 이미 지나갔다고 보겠다.……필요하다면 포스터
나, 책의 장정이나, 극단으로 성냥곽 레텔이라도 소위 대가가 그려도 좋겠으며
또한 그려야 될 줄 생각한다. 좁은 문을 나와서 독선고립주의는 청산해야 될 줄
안다. 결국 화가 자신들의 일층의 자각과 노력을 요구하게 된다.

　심형구는 위와 같은 시국미술관에 걸맞게 군국주의적 경향의 삽화나 그림
을 그렸고, 일제 말 조직적인 친일활동의 총책격으로 선봉장에 나섰다. 그가
개인적으로 그린 전쟁 선양의 작품으로는 1940년 제19회 '선전'(朝鮮美術展覽會)
에 출품한 「흥아(興亞)를 지키다」와 조선식산은행의 사보 『회심』(會心)의 속표

심형구,
「기관총을 쏘는 병사」
1944. 2

지 그림 「기관총을 쏘는 병사」(1944. 2) 등이 알려져 있다.

「홍아를 지키다」는 유화로 총칼을 들고 보초를 서는 병사의 뒷모습을 담은 것이다. 초소에서 먼 산풍경을 바라보며 대동아공영의 '성전' 승리를 꿈꾸는 병사의 표정이 결연하다. 「기관총을 쏘는 병사」는 연필소묘에 담채를 가한 소략한 삽화로 기관총을 중심으로 사수와 조수의 상반신을 그린 것이다. 예비 탄창을 들고 웅크린 조수의 자세나 적을 향한 눈초리는 매섭기 그지없다.

이처럼 전쟁에 광분한 일제의 군국주의에 부화뇌동하는 주제의 그림 제작에 적극적이었던 만큼 심형구는 단체활동에서도 선도적이었다. 그는 1941년 2월 22일 조선총독부 학무국장을 회장으로 하여 '시국하의 회화봉공(繪畫奉公)을 맹세'하면서 결성된 '조선미술가협회'에 서양화부 이사로 참여한다. 이 단체에는 내선일체를 내세워 일본인 관료 화가들과 함께 김은호*, 이상범, 이영일, 이한복(이상 서양화부), 김경승(조각부) 등이 평의원으로 선출되었는데, 심형구는 이들보다 한 급 높은 이사의 위치였다. 더욱이 조선인 이사로 『매일신보』 학예부장인 백철*도 있었으나 조선인 화가로는 유일하게 심형구가 뽑혔다. 친일활동을 인정받아 그러한 위치에까지 오른 것이다.

한편, 심형구는 그 예우에 답하기 위하여 문인들과 더불어 시국좌담회, 강연회 등에도 적극적이었다. 이는 조선미술가협회가 황민문화(皇民文化) 건설을 더욱 강고히 하기 위해서 조선문인협회, 보도사진협회 등 11개 예술단체들과 함께 '국민총력조선연맹' 소속으로 결합되면서 생긴 예술가 단체 연락협의체 활동의 일환이었다.

그리하여 심형구는 '조선미술가협회'를 이끄는 조선인 화가의 행동대원이 되었다. 지방을 순회하면서 '성전' 승리를 위해 농민에게는 증산을, 화가들에게는 그것을 작품화하도록 부추겼으며, '선전미술협회'나 '보도사진협회' 등에도 관여하였다. 또한 1942년 11월 '조선미술가협회'가 주최하여 첫 전람회를 갖은 '반도총후미술전'에 김인승*, 김기창*, 장우성 등과 함께 초대작가로서 3회 (1944)까지 참가하였다. 이 전시회는 '선전'을 압도한 일제 말기의 대규모 친일 지향의 전람회였다. 여기에 출품된 주제들은 '방공훈련', '징병제도를 맞이하며' 등 주로 군국주의에 야합하는 내용이었다.

심형구의 군국주의에 동조하는 대표적인 친일미술 활동은 김인승, 박영선, 김만형, 손응성, 이봉상, 임응구 등과 함께 '단광회'(1943)에 참여한 일이다. 그리고 심형구가 자행한 친일활동의 백미는 '황도학회'의 결성 발기인에 낀 사실이다. 안석주와 함께 참여한 황도학회는 조선인을 황국신민화(皇國臣民化)하려는 정책에 부응하기 위해 '황도교육'을 목적으로 결성된 단체이다. 특히 이를 통해서 화가로서뿐만 아니라 당대의 문화계 인사로서 심형구의 정치적 수완과 탁월한 능력을 충분히 엿볼 수 있으며, 역시 아무나 친일파가 되는 것이 아님을 실감할 수 있다.

도쿄미술학교 출신의 실력파

이처럼 친일파 화가의 선봉장이 되기까지 심형구의 행적은 도쿄미술학교 출신의 실력파답게 화려하기 그지없다.

심형구는 용인의 지주집안 출신으로 아버지 심종협(沈鐘協)은 광주군수를 지냈고, 할아버지 심원용(沈遠用)은 교회 장로였다. 어려서부터 그림에 남다른 소질을 인정받았으나 집안의 반대로 갈등을 겪다가 형 심원구의 도움으로 화가로 성장할 수 있었다. 소학교 때 서울로 옮겨 제2고등보통학교(지금의 경복

중학교)를 다녔고, 같은 반의 정현웅(鄭玄雄 : 월북화가)과 어울려 그림공부에
주로 관심을 쏟았다고 한다.

졸업 후 일본에 건너가 도쿄미술학교 유화과를 두 번 실패하고 가와바다화
학교(川端畵學校)에서 데생 훈련을 거친 후 다시 응시하여 합격하였다(1931).
도쿄미술학교 재학 시절 1년 늦게 입학한 김인승과 만나 두 사람은 모두 실
력파 학생들로 친교를 두터이 가졌다. 또 이들은 '선전' 참여와 친일활동으로
부터 해방 후 이대 미대 교수를 지내기까지 평생을 함께 하게 된다.

심형구의 소질과 탁월한 실력은 이미 도쿄미술학교 재학 시절 제15회 '선
전'(1936)에 첫 출품하여 「노어부」로 특선한 점을 통해서 알 수 있다. 연이어
다음해인 16회 '선전'에서는 풍경화 「해변」으로 총독상을 받았고, 17·18회에는
물론 제19회(1940)에도 「소녀들」로 연속 특선하여 추천작가의 영광을 안았다.
19회 때는 앞서 거론한 「홍아를 지키다」를 함께 출품하기도 하였다. 그 때 이
인성과 김인승도 연 4회 특선하는 등 심형구와 같은 과정을 거치면서 추천작
가가 되었다. 그리고 마지막 '선전'(1944)에는 심사위원격인 '참여작가'의 특혜
를 받기도 하였는데, 이는 역시 그의 열렬한 친일활동에 대한 대가였을 것으
로 짐작된다.

또한 도쿄 시절에는 일본의 권위 있는 '제국미술원전람회'와 '문부성미술전'
에 출품하여 특선과 입선을 한 바도 있었다. 이러한 심형구의 작품세계는 인
물화나 풍경화의 넓은 붓질과 대담한 색면 처리, 황갈색조의 향토색 소재나
형식으로 역시 당시 도쿄미술학교풍을 충실히 따른 것이다.

이러한 심형구에 대하여, 그와 평소 친분이 두터웠던 미술평론가 이경성은
1977년 문화화랑에서 가진 '심형구 회고전' 화집의 발문을 쓰면서 '부드러운
인품과 성실한 자세'를 높이 산 바 있다. 회고전은 미망인 김자경의 주선으로
이루어진 것이다. 심형구가 그러한 인품과 생활자세로 일제 말 친일행각에
앞장 섰으니 그 영향력이 얼마나 컸을 것인지 짐작하고도 남음이 있겠다. 생
각할수록 끔찍한 일이다.

심형구도 해방 직후 '조선미술건설본부' 결성시 김은호, 이상범, 김기창, 김
인승, 김경승, 윤효중과 함께 친일파로 분류되어 제외당했다. 그러나 성악가로
일제에 부역했던 부인 김자경과 친일여성의 선두주자인 김활란*의 친분으로

이화여고 미술교사를 하다 1945년 최초로 미술과를 이화여대에 창설하였다.

그런데 다행히도 심형구는 이대 미대 교수와 박물관장을 지낸 것을 제외하면 9년여의 미국생활(1949~58) 탓에 해방 후 화단에 그리 큰 영향을 미치지 못하였다. 또한 55세(1962)의 나이로 세상을 떠나는 바람에 김은호, 김기창, 김인승 등 친일작가의 경우와 달리 3·1 문화상이나 문화훈장, 예술원 회원의 그 흔한 영예(?)를 누리지 못하였다.

■ **이태호**(전남대 교수·미술사, 반민족문제연구소 연구원)

주요 참고문헌

심형구, 「시국과 미술」, 『신시대』, 1941.10.

김인승
도쿄미술학교 우등생이 친일에도 우등

- 金仁承, 1910~
- 1940년 '선전' 추천작가
  1941년 조선미술가협회 서양화부 평의원

당대 화단에서 누구도 따를 수 없는 왜색풍의 솜씨

김인승은 동생인 조각가 김경승과 함께 친일파로 활약한 화가이다. 그의 반민족적 활동상은 심형구*와의 두터운 친교 속에서 서양화 분야의 쌍벽을 이룬다.

인삼밭을 경영하던 개성의 지주 집안 출신인 김인승은 어려서부터 그림 재능이 특출하였다. 보통학교와 개성공립상업학교 재학 시절 학생미술전에 늘 상 입상하였고 그 재능을 살려 도쿄미술학교 유화과에 입학하였다(1932). 첫 해에는 떨어져 가와바다화학교(川端畵學校) 과정을 거친 후 합격하게 된다.

도쿄미술학교에서 한 해 전에 입학한 심형구와 만나 단짝이 되어 '선전'(朝鮮美術展覽會) 출품과 친일활동에서부터 해방 후 이대 교수 역임까지 반평생을 같이하게 된다. 김인승은 심형구와 함께 이미 재학 시절부터 도쿄의 문부성 미술전, 광풍회전 등에 출품하여 그 탁월한 기량을 한껏 펼쳐 보였다.

김인승은 도쿄미술학교 유화과를 졸업(1937)할 때 평균 98점이라는 학교 최고의 점수를 받을 정도로 우등생이었다고 한다. 우등생답게 졸업하던 해 제16회 '선전'(1937)에서 「나부」(裸婦)로 최고상인 '창덕궁상'의 영광을 안았다.

김인승

이후 네 번 연속 특선하여 1940년 추천작가에 오르게 된다. 이 때 서양화 분야에서 추천작가로 오른 조선인 화가는 심형구와 이인성뿐이었다.

연구과정까지 수료(1939)한 후 귀국한 김인승은 심형구가 정치적 활동에 열심이었던 데 비하여 주로 개인전과 단체전을 통한 작품활동에 매진하였다. 김인승의 유화들은 한치의 흐트러짐도 없는 견실한 대상묘사 실력을 기반으로 하여 마치 17~19세기 서양의 고전적 아카데미풍을 연상케 하는 것이었다. 그리고 그것은 화면 운용이나 대상 포착, 색채감각 등이 최우수 점수를 받을 만큼 일본화된 초기 자연주의풍의 유화기법에 충실한 데서 나온 결과였다. 당대 화단에서는 누구도 따를 수 없는 왜색풍의 솜씨였다.

그처럼 엄격한 소묘로 그린, 군국주의 색채가 농후한 작품으로는 조선식산은행 사보 『회심』(會心)지의 속표지화 「간호병」(1944. 1)이 있다. 진한 연필소묘에 수채화로 그린 측면 반신상은 적십자 완장을 찬 군복차림의 여인 모습이다. 건강한 미모에 쌍꺼풀진 갈색 눈, 오똑한 코, 야무지게 다문 두툼한 입술에 '성전'에 봉사하는 간호병의 결연한 표정이 역력한데, 이 세부묘사법과 홍조 띤 얼굴색감이 김인승 인물화의 전형을 보여 준다. 이 여인상은 서구화를 지향하는 당대의 일본 미인형이기도 하다.

특히 이 그림의 왼편에는 '황기(皇紀) 2603'이라고 제작 시기를 써 넣었는데, 김인승은 이미 일본 문부성이 주최한 '황기 2000년(1940) 봉축기념전'에 출품

김인승 외, 「조선징병제시행기념 기록화」, 1943. 2

하여 입선한 경력이 있었다. 그처럼 제작 연대를 '황기'로 쓴 것만 보아도 김인승의 친일의식이 얼마나 극명했는지 짐작할 수 있다. 또 김인승은 일본 '문부성미술전'에 입선한 「나부」(1936)나 '선전' 출품작에 작가 사인을 'Jinsho, Kin'이라고 하여 자신의 이름을 일본어 발음으로 읽어 영어로 써 넣었다. 도쿄미술학교 98점짜리 우등생다운 발상이 아닐 수 없다.

그는 일제 말기의 가장 선도적인 친일미술인 소모임인 '단광회'(丹光會)에 심형구, 박영선, 김만형, 손응성, 이봉상, 임응구 등 조선인 화가를 선도하며 참여하였다. 단광회는 '성전하(聖戰下) 미술보국(美術報國)에 매진한다'는 취지로 1943년 2월에 당시 경성에 와 있던 일본인 화가를 포함하여 19명으로 꾸려졌다. '선전' 추천작가 중심의 최고 엘리트 화가 집단이었다. 그 '미술보국'을 위한 대표적인 실천 사례는 1943년 8월 조선인 징병제가 시행되자 합작으로 기념 기록화를 제작하여 경성과 평양에서 순회전을 가진 일이다.

19명이 4개월 동안 심혈을 기울여 제작한 「조선징병제시행기념 기록화」는 '근대 반도사의 일면을 반영하는 대단히 큰 감명을 일으킨 역작'이라고 평가받았다. 내용은 징병 소집된 조선 청년을 중심으로 소집자를 전송하는 비행기를 든 소년, 그리고 조선군 보도부장, 지원병 훈련소장, 총력연맹 사무국장, 친일파 윤치호*, 경기도지사 등 구체적인 인물들을 배치해 놓은 것이다. 이들 주요 근경 인물들의 주변에는 서울 풍경과 남산의 신사(神祀), 병사들의 행진, 시민들의 환송 장면을 그려 넣었다. 일제 말 가장 손꼽히는 전쟁선양의 친일 작품이다.

이와 함께 김인승은 친일미술 단체활동에서도 심형구 못지않게 적극적이 었다. '조선미술가협회'의 서양화부 평의원, '반도총후미술전'의 추천작가로 참 여한 점 등이 그러하다.

해방 후 화려한 정치력으로 서양화 구상 계열 주도

김인승은 그러한 친일 매국행각 탓에 김은호*, 이상범, 김기창*, 심형구, 김 경승, 윤효중 등과 함께 해방 직후 결성된 '조선미술건설본부'의 조직에서 제 외당했다. 그러나 심형구의 주선으로 개성여중 미술교사에서 이화여대 미술 과 교수로 부임(1947)하면서 왕성한 작품활동과 화단활동을 벌이게 된다. 제1 회 국전(1949)에 추천작가로 참여하는 것을 시작으로 종군화가미술전(1952) 참가, 국전 심사위원, 미협(당시 대한미술협회) 부이사장(1955), 예술원 정회원 (1957), 목우회 창립 주도(1958), 이대 미대 학장(1960), 한국미술협회 이사장과 국제조형미술협회 한국위원장(1967) 등 화려한 정치력으로 서양화 구상 계열 을 주도해 왔다. 이와 함께 개인전, 단체전, 국제전에도 관심을 갖고 작품활동 을 왕성히 하였다.

미술평론가 이경성은 이러한 김인승의 열정적 작업과 미술교육 그리고 화 단정치 활동에 대하여 '일상생활에서 체통과 품위가 조화를 이룬 신사'로서 '뛰어난 유머감각과 교양에서 우러나오는 원만한 인간미'를 갖추었기에 가능 했던 것이라 피력하고 있다.

그처럼 친일행각은 철저히 은폐시킨 채 '단정한 품성으로 질서와 조화'를 지속적으로 담아 내려는 의도에서인지 김인승의 작품세계는 일제 때에 이어 변함 없이 같은 주제, 같은 형식미를 추구하였다. 그야말로 사회현실의 변화 는 철저히 도외시하고, 왜색화된 서구 고전주의풍으로 무이념적 이념의 생명력 없는 자연주의를 추종한 작업만을 계속한 것이다.

그런데 김인승의 이런 경향은 자신만으로 그친 것이 아니었다. 국전과 목
우회 심사위원을 지내는 바람에 무표정한「실내의 여인 좌상」등 서양화 구
상계열에서 공모전 아카데미즘의 형식주의를 조장하고 왜색풍을 오염시키는
데 크게 기여하였다. 그런데 김인승 자신도 변질되어 1970년대 이후에는 상업
주의 풍조에 편승하여 견실한 인물화가라기보다 '장미 화가', '모란 화가' 등의
별명으로 더 알려지게 되었다.

김인승은 1970년대부터 점차 신진작가들의 정치력에 밀려 자리를 내주게
되자 1974년 정년퇴임을 앞두고 미국으로 이주하였고, 현재 그 곳에서 노후를
보내고 있다. 몸은 미국에 가 있으면서도 국전 출품 및 각종 화랑 초대전, 근
래의『동아일보』주최 회고전(1987) 등에 이르기까지 국내 작품활동을 꾸준히
해 왔다.

김인승은 여타의 친일파들과 마찬가지로 문화포상(1963), 예술원상과 서울
시 문화상(1965), 민족기록화 800호 제작(1967), 3·1 문화상(1968), 문화훈장 동
백장(1969) 등 각종 관변의 이익을 챙겼다. 미국으로 이주한 뒤 화단에 미치
는 김인승의 직접적인 영향력은 퇴색하였지만, 아직도 그가 한때 확산시킨
현실 외면 경향의 자연주의적 회화관과 형식상의 오염은 제거되지 않은 채
미술계 곳곳에 남아 있는 실정이다. 이는 일제 식민잔재가 청산되지 못하여
우리 사회를 아프게 하거나 병들게 하는 제반 현실과 크게 다르지 않다.

■ **이태호**(전남대 교수·미술사, 반민족문제연구소 연구원)

주요 참고문헌

『한국근대회화선집』서양화 2권, '도상봉/김인승', 금성출판사, 1990.

사회·문화-종교

최 린
박희도
정춘수
정인과
전필순
김길창
이회광
이종욱
권상로
김태흡

최린
반민특위 법정에 선 독립선언의 주역

- 崔麟, 창씨명 佳山 麟. 1878~?
- 1934년 중추원 칙임참의. 1940년 국민총력조선연맹 이사
  1941년 조선임전보국단 회장

변절의 극치

"기미독립선언을 주도한 피고가 왜 일제에 협력하게 되었는가?"

재판장 서순영(徐淳永)이 매섭게 추궁하였다.

"기미년 당시 일제에 정면으로 반기를 들었다고 해서 그들은 그 후 나를 주목하고 위협하고 또 유혹하여 끝내 민족을 배반하는 행동을 하고 말았다. 오직 죄스럽고 부끄러울 뿐이다."

피고는 목멘 소리로 대답하고 머리를 숙여 버렸으며, 방청석도 침통한 분위기였다. 이윽고 답변이 계속되었다.

"내가 택할 수 있는 길은 세 가지뿐이었다. 첫째는 망명하는 길이요, 둘째는 자살하는 길이며, 셋째는 일본 군문(軍門)에 항복하는 길이었다. 첫째와 둘째 길을 택하지 못한 것은 늙은 부모에게 불효할 수 없어서였다."

우리는 일제 침략하에서의 민족해방운동으로 흔히 3·1 운동을 꼽고, 이를 준비했던 인사들을 '민족대표'로 기억하고 있다. '민족대표' 33인 가운데서도 천도교측 인사로서 3·1 운동 준비를 실질적으로 주도했던 사람으로 최린을

최린

떠올리게 되는데, 위의 글은 3·1 운동으로부터 꼭 30년이 지난 1949년 3월 30일 반민특위 재판정에서 최린 자신이 친일행각을 구차하게 변명하던 모습이다.

이 날의 공판을 지켜봤던 한 기자는, 공교롭게도 법정 정면에 엄숙히 걸려 있는 독립선언서가 최린을 모욕하고 있는 듯이 보였다고 썼다. 독립선언의 주역으로서 일제 법정에 서서 당당하게 열변을 토했을 것으로 생각되는 그가 친일파로 법정에 끌려나와 고개를 떨구던 모습을 두고 흔히들 험난했던 근대사의 격랑 속에 끝내 지조를 지키지 못하고 훼절했던 한 인간의 말로를 운운하게 된다.

독립선언의 주역과 친일파라는, 서로 극과 극을 달리는 두 모습만을 현상적으로 대비시켜 보면 그의 개인적 삶은 분명 선뜻 받아들이기 어려운 변절의 극치를 이룬다고 할 수 있다. 그러나 그가 자라온 환경과 살았던 시대의 역사 속에서 그의 삶의 궤적을 자세히 들여다보면 이를 반드시 변절이라고 부를 수도 없을 듯하다. 오히려 독립선언은 그의 생애에 있어서 예외적인 현상이었을 따름이었던 것이다.

시세의 변화와 출세에 민감한 중인집안의 청년정객

최린은 1878년 함경도 함흥에서 태어났으며 그의 집안은 중인 출신으로 상당한 재산이 있었다고 한다. 이 때는 안으로 봉건사회가 해체되어 가고 있었으며 밖으로는 개항과 함께 서구문물이 밀려 들어오기 시작하고 있었다. 당시 중인들은 오랫동안 양반들로부터 억압을 받아 온 까닭에 봉건체제의 변화, 나아가 조선왕조의 변혁을 갈망하면서도, 다른 한편으로는 시세의 변화와 출세에도 극히 민감한 양면성을 갖고 있었다. 최린 역시 이러한 양면성을 갖고 있었으며, 특히나 출세에 대한 집념은 대단했던 것으로 보이는데, 이 점은 그의 삶의 행로를 결정 짓는 중요한 요소로 작용했다.

그는 어린 시절 고향에서 한학을 배우고, 1896년 당시 개화파 정권에 줄을 대고 있던 아버지의 권유로 19세에 함경남도 관찰부 집사가 되었다. 그런데 이 해 10월 새로 부임한 관찰사 서정순(徐正淳)이 갑오개혁의 신제도를 실시하여 순검(巡檢)을 '인민보호관'이라고 하면서 도내 유지의 자제들을 모집하였다. 순검이 무슨 대단한 벼슬자리인 줄 알고 응모했던 그는 미관말직임을 알고 곧바로 박차고 말았다. 젊어서부터 유난히 야심이 컸던 그가 궁벽한 지방 감영의 미관말직에 만족할 리가 없었다.

그리하여 1901년 상경하여 벼락출세의 길을 찾으며 전전긍긍하다가 1902년 활빈당과 일심회에 가담하게 되었다. 당시 활빈당은 일본에 망명해 있던 박영효*를 추종하는 불평객들의 집단으로 부호들의 재물을 탈취하여 박영효의 정치자금을 마련하고자 시도하였으나 여의치 못하여 곧 해산되고 말았다. 이 무렵 일본 육군사관학교를 졸업하고도 조선 정부로부터 임관통지가 없어 귀국하지 못하고 불만만 쌓아가던 청년장교들이 있었는데, 일본에 망명해 있던 유길준이 이들을 국내에 있던 불평 정객들과 연결시켜 대한제국 정부를 전복하고자 일심회라는 단체를 조직하였다. 야심 많던 최린은 오세창, 유동근 등과 함께 여기에 가담하게 된다. 그러나 곧 발각되어 조택현, 장호익, 김형섭 등 주모자들이 체포되었으며 최린은 체포를 모면하고 일본군의 도움으로 부산을 통해 일본으로 망명하였으니, 일본이라는 나라로 정치적 도피를 할 수 있었던 경험을 한 셈이었다.

이듬해 최린은 일심회사건 연루자들에 대한 특사령이 내리자 귀국하여 개화파의 주선에 의해 외부주사로 발탁되었다. 그 후 1904년 26세의 늦은 나이로 황실유학생에 선발되어 다시 일본에 건너가 도쿄부립제일중학을 거쳐 메이지대학 법과를 다니면서 일본을 통해 서구의 근대문물을 익히게 되었다. 이 때 그는 같은 중인 출신으로 3·1 운동에서부터 친일행각에 이르기까지 비슷한 정치적 궤적을 그렸던 최남선*을 같은 황실유학생으로서 처음 만나게 되었고, 1920년대 이후 정치적 보조를 같이 하게 된 김성수, 송진우, 장덕수* 등보다는 한 발 앞서 일본 유학을 마치고 1909년 귀국하였다.

이 무렵 일본에서 최린은, 충청도 부자 이상헌으로 이름을 바꾸고 망명해 있던 손병희를 만난다. 그의 일생에 있어 중요한 계기가 마련된 것이다. 그가 손병희를 알게 된 것은 일심회 일로 같이 활동했던 천장욱이라는 사람의 소개에 의한 것으로 짐작되는데, 이후 손병희를 자주 만나면서 장차 그가 천도교에 입도할 수 있는 인연을 맺게 되었다. 그는 귀국하여 정계 진출을 모색하였으나 이미 국운이 기울어 한일'합병'과 함께 모든 정치단체가 해산되는 상황이었다.

그러자 그는 종교단체인 천도교가 바로 자신의 정치적 야심을 펼칠 수 있는 입지가 되리라 판단하고 1910년 천도교에 입도하여 곧 손병희의 측근이자 일급 참모로 활약하게 되면서, 이후 천도교는 일생 동안 그의 활동기반이 되었다. 당시 손병희의 주위에는 천도교를 정치활동의 발판으로 활용하고자 했던 권동진, 오세창 등의 개화파 인사들이 모여 있었다. 그가 3·1 운동의 준비에 주도적으로 참여하게 된 것도 손병희의 측근에 있으면서 권동진, 오세창 등 천도교 간부들과 함께 1차대전 후 변화하는 세계정세의 흐름을 민감하게 감지할 수 있었기 때문이었다.

독립선언의 주역, 흑막 속의 자치운동 주모자로

손병희를 위시한 권동진, 오세창, 최린 등의 천도교 지도부가 1차대전의 종결과 함께 정치적 움직임을 보이기 시작한 것은 대략 1918년 말경부터라고 한다. 그러나 이들이 처음부터 독립운동을 계획한 것은 아니었다. 세계적으로 풍미하고 있는 민족자결주의의 물결 속에서 잘 하면 일제통치하에서나마 자치(自治)를 얻을 수 있지 않을까 하는 생각에서 도쿄에 건너가 일본 정계 요로에 이를 교섭하는 운동을 모색하고 있었다. 그러나 1919년 초 도쿄 유학생을 비롯하여 해외 각지에서 독립운동이 추진되고 있다는 소식을 접하면서, 최린은 국내외의 혁명적인 분위기에 고무되기 시작하였으며, 또 이러한 시세의 흐름에 뒤떨어져서는 사후 판세가 자신들에게 불리하게 전개될 수도 있다는 판단에 이르게 된다. 그리하여 재빨리 독립선언을 발표하는 것으로 방향을 선회한 것이다.

이러한 정황으로 짐작되듯이 3·1 운동 시기에 최린이 일제에 대결하는 자세는 결코 투철한 것이 아니었다. 최린은 3·1 운동의 재판정에서 한일'합병'에 대해 "조선이 병합된 것은 러일전쟁의 당연한 결과로 어쩔 수 없는 일이었으며, 또 당시 조선의 정치는 지독한 악정이어서 도저히 조선의 안녕·행복을 유지·증진하기 불가능한 상태였기 때문에 병합에 찬성하지 않았지만 피치 못할 일이라고 생각하고 있었다"고 진술하였다. '민족대표' 최린의 입에서 나온 이 말은 안타깝게도 일제가 조선을 '병탄'하면서 선전했던 내용 그대로였던 것이다. 그만큼 그의 생각은 일제의 침략논리에 세뇌되어 있었다고 해야 할 것이다.

또 현재의 조선인의 지모와 실력으로 독립국을 유지할 수 있겠느냐는 재판장의 물음에 "일본 정부의 도움을 얻으면 독립국으로 설 수 있다"고 대답하였으니, 이 말은 곧 일본의 도움이 없으면 독립국으로의 유지가 어렵겠다는 뜻이 된다. 바로 이 대목에서 우리는 그의 독립사상의 실체가 어떤 것이었는가를 짐작하게 되는데, 총독부 당국은 그 점을 이미 간파하여 독립선언으로 성망(聲望)을 얻은 그를 본격적으로 회유하여 자신들의 품안에 끌어들이기 시작한 것이다.

최린은 3·1 운동으로 3년형을 선고받았다. 그런데 총독 사이토(齊藤實)를 비롯한 당국자들은 최린을 '문화정치'에 이용하고자 1921년 12월에 가출옥시켰다. 이후 그는 이광수의 「민족개조론」을 천도교에서 발행하는 『개벽』에 게재하는 등 일제 당국자의 '문화정치' 이념에 충순하기 시작하여 민족주의세력의 타협화를 유도하는 '문화운동', '자치운동'에 앞장 섰다.

1920년대 사이토 총독의 통치정책에 호응하여 벌였던 그의 활동 가운데 가장 집요하게 전개되었던 것이 바로 자치운동이었다. 그는 1924년 초 『동아일보』의 송진우, 김성수 등과 함께 자치운동을 추진하기 위한 단체인 '연정회'

결성을 시도하였다. 그러나 이광수의 『동아일보』 사설 「민족적 경륜」에 비난이 쏟아지자 일단 이를 유보하게 되었다. 그러나 그는 1926년에 들어 사이토 총독의 정치 브레인이었던 아베(阿部充家)의 간여 아래 송진우, 김성수, 최남선 등과 다시 자치운동 조직인 '연정회'의 부활계획을 주도하였으며, 해외 민족주의세력의 후원을 얻기 위해 외유의 길에 올라 이승만, 안창호, 장덕수 등을 만나 교섭하기도 했다.

한편, 그는 민족주의적 요소가 많았던 전도교를 분열시키고 그 가운데 신파의 주도권을 장악하여, 자치운동 분쇄를 위해 결성된 '신간회'에 참여한 구파측과 정치적으로 대립하였다. 또 민족주의자들이 상당수 망라되어 조직했던 '조선농민사'를 자치운동의 기간부대로 삼고자 이를 천도교 신파측의 천도교 청년당의 산하단체로 편입시켜 버렸다.

이런 최린은 1930년대 초까지 사이토 총독이나 사카다니(阪谷芳郞) 등 일본 정계의 거물들과 교류하면서 집요하게 자치운동을 벌여 나갔다.

그러나 자치운동이란 실질적으로 일제의 식민지 통치를 용인하는 것으로 독립의 포기를 의미하는 것이었다. 최린 자신도 아베와의 대담에서 밝혔듯이 "조선은 독립할 수 없다는 것을 확신하고" 있었던 것이다. 그러고 보면 그가 끝끝내 자치운동에 대한 집착을 버리지 못했던 것은 그의 권력욕 때문이었다고 해야 할 것이며, 그런 점에서 자치운동은 가장 그다운 운동이었다고 할 수 있다. 아베에게 "나도 민중의 신임(?)만 얻으면 반드시 조선의회의 한 사람이 되기를 사양치 않겠다"라고 말한 대목이 그것을 뒷받침해 주는 증거가 아니겠는가.

"다시는 민족자결주의에 속지 않겠다"던 가야마 린(佳山 麟)

사이토 총독의 조종하에서나 가능했던 최린의 자치운동 행각도 만주침략이 터지고 일제의 파쇼화정책이 노골화되면서 설 땅을 잃게 되었다. 침략전쟁 수행을 위한 동원체제를 확립하기 위해 그를 이용하려는 일제의 회유가 본격화되었고 그의 출세욕은 아무런 저항없이 이를 받아들이게 했던 것 같다. 1934년 4월 중추원 칙임참의가 되어 세인들의 이목을 끌더니 11월에는 내

로라 하는 친일파 박영철* 등과 함께 '시중회'(時中會)를 조직하여 대동방주의
(大東方主義)를 내걸고 일선융합(日鮮融合)을 외치기 시작하였다. 이제 본격적인
친일의 길로 접어든 것이다.

곧이어 1937년 총독부의 기관지『매일신보』의 사장으로 취임하여 '동양평화
의 대정신'이라는 연제하에 내선일체로 국민적 적성(赤誠)을 발휘할 것을 외
쳐 댔으며, 중추원 참의 지방강연 행각에 참여하여 충성스런 황국신민이 될
것을 떠들어 댔다.

1940년에는 일제가 전시체제를 한층 강화하여 결전체제로 끌어올리기 위해
내선일체와 전시경제체제의 완성을 목표로 전국의 모든 직장과 개인을 얽어
맨 '국민총력조선연맹'의 이사가 되었다.

1941년에 접어들자 그는『삼천리』사장 김동환*과 함께 임전체제하에서 자
발적인 황민화운동을 하기 위해 '임전대책협의회'를 조직한 뒤 각지에서 강연
행각을 벌였는데, 9월 4일 부민관에서 열린 임전대책연설회에서 '읍소'(泣訴)라
는 제목의 연설을 통해 조선 사람은 희생심이 부족한데 이 비상시국을 희생
적 각오로 떨쳐 일어서야 할 것이라고 강변하였다.

이 해 10월 '임전대책협의회'가 윤치호* 계열의 '흥아보국단'(興亞報國團)과 통
합하여 '조선임전보국단'으로 재발족될 때, 최린은 회장에 취임하였다. 그리고
12월 14일 부민관에서 조선임전보국단 주최로 열린 미영타도대연설회에서 그
는 "루즈벨트여, 귀가 있거든 들어 보라. 내가 윌슨의 민족자결주의에 속아
천황의 반신(反臣) 노릇을 하였다. 이 절치부심할 원수야! 이제는 속지 않는
다. 나는 과거를 모두 청산하고 훌륭한 황국신민이 되었다는 것을 알아라"고
까지 하여 자신이 주도했던 독립선언 자체를 깡그리 부정하고 있으니, 이 대
목에 이르면 그가 벌인 친일행각이 어떤 모습을 가지고 있었는가를 가히 짐
작케 한다. 그런 그였기에 일제의 패망이 눈앞에 다가온 1945년 6월까지도
'조선언론보국회'를 결성하여 회장으로서 언론총진격 대강연회를 열어 본토결
전작전에 호응할 것을 외치고 있었다.

이처럼 그의 생애는 출세에 민감한 중인 출신이라는 집안 배경과 적극적이
고 야심 많은 성격, 그리고 많은 신진 지식인들이 세례 받았던 근대화지상주
의와 실력양성론이라는 사상적 조류, 끝으로 일제의 끊임없는 협박과 회유가

교차되면서 한때는 독립선언의 주역이 되기도 하였으나 결국은 민족을 배반한 친일파의 거두가 되고 말았다.

민족반역자 최린은 반민특위에서 석방되어 서울에 칩거하던 중 한국전쟁 때 북으로 납북되어 그 후의 정확한 근황은 알 수 없다.

■ **김경택**(연세대 사학과 박사과정, 반민족문제연구소 연구원)

주요 참고문헌

여암선생문집편찬위원회,『如菴文集』상·하, 1971.

市川正明 編,『3·1 독립운동』1·2, 1989.

김영진 편,『반민자대공판기』한풍출판사, 1949.

고원섭 편,『반민자 죄상기』백엽문화사, 1949.

『민족정기의 심판』혁신출판사, 1949.

박희도
시류 따라 기웃거린 기회주의자의 변절 행로

- 朴熙道, 1889~1951
- 1939년 『동양지광』 사장. 1940년 국민총력조선연맹 이사
  1941년 조선임전보국단 평의원

최연소의 3·1 민족대표

박희도는 황해도 해주 출신으로 해주의 의창학교와 평양의 숭실중학교
를 졸업하였다. 그 후 감리교계 협성신학교를 잠시 다니다가 1914년 연희
전문학교 문과에 들어갔으나 중퇴하였다. 이듬해부터 그는 감리교회 전도
사로 있으면서 중앙대학교의 모태가 된 중앙유치원을 설립·운영하였고,
베커(A.L. Bechker) 선교사의 신임을 얻어 협성보통학교 부교장을 맡기도 하
였다. 1918년 9월부터는 조선기독교청년회(YMCA) 회원부 간사를 맡게 되어
청년 학생들과 교유하면서 그들에게 큰 영향력을 미쳤다. 학생층과 감리교계
가 3·1 운동에 참여하는 데 그가 중요한 역할을 했던 것도 바로 그러한 위치
와 활동력 때문이었다. 당시 그의 나이 31세로 자신이 포섭한 동료 전도사 김
창준과 함께 가장 어린 나이로 3·1 독립선언서에 민족대표로 서명하고 독립
선언식에 참석하였다가 체포되었다. 그는 경찰 신문에서 민족대표의 한 사람
으로 선언서를 배포하게 된 동기를 묻는 질문에, "조선은 예전에는 독립국이
었는데, 강제로 일본에 '병합'을 당하여 우리는 자유와 권리를 박탈당하였으
며, '병합' 당시 일본인과 같이 자유와 교육과 생활을 동등히 한다고 하였으나

박희도

오늘날 보면 여러 가지로 불합리한 것이 많으므로 어쨌든지 독립국이 되지 않을 수 없다고 생각하여 선언서를 인쇄 배포하였다"라고 답변하였다. 그리고 예심 판사의 신문에서도 "피고는 조선 독립의 목적을 달할 줄로 생각하였는가?"라는 질문에 "나는 독립이 될 줄로 생각할 뿐 아니라 언제든지 독립이 될 것이라고 믿고 있다"라고 하고, "피고는 금후에도 조선 독립운동을 할 것인가?"라는 질문에도 "그렇다"라고 확실히 답변하였다. 그는 이 일로 다른 이들보다 형량이 무거운 징역 2년을 선고받고 옥고를 치러야만 했다.

그는 출옥 후에도 교육과 출판을 통한 민족운동을 전개하기 위하여, 자신이 창립한 중앙유치원의 원감을 맡고, 좌파 청년 김명식·신일용·유진희 등을 편집진으로 1922년 『신생활』 잡지를 창간하여 사장에 취임하였다. 그리고 이 잡지를 통하여 비타협적·급진적 언론항쟁을 벌였다. 이 신생활사의 취지서는 서두에서 "인간사회는 사장(沙場)인가 화원(花園)인가. 정치, 법률, 도덕, 종교가 유(有)하나, 대중에게는 자유와 평등이 무(無)하도다"라고 전제하고, 이를 타개하기 위하여 "오직 개조와 혁신이라 하는 인류의 공통한 표어의 세계 대세에 순응코자 함이로다. 조선인이여 인습의 길길(拮拮)에서, 위력의 압박에서, 경제의 노예에서 이탈하고 신생활의 신운동을 개척할 지어다"로 끝맺고 있다 (『동아일보』 1922. 1. 19). 그리고 창간호에서 "신생활을 제창함, 평민문화의 건설을 제창함, 자유사상을 고취함"이라는 '신생활 주지(主旨)'를 제시하고 있다.

이러한 그의 활동을 일제 경찰이 좋게 보았을 리 없다. 그 내용이 불온하다는 이유로 수차 검열과 삭제를 반복하다가 마침내 1922년 11월에 발간한 제13호 기사를 트집 잡아 박희도를 비롯한 편집진들을 검거하기에 이른다. 총독부 경무국은 1923년도 보고서에서 이 사건을 다음과 같이 기술하고 있다.

소요 전과자 박희도를 사장으로 하는 잡지 『신생활』(경성)은 대정 11년(1922) 11월호에 '러시아 혁명 5주년 기념호'라는 제하에 가장 열악하고 천박한 언론으로 치열한 공산주의를 구가하고 현재 사회의 조직을 저주하고 계급투쟁을 고취하고 사회혁명을 종용·선동하며 유치한 사상계를 교란하고자 하므로 바로 행정처분에 의하여 차압하고 다시 언론계의 확청(廓淸)을 기하기 위하여 다음 12년(1923) 1월 8일 그 발행을 금지하고 한편 책임자를 사법처분에 부치게 되었다. (『현대사자료』 29, 조선, 5, 9면)

박희도는 다시 이 사건으로 함흥감옥에서 2년여의 옥고를 치르고 1924년 말경에 출옥하였다.

두 차례의 옥고를 치른 박희도는 1926년 10월 자치운동단체인 '연정회' 부활계획에 참여함으로써 그 때까지의 절대독립론을 포기하고 자치론으로 기울기 시작하였다. 이듬해 2월에 창립된 신간회에서 총회 간사를 맡고, 1929년 8월에는 안재홍, 주요한* 등과 함께 신간회 중앙상무집행위원회 회보편집위원을 맡아 활약하기도 하였으나, 신간회가 해체된 후에는 신우회를 거점으로 최린* 등의 자치론자와 접촉을 가졌다. 그는 독립에 대한 희망을 점차 버리면서 일제와 타협해 가고 있었던 것이다.

전향자의 친일지 『동양지광』의 사장으로

박희도가 어떠한 계기를 통하여 친일파로 전향하였는지 그리고 그것이 일제측의 회유 공작에 의한 것인지, 자발적인 것인지는 확실치 않다. 그의 부일활동은 1937년 중일전쟁 직후부터 시작되지만, 본격적인 친일행각은 1939년 1월 일문으로 된 친일 월간지 『동양지광』을 창간하면서부터였다. 당시 다른 잡지와 언론들이 일제의 압력으로 폐간되어 가고 있을 때, 이 잡지가 창간될수 있었던 것은 '진정한 내선일체와 황도선양'을 표방함으로써 총독부의 양해와 협조를 받고 있었기 때문이었다. 박희도는 『동양지광』의 창간사에서 다음과 같이 말하고 있다.

이 때에 반도 2천만 동포의 가슴속에 일본 정신을 철저히 하고, 황도정신을 앙양하고, 폐하의 적자(赤子)로서, 황국 일본의 공민으로서 예외없이 국체의 존엄을체득하고, 황국 일본의 대사명을 준봉하고, 황도의 선포, 국위의 선양에 정진하고, 그리하여 동양의 평화는 물론 팔굉일우(八紘一宇)의 일대 이상을 펴서, 세계인류의 문화 발달과 그 강영복지 증진에 공헌할 것을 기하지 않으면 안 된다고믿습니다. 생각컨대 이 대의를 이해하고 이 이념을 체득할 때 일본 국민으로서의영광과 긍지를 감득치 않을 자 누가 있겠습니까.(『동양지광』 창간호, 1939)

그리고 여기에 이어서 미나미(南次郞) 총독이 쓴 「피로써 역사를 철한다」라는 글과 그 밖에 많은 친일논설들을 게재하였다. 또한 이 잡지의 창간을 기념하기 위하여 그 해 2월 8~9일에는 부민관 대강당을 빌어 이미 친일의 길을걷고 있던 윤치호*, 최린, 장덕수* 등을 연사로 초청하여 시국문제 대강연회와 영화의 밤을 개최하였다. 1939년 말경 『녹기』(綠旗)의 편집자였던 모리타(森田芳夫)는 「조선 사상 제진영의 전망」이라는 기고문에서 『동양지광』에 대하여 다음과 같이 평하고 있다.

동양지광사가 태어난 것은 금년 1월이다. 지금까지 조선인측의 언론은 거의 조선어였다……그런 의미에서 『동양지광』이 조선인들에 의하여 '내선일체'의 주장하에 태어난 것은 실로 기쁜 일이라 말하지 않을 수 없다. 사장 박희도 씨는 신념과 배포 있는 사람이요, 정치적 수완도 좋다. 많은 경제적 희생을 하면서도 매호 계속해서 내고 있다. 대체로 내선일체에 관하여 내선인 쌍방의 주장을 게재하고 있다.

그 해 8월부터는 '협동예술좌'라는 신극 극단을 동양지광사에 전속시켜 친일적 내용의 연극을 서울은 물론 함북, 간도, 상해 등지까지 순회공연하게 하였다. 그런데 박희도가 이처럼 열성적으로 친일활동을 했는데도, 총독부는 한때 '이 잡지가 종이 소비에 비하여 효과가 적다'는 이유로 발간 중단을 종용한 적도 있었다. 그러나 '정치적 수완'이 좋은 박희도의 간청으로 총독부에서 '인쇄용지 배급권'을 다시 주어 1941년 12월부터 다시 속간되었다. 박희도는 이 속간호에 「총후 국민의 급선무」라는 친일논설을 게재하고, 같은 달 20일에는 반도호텔에 신흥우, 정춘수*, 전필순*, 정인과*, 양주삼* 등 기독교계 지도자들을 초청하여 장장 7시간에 걸쳐 이른바 '미·영타도좌담회'를 개최하여 그 사회를 자신이 직접 보았으며, 그 내용을 이듬해 2월호에 특집으로 게재하였다.

속간 무렵부터 이 잡지가 친일 논조를 더욱 노골적으로 드러냈음은 두 말할 필요도 없다. 심지어 박희도는 징병제 실시 발표에 대하여 1942년 5월 13일자로 미나미(南) 총독과 이다가키(板垣) 조선군 사령관에게 공개적으로 감사장을 보내고 이를 이 잡지에 게재하기까지 하였다. 1943년 6월호에서 그는 「진심을 헌납하라」라는 글을 통해서 "그러므로 현시의 반도 총후에서 국민의 헌납운동이 날로 치열화되고 있음은 기쁜 경향이지만 그럼에도 더욱이 중요한 것은 충군애국의 진심이 진정으로 그 헌납품에 들어 있는가 하는 문제다 ……하물며 세계에 으뜸인 황군병사로서 제1선에 참가할 때 죽음 등을 고려할 필요가 어디 있을까? 조국과 동포를 위하여 한 목숨을 헌납할 때 그 죽음은 자기 동포를 영원히 살리기 위한 죽음으로 실로 인간 최고의 영예인 것이다"라고 하여 일제의 침략전쟁을 위하여 젊은이들의 '목숨을 헌납'하도록 촉구하였다. 또한 1944년 3월호에서도 「결전 비상의 때(秋)——궐기하라 반도 청년」이라는 글을 실어 청년들의 전쟁참여를 독려했다.

그는 이러한 문필활동을 통해서만이 아니라, 1937년 9월 6일 학무국 주최 시국강연반에 참여하였고, 1943년 11월 6일부터는 강원도 지역에서 학병독려의 강연 행각을 벌이기도 하였다. 그뿐만 아니라 동료들의 이름까지 빌려 자신의 잡지를 통해 친일논설을 펴 일제의 신임을 얻기에 열을 올렸다.

윤치영은 그의 회고록에서 『동양지광』에 실린 자신의 명의의 글에 대해서 다음과 같이 변명하고 있다.

하루는 33인 중 한 사람으로 기미독립만세 사건에 가담하였던 박희도가 나를 만나자고 하였다. 그는 어떤 연유에서였던지 그 당시 총독부에서 지원하는 것으로 알려진 경무부 잡지 『동양지광』의 사장이라는 직함을 가지고 있었다. 그는 『동양지광』 이번 호에 대동아전쟁 승전 특집을 냈는데 다른 지명 인사들의 것과 함께 나의 글이 실려 있다고 말하였다. 지금 일본은 1억 인구가 총동원이 되어 전쟁수행에 총력을 기울이고 있는데, 조선의 유지들이 살아남는 길을 억지로라도 그들에게 협력하는 체 하는 길뿐이어서 사기가 다 일어서 처리했노라고 하였다. 박희도는 내 이름뿐만 아니라 백모, 현모, 이모, 신모 씨 등 다수의 이름을 본인들의 승락 없이 게재한 모양이었다. 나는 그들과 함께 박씨에게 심한 항의를 하였으나 일제 전시하의 때가 때이니만치 명예훼손 소송 등은 엄두도 낼 수가 없었다.(『윤치영의 20세기』 189면)

박희도는 이외에도 국민총력조선연맹 참사, 조선임전보국단 평의원, 조선언론보국회 참여 등 수많은 친일단체의 간부로 참여하기도 하였다. 그러나 그도 해방 직전에는 일제의 패망을 감지하였던 것 같다. 이에 대해서 윤치영은 다음과 같이 회고하고 있다.

일제 말엽 대화숙에서 서슬이 시퍼런 감시를 받아 가며 일본 패망의 날을 기다리던 우리들을 가끔 찾아 준 박희도 『동양지광』(東洋之光) 사장은 총독부 경무부에서 들은 태평양전쟁의 전황과 일본군의 동향을 귀뜸해 주면서 자기는 기왕에 총독부 앞잡이 노릇을 하는 몸이 되었지만 후일 세상이 바뀌는 날 자기의 속마음만은 그렇지 않았다는 것을 증언해 주기 바란다고 말한 일이 다시 기억난다.(『윤치영의 20세기』 457면)

여기서도 그는 기회주의적인 속성을 노골적으로 드러내고 있다. 박희도의 일생은 그 시대의 가장 주류를 이룬 사조에 쉽게 빠져 들어가 열성을 다해 일하다가, 그 사조가 일단 잦아들면 쉽게 포기하고 또 다른 사조를 찾아 뛰어들었던 것 같다. 그리하여 민족주의 운동의 최고봉이었던 3·1 운동에 민족대표로 참여하였고, 그 후 사회주의 사조가 일어나자 『신생활』을 창간하여 동조하였으며, 1920년대 말경에는 신간회에 참여하면서도 자치운동에 기울었다가,

마침내 1930년대에 들어 일제의 대륙침략과 세력의 확장으로 독립에 대한 희망이 사라지자, 자발적으로 관제운동인 황민화운동에 뛰어들어 『동양지광』을 창간하여 친일논설을 펴고 내선일체와 전쟁협력을 주장하였던 것이다. 그러다 일제의 패배가 확실해 가자 총독부의 앞잡이 노릇을 하지만 자기의 '속 마음만은 그렇지 않다'고 변명하였던 것이다. 그러나 그의 '속 마음'을 누가 알겠는가? 그의 '속 마음'이 아무리 순수하다고 한들 겉으로 나타난 그의 친일행각 때문에 우리 민족이 입은 상처는 무엇으로 보상하겠는가?

용서치 못할 민족반역자로 낙인

해방 후 그의 행적에 대해서는 반민특위에 체포되었다가 풀려난 것 외에는 잘 알려져 있지 않은데, 아마도 과거의 지나친 친일행각 때문에 나서서 행동하기가 어려웠으리라. 1949년 2월 반민특위가 활동을 개시할 무렵에 나온 『민족정기의 심판』이라는 책에서는 「민족운동에서 황민화운동으로 전향한 동양지광 사장 박희도의 죄상」이라는 제목으로 그의 변절을 다음과 같이 신랄하게 비판하고 있다.

박희도는 과거 민족운동자의 한 사람으로 3·1 운동 당시 33인 중에 1인으로서 열심히 운동하던 자로서 한동안은 그의 명성이 자자하더니, 일본 세력이 점점 강해짐을 본 그는 돌연히 방면을 돌려 일본에 아부하여 자기 개성을 발전시키려고 과거의 투지와 절개를 초개같이 버리고, 또 동지를 배반하고 부귀공명을 누리려고 일제의 충신이 된 그는 황국신민화운동을 철저히 함으로써 왜인(倭人)들에게 다대한 신임을 받았으며,……일제에 가장 충견이 된 1인자로 그야말로 의식적인 일본의 적자(赤子)요, 황민(皇民)이었던 것이다……해방이 되고 건국이 된 오늘날은 그 모습이 가장 음흉하고 추잡한 민족반역자를 낙인한 듯 해괴한 흉악상으로 보인 것이다. 머리털에서 발굽까지 변절하여 왜놈의 적자가 된 박희도는 ……민족적 견지로 보아서 용서치 못할 반역자라 아니할 수 없을 것이다.(186~187면)

그리고 이보다 앞서 1948년 9월에 나온 『친일파군상』에서도 박희도를 '자진
적으로 나서서 성심으로 활동한 자'로 분류하고, 그 중에서도 '친일을 하여 내
선일체를 기하고 전쟁에 협력하여 일본이 승리할 시는 조선 민족의 복리를
도모할 수 있다고 생각한 자'의 대표적인 예로 거명하고 있다. 그는 1949년 반
민특위에 체포되었다가 풀려난 후, 한국전쟁중인 1951년 9월 21일에 세상을
떠났다.

■ 김승태(한국기독교역사연구소 연구위원, 반민족문제연구소 연구위)

주요 참고문헌

『新生活』 1922.
『東洋之光』 1939~44.
『민족정기의 심판』 혁신출판사, 1949.
민족정경문화연구소 편, 『친일파군상』 1948.
윤치영, 『윤치영의 20세기』 1991.

정춘수
감리교 황민화의 앞잡이

- 鄭春洙, 창씨명 禾谷春洙, 1875~1951
- 1941년 국민총력조선연맹 문화위원. 1941년 조선임전보국단 평의원
  1944년 조선전시종교보국회 이사

그대 일생을 내 집에서 길렀노라
어찌타 벗을 잘못 만나 외도에 눈이 떠서
원수의 신주(神酒)에 그대 넋을 녹이길래
'아스소 그 술은 못 마실 술이라오'
이렇게 눈물로 몇 번이나 충고했던고?

외도에 팔린 정신 신주(神酒)에 넋을 잃어
미칠 듯 날뛰던 그대 꼴을 보았노라
몽치 들어 죄 없는 가족을 내어쫓고
아까울손 선조 유산 눅거리로 팔아다가
요부(妖夫)의 무릎 앞에 바치지 않았는가
……
신주(神酒)에 취튼 마음 구주(舊酒)에 팔렸는가
어찌타 술을 배워 신세를 망치는고?
사람이란 절개 갖어 값이 나나니
젊어서 잘못 배운 술 늙어서 끊은들 어떠리(『대한감리회보』 1949. 12. 25)

정춘수

이 산문시는 정춘수가 일제 말기에 부일협력을 하다가 해방 후 천주교로 '개종'하여 신의와 정절을 지키지 못한 것을 풍자하여 비판한 것이다. 그러면 과연 그는 어떤 인물이었기에 이러한 비판을 받는가.

3·1 독립선언식의 지각자

정춘수도 처음부터 친일파나 부일협력자는 아니었다. 적어도 그는 일제하 민족운동의 최고봉으로 꼽히고 있는 3·1 독립선언서에 서명한 민족대표 33인 중의 한 사람이었다. 그는 당시 감리교 목사로서 원산 남촌동교회에 시무하고 있었는데, 3·1 운동에 참여하게 된 것은 1919년 2월 16일경 서울에 갔다가 박희도*, 오화영(吳華英) 등의 권유를 받았기 때문이었다.

그리하여 그는 도장을 맡기고 자신이 목회하고 있는 원산으로 돌아와 그곳에서 이가순, 곽명리 등을 포섭하여 서울과 연락하며 운동 준비를 하였다. 그는 독립선언 일자가 3월 1일로 잡힌 것을 알고 그 날 열차편으로 서울에 올라왔으나, 선언식은 이미 끝나고 시위가 시작된 후였다. 그는 선언서 서명자들이 모두 체포된 것을 알고 서울에 머물면서 상황을 살피다가 서명자들과 행동을 같이 하기 위하여 3월 7일 종로경찰서에 자수하였다. 그는 이 일로 1년 6개월의 징역형을 선고받고 옥고를 치렀다.

그는 석방된 후 1922년부터 개성북부교회, 개성중앙교회 등을 전임하다가, 1927년 2월에 창립된 신간회의 본부 간사로 선임되기도 하였고, 1934년부터는 서울 수표교교회를 담임하고 감리교 총리원 이사에 피선되어 교회 행정에 깊이 간여하였다.

그는 이 무렵 신흥우가 조직한 흥업구락부와 적극신앙단에 가입하여 활동하다가, 1938년 5월경 일제가 민족주의자들을 박멸·전향시킬 목적으로 검거에 착수한 흥업구락부 사건에 연루되어 서대문경찰서에 구금되어 수난을 당하기도 하였다. 그러나 흥업구락부는 이미 1935년 이후 내분으로 사실상 활동이 중단된 상태에 있었고, 검거 후 일제의 회유와 위협에 의하여 1938년 9월 3일 관계자 전원의 이름으로 이른바 '전향 성명서'를 발표하여 기소유예 처분을 받고 모두 풀려나 부일협력 활동에 이용당하게 되었다.

이 성명서는 "아등(我等)은 일즉이 민족자결주의의 단체인 동지회의 연장으로서 흥업구락부를 조직, 활동하다가 지나사변 이래의 급격한 변환에 감하여 종래의 포회(抱懷)한 바 주의 주장의 오류를 인정하고, 참다운 황국 일본의 국민인 신념하에 흥업구락부를 해산당함에 아등의 거취와 동향과를 밝힘과 동시에 아등의 포지한 이상과 주장과를 자에 피력하려 하는 바이다"로 시작하여, 일제에 철저히 전향·협력할 것을 밝히고, "아등은 그 활동 자금으로서 금일까지 저축한 금 2400원을 서대문경찰서에 의뢰하야 국방비의 일조로서 근(謹)히 헌납하고자 한다"로 끝맺고 있다(『매일신보』, 1938. 9. 4).

교회종까지 갖다 바친 감리교 '황민화'의 선봉장

정춘수가 부일협력을 하게 된 것은 반드시 흥업구락부 사건 때문만은 아니었다. 그는 이미 이 사건이 일어나기 직전에 기독교계 친일협력 조직의 간부로 참여하고 있었다. 즉, 그는 1938년 5월 8일 일제의 사주로 전도보국·황도실천을 위해 창립된 '경성기독교연합회'에 일본인 목사 아키츠키(秋月致)와 함께 부위원장에 선임되었으며, 그 이듬해 10월에는 한국감리교회를 일본 메소디스트교회에 종속시키기 위한 일선감리교특별위원회의 위원으로 참여하였다.

그의 친일행각이 본격화된 것은 1939년 9월 일제의 비호를 받아 조선감리교 제4대 감독으로 피선되면서부터였다. 그는 교권장악을 위하여 일제의 지시에 충실히 '순응'하여 1940년 10월 그가 주재하는 총리원 이사회에서 다음과 같은 결의안과 함께 감리교 '혁신안'을 마련하여 발표하였다.

> 아(我) 국체의 진정신과 내선일체의 원리를 실현하야 총후 국민의 의무를 이행하고 신체제에 순응함은 아 기독교인의 당연한 급선무이다. 고로 기독교 조선감리회 총리원 이사회는 좌기 신안(新案)을 솔선 결의 실행을 기함.(『매일신보』, 1940. 10. 4)

이 혁신안은 민주주의·자유주의의 배격, 일본 정신의 함양, 일본 메소디스트교회와의 합동, 일본적 복음의 천명 등을 규정하고, 심지어는 교회의 애국반 활동 강화와 "교도로 하야금 지원병에 다수 참가하게 할 것"까지 규정하고 있다.

한편, 1941년 3월에는 국민총력 조선기독교감리회연맹의 주최로 시국대응신도대회를 열어 혁신요강의 실천과 고도국방국가 완성에 매진할 것을 선언하였다. 이어서 감리교 3부연회를 해산하고 일본의 교단규칙에 따른 새교단규칙을 마련하여 교단을 재조직하였다. 같은 해 10월 10일에는 교역자와 신도 대표 50여 명을 이끌고 부여신궁 조영 근로봉사를 하고 돌아와 21일에는 국민총력 기독교조선감리교단연맹 이사회를 열어 교회의 철문, 철책 등을 헌납하도록 하는 이른바 '종교보국 5개항'을 결의, 실천케 하였다. 1942년 2월 13일에는 정춘수 통리자의 명의로 각 교구장에게 "황군위문 및 철물 헌납 건"이라는 공문을 보내 철문, 철책은 물론 "교회종도 헌납하야 성전(聖戰) 완수에 협력"할 것을 요구하기까지 하였다.

이러한 정춘수의 전횡은 감리교 내부에서도 반발을 일으켜 1942년 10월에 열린 총회에서 그에 대한 불신임안을 결의하자, 그는 일본 경찰의 지원을 받아 총회해산을 공고하였다. 이런 와중에 잠시 변홍규가 통리자가 되었으나 일제의 압력으로 물러나고, 1943년 10월에 열린 교단 총회에서 정춘수가 통리에 다시 취임하였다.

이와 같이 일제의 비호 아래 교권을 다시 장악하게 된 정춘수 통리는 1944

년 3월 교단상임위원회를 열어 교회를 통폐합시키고 나머지를 팔아 전투기를 헌납하려는 "애국기 헌납 및 교회병합실시에 관한 건"이라는 결의를 통과시켜 실천하였다(『기독교신문』 1944. 4. 1). 그리고 이것도 부족하여 일제의 방침에 따라 그 해 5월부터는 예배설교시 구약성서와 묵시록을 사용치 말고 4복음서만 사용하도록 하며 예배집회 시간도 단축하여 주 1회만 집회를 갖고 근로시간을 늘리도록 각 교회에 통고하였다.

정통리가 이끄는 감리교단 본부는 1944년 9월 서울의 상동교회 예배당에 이른바 '황도문화관(皇道文化館)이라는 간판을 내걸고 교역자들을 모아 일본 정신과 문화를 주입시켰다. 그리고 이들을 한강으로 끌고 가 신도(神道)의 재계의식인 미소기하라이(禊祓)를 행하게 하고, 남산의 조선신궁까지 머리에 일장기 두건을 두르고 뛰어가 신사에 참배하게 하였다. 당시 총독부 보안과장을 지낸 야기(八木信雄)의 회고록인 『일본과 한국』에 기독교인들이 어떻게 신도(神道)의 의식인 '미소기'를 행하게 되었는지에 대한 기록이 나온다.

어느 날 야기와 친근한 박준영(朴駿榮, 일본명 喜多毅 : 그는 한국인으로 드물게 일본의 신궁황학관 출신이었다)이 야기를 찾아와 "나와 친근한 기독교 간부들 사이에 최근 기독교 탄압의 소문이 화제가 되어 매우 걱정하고 있는데 나와 함께 상의한 결과 목사들에게 신도(神道)의 계행사(禊行事 : 미소기 행사, 즉 목욕재계하고 악을 제거한다는 의식)를 시켜서 기독교도 또한 참다운 일본인이 되게끔 노력하고 있다는 것을 증거로 하여 탄압을 면하는 것이 어떤가 하고 합의를 보았다.……그래서 직접 그 기독교 간부들을 상면하여 그 의중을 타진한 후 가능한 한 비호하여 주기 바란다"고 하였다. 그래서 박준영의 소개로 '기독교 감리파의 정춘수와 이동욱 씨를 상면한 결과' 그의 말과 틀림없었고, 그 후 기독교계 목사들이 계행사를 할 때 야기가 초청을 받아 참석하여 인사말을 한 적이 있다고 회고하고 있다.

결국 정춘수 등이 자진하여 기독교계에서 신도의식인 '미소기'를 했으며, 정춘수의 이러한 일제당국과의 관계는 해방 후 감리교 재건파측에서 나온 「감리교회 배신·배족 교역자 행장기」에도 상세히 언급되고 있다.

조선 전 기독교를 신도화(神道化)시켜 일제의 주구를 만들기 위해 1943년에 이르러 당시의 보안과장 야기(八木信雄), 정학회(正學會)의 기다(喜田穀:朴駿榮), 보호관찰소장 나가사키(長崎祐三) 등의 절대한 원호와 사주를 받아 '일본기독교조선혁신교단'을 조직했었다. 그러나 전선유지신도와 교역자들의 결사적인 반대투쟁으로 혁신교단이 탄생 후 1개월에 유산되어 버리고 말자 그들은 다시 경찰당국의 힘을 빌어 감리교회의 영도권을 잡고 배신·배족의 죄행(罪行)을 대담무쌍히 감행하여 온 것이다.

이어서 그들의 죄상을 구체적으로 열거하는 가운데 "정춘수 이하 간부들은 동포의 황민화를 위한 기독교의 변질을 전 보호관찰소장 나가사키에게 서약하였고 기독교 요인 모해에 관한 최고 비밀 상담역이 되어 있었다"라고 하며 증인까지 밝히고 있다 (1946년 5월 6일 남조선형무소 목사 회의 때 서대문형무소에 구금중이던 나가사키의 고백).

마경일 목사도 그의 회고록(1984)에서 일제 말기 정춘수를 비롯한 교단 지도자들의 횡포를 다음과 같이 회고하고 있다.

경찰은 '총진회'(總進會)라는 것을 만들어 정춘수 감독을 회장으로, 장로교의 정인과 목사를 부회장으로 앉혔다. 그것은 결국 경찰의 앞잡이 역할이었다.

'총진회'란 결국 당시 크리스찬들의 성분이며 사상 등을 조사하여 그들을 선량한(?) 황국신민으로 전향하게 하는 것을 목적으로 삼았다고 하나, 실은 교회와 신도들을 위협하는 공포의 존재였다고 함이 타당하다. 이를테면 그 기관은 일본 경찰과 밀착된 일종의 '비밀 경찰'의 일을 하였다고 볼 수 있기 때문이다.

정춘수는 이와 같은 교계 안에서의 부일협력뿐만이 아니라, 1941년 초에는 국민총력조선연맹 문화위원의 1인으로 참여하였고, 그 해 10월에는 조선임전보국단이라는 친일단체의 평의원을 맡았으며, 1944년 말경에는 조선전시종교보국회 이사를 맡아 활동하기도 하였다.

천주교로 '개종'의 변

해방 후 감리교계는 교회의 재건방향을 둘러싸고 복흥파와 재건파로 나뉘어 분열을 가져왔다. 재건파는 주로 정춘수가 통리자로 있을 때 교계에서 소외되거나 징계를 당했던 사람들로 교계 내의 부일세력의 숙청을 요구하고 나섰다. 그러나 이들의 요구가 받아들여지지 않자 1947년 2월 3일 다음과 같은 내용의 성명서와 함께 정춘수를 비롯한 감리교 지도자들의 친일행각을 구체적으로 폭로하는 「감리교회 배신·배족 교역자 행장기」를 발표하였다.

1940년부터 왜적의 경찰과 군부를 업고 우리 교회를 마음대로 농락질하던 이른바 혁명파 배신교역자들은 감리교회의 재건을 거절하고 방해하였다. 그뿐 아니라 그들은 작당하여 가지고 이른바 남부대회를 빙자하다가 나중에는 복흥파니 무엇이니 하면서 교파 하나를 따로 만들어 놓기까지 하였다. 그들은 자기의 손으로 죄상가죄(罪上加罪)하였다.……

우리 교회가 천직을 감당하여 인류에게 행복을 끼치며 건국 도상에 우리 조선 민족에게 큰 공헌이 있으려면 교회 안에 그와 같이 불순하고 부정한 자들을 그냥 두고는 절대로 될 수 없을 것이다.

그런고로 교회 재건을 주장할 때에 친일적이요 배신적인 그들의 숙청을 강조하였다.

그리고 앞에서 인용한 「감리교회 배신·배족 교역자 행장기」에서도 잘 드러나듯이 정춘수는 해방 후 감리교 내부에서도 친일파의 거두로 지목되어 비판의 표적이 되었으며, 더욱이 1949년 초에는 이러한 친일 전력 때문에 국회의 반민특위에 체포되어 60일간 구속당하기까지 하였다.

안팎으로 강력한 비판을 받고, 더 이상 감리교에 머물기 어렵게 되자 그는 교직을 사임하고 또 한 번 변신을 하였다. 1949년 10월 어느 날 서울 명동성당 노기남 주교를 찾아가 천주교로 '개종'한 것이다. 이러한 사실은 1949년 11월 22일자 『경향신문』에 보도되어 세상에 알려졌다. 이 사실의 진위를 확인하려고 김유순 감독이 보낸 사람들과의 면담에서 "50년이나 정든 교회를 일조 일석에 떠날 수 있는가?"라는 질문을 받고, 그는 다음과 같이 변명하였다.

물론 어려운 문제다. 그러나 이 문제를 말하려면 자연 과거지사를 말하지 않을 수 없다. 3·1 운동 때 33인의 하나로 나라를 위하여 싸우겠다는 나의 정신은 오늘까지 변치 않았다. 그러나 세태의 변함을 따라 전쟁이 점점 심해짐으로 일본 정부와 협력하는 척했고, 아홉 교회를 살리기 위하여 한 교회를 희생시키지 않을 수 없었다. 이것이 세인들이 나를 친일파라고 부르는 까닭이다. 나의 밑에서 나의 지도를 받고 지내던 사람들이 나를 친일파라고 교회적으로, 사회적으로, 정치적으로 갖은 방법과 수단을 다해서 나를 중상하며 전부터 말해 오던 숙청을 하려 하니 나는 숙청을 당하기 전에 먼저 내가 자가숙청을 한 것이다.……

하여튼 내가 50년이나 인노한 교회가 나에게 불만하다. 가령 예배 보는 것도 엄숙을 많이 주장했으나 그대로 되지 않고 개신교를 무식한 구교인들이 열교라고 하는데 참말 교파의 갈래가 너무 많아 열교이다. 그러니 감리교회에서 떠난다고 장로교회나 성결교회로 갈 수 없고 결국 천주교회에 들어가 평신도의 자격으로 남은 여생을 조용히 지내려 한다……정춘수는 감리교회와 아주 관계가 없다는 것을 알리려 한다.(『대한감리회보』 1949. 12. 25)

정춘수의 말대로라면 그가 변한 것이 아니라 세상이 변하였기 때문에 '일본 정부에 협력하는 척'하였고 '개종'하였다는 것이다. 이러한 그에게서 진정한, 공개적인 참회의 고백은 기대할 수 없었다.

그는 한국전쟁 때 피난길에 올라 충북 청원군 강외면 궁평리 족손(族孫) 정인환의 집에 머물다가 1951년 10월 27일 피난지에서 79세로 생을 마감했다.

■ 김승태(한국기독교역사연구소 연구위원, 반민족문제연구소 연구원)

주요 참고문헌

『매일신보』

『기독교신문』

「감리교회 배신·배족 교역자 행장기」, 1947.

마경일, 『마경일 목사 회고록──길은 멀어도 은총 속에』, 전망사, 1984.

정인과
장로교 황민화의 선봉장

- 鄭仁果, 창씨명 德川仁果, 1888~1972
- 1939년 국민정신총동원 조선예수교장로회연맹 결성
  1941년 국민총력조선연맹 문화위원

1938년에 일제의 강요에 따라 신사참배를 하기로 결의한 장로회 총회는 이듬해 제28회 총회에서 '국민정신총동원 조선예수교장로회연맹'을 조직하고, 이 연맹 이사장으로 윤하영 목사, 총간사로 정인과 목사를 선임하여 '종교보국'이라는 미명하에 적극적인 부일협력에 나섰다. 다음은 1940년 정인과 목사가 총회에 보고한 이 연맹의 사업 내용이다.

> 우리 장로교 교우들이 다른 종교단체보다 먼저 시국을 철저하게 인식하고 성의껏 각자의 역량을 다하여 전승, 무운장구 기도, 전사병 위문금, 휼병금, 국방헌금, 전상자 위문, 유족 위문 등을 사적(私的)으로 공동 단체적으로 활동한 성적은 이하에 숫자로 표시되었습니다……애국반원들의 활동의 소식을 들을 때……'이만하면' 하는 기쁨을 가지게 되었습니다.(『조선예수교장로회총회 제29회 회록』, 1940, 87~94면)

이는 장로교가 다른 교파나 타종교와 경쟁적으로 부일협력을 하여 그 성과에 자부심을 느낀다는 말이다. 이러한 장로교 부일협력의 중심적인 인물이 바로 정인과 목사였다. 그러면 그는 과연 어떤 인물인가.

정인과

미주 대표로 임시정부 활동에 참여

정인과의 본적지는 경성으로 되어 있지만 평남 순천 태생으로 평양 숭실중학교를 거쳐 숭실전문학교를 1911년에 졸업하였다. 그 후 잠시 숭실중학교에서 교편을 잡다가 1913년 8월 사임하고 미국에 건너가 유학하였다. 그는 미국에서 신학을 공부하여 1919년 산·엔셀모신학교를 졸업하였다.

1919년 그가 미국에 있을 때에 국내에서 3·1 운동이 일어나고 그 해 4월 상해임시정부가 조직되었다. 3·1 운동의 소식이 전해지자 미주의 교포단체인 국민회는 "원동에 대표를 파송하여 대한민국 임시정부수립에 봉사"하게 한다는 결의를 하고 이에 따라 국민회 북미 지방총회에서 안창호를 특파원으로 파견하고 정인과, 황진남이 그를 수행하게 되었다. 이들은 1919년 4월 5일 미국을 출발하여 마닐라를 거쳐 5월 25일 목적지인 중국 상해에 도착하였다. 안창호는 이미 상해임시정부의 내무총장에 선임되어 있었기 때문에 6월 28일에 내무총장에 취임하여 임시정부의 살림을 맡게 되었고, 안창호를 수행했던 정인과와 황진남은 7월 7일에 열린 제5회 임시의정원 회의에서 미령(美領) 교민 대표로 의원이 되어 임시정부 활동에 참여하게 되었다.

정인과는 8월 18일에 열린 제6회 임시의정원 회의에서 당시 부의장이었던 신익희가 법무차장으로서 업무 때문에 부의장을 사임함에 따라 부의장 보선

투표에서 임시의정원 부의장에 당선되었다. 당시 임시의정원 의장이던 손정
도 목사는 건강이 좋지 않아 부의장인 정인과가 회의를 진행하기도 하였다.
그 후 그는 외무차장을 맡아 1920년 8월 미국의원단 동양 유람단이 중국을 방
문했을 때 여운형 등과 함께 이들에 대한 활발한 외교활동을 벌이기도 하였
다. 그러나 임시정부의 내분이 격화되고 독립에 대한 전망이 흐려지자 1920년
10월경 외무차장직과 임시의정원 의원직을 사임(그의 사임은 1921년 3월 18일
제18회 임시의정원 회의에서 수리되었다)하고 다시 미국으로 돌아가고 말았
다.

정인과는 임시정부에서 떠나기는 하였지만 바로 국내로 들어왔던 것은 아
니다. 미국에 다시 건너가 1921년 프린스턴 신학연구과에서 신학사 학위를 받
고 1923년에는 같은 대학 정치사회학과에 들어가 문학사 학위를 받았다. 이어
서 그는 컬럼비아대학 대학원에서 교육학을 공부하다가 영국과 중국을 거쳐
1924년 11월말경 입국하여 1925년부터 조선주일학교연합회 협동총무를 맡았
다. 그 때부터 그는 각종 강연과 교회 활동에 참여하는 등 본격적인 국내 활
동을 하게 되었다. 1924년 11월 18일자『동아일보』는 중국 난징(南京)발로 정인
과에 대한 소식을 다음과 같이 보도하고 있다.

정인과 씨 환영.……12년 전 미국으로 건너가 많은 풍상을 겪으며 학업에 힘
쓰던 정인과 씨는 재작년 미국 가주(加州)에서 신학(神學)을 졸업하고 다시 프린
스턴대학에서 더욱 연구를 가하야 신학사(神學士)와 문학사(文學士)의 존귀한 학
위를 얻고 다시 교육학을 연구하다가 금년 여름 영국 런던에서 열린 만국주일학
교 대회에 참석하고 동아의 그리운 땅을 밟고저 나오던 길에 상해에 들렀는데
동지의 간곡한 권고를 못이겨 할 수 없이 길을 멈추고 중국에 얼마 동안 있게
되었는바,……씨는 연전 상해에 와서 임시정부의 중요한 직임을 띠고 많이 노력
한 일도 있었다더라.

이러한 전력을 가졌기 때문에 정인과는 일제 경찰에 의해 평소에도 요시찰
인물로 감시를 받고 있었다. 그러다 마침내 성진에서 개최된 유년주일학교
대회 겸 부흥회에서 한 강연 내용이 문제가 되어 1930년 1월 25일에 보안법위

반 혐의로 3일간 성진경찰서에 구류되어 조사를 받고 불구속으로 풀려났다가 그 해 5월에야 경성지법에서 무혐의로 불기소 처분을 받았다. 이 때 그의 고향인 평남 순천경찰서에서 작성한 「피의자 소행 조서」에서는 그를 "성품이 담백하고 온순하지만 강한 배일사상을 가지고 있는 자다"라고 한 뒤, "전과는 없으나, 배일사상을 가지고 있어 비밀결사 조직의 우려가 있기 때문에 요시찰인에 편입되어 있는 자"라고 기록하고 있다. 이 때까지만 해도 그는 소극적이지만 민족주의적인 성향을 가지고 있었기 때문에 일제의 감시 대상이 되었던 것이다.

장로교 '황민화'의 선봉장

정인과 목사가 일제에 적극적으로 협력하게 된 것은 1937년 6월 이른바 '동우회 사건'으로 구속되어 취조를 받은 후부터로 알려져 있다. 동우회 사건이란 일제가 본격적인 대륙침략을 앞두고 조선 지식인 내지 지도자들을 적극적인 정책 협력자로 만들기 위하여 의도적으로 일으킨 사건으로 그간 묵인하거나 방조하였던 민족개량주의 노선에 대한 본격적인 탄압사건이었다. 정인과는 미주와 상해 등지에서부터 안창호의 권유로 흥사단에 가입하여 활동하였으며 국내에 들어와서도 같은 계열인 동우회에 가담하여 활동하던 지도적 인물이었다. 그는 이 사건으로 구속되었다가 이미 친일파로 전향하여 일제에 적극적으로 협력하고 있던 오문환의 도움으로 풀려나 일제 경찰의 비호를 받으면서 그도 적극적 친일활동에 가담하였다. 이에 대하여 해방 후 어떤 목사는 익명의 기고문에서 이렇게 이야기하고 있다.

기타무라(北村)가 경기도 경찰부 고등과장으로 영전되자 H의 활동 무대는 서울로 옮겨졌고 대담한 활동을 벌이게 되었다. 전쟁중 선교사가 쫓겨나자 대영성서공회와 기독교서회를 작난했고, 수양동우회 사건으로 검거된 종교교육부의 C를 무사히 석방시켜 준 구실로 그를 황국신민으로 전향케 하여, 군기헌납운동에 열광케 했다.

여기서 H는 오문환이요, C는 정인과 목사를 지칭하는 것임은 물론이다.

장로교는 신사참배를 결의한 이듬해인 1939년 9월 총회에서 '국민정신총동원 조선예수교장로회연맹'을 결성하고, 일제의 이른바 '국책 수행에 협력'할 것을 다짐하였다. 그리고 이러한 협력을 효율적으로 수행하기 위해서 이듬해 일제의 지시에 따라 총회 중앙상치위원회를 조직하고 총간사로 정인과 목사가 취임하였다. 이 상치위원회는 1940년 11월 성명과 함께 「장로회지도요강」이라는 것을 발표하였는데 그 주요 내용은 다음과 같다.

국체의 본의에 기하야 당국의 지도를 준수하고 국책에 순응하야 과거 구미(歐美)의존의 사념(邪念)을 금절(禁切)하고 일본적 기독교의 순화갱정에 노력하는 동시에 교도로 하야금 그 직에서 멸사봉공의 성을 봉하야 충량한 제국신민으로서 협심육력(協心戮力) 동아질서의 건설에 용왕(勇往) 매진키를 기함.(『매일신보』 1940. 11. 10)

이어 실천방책으로 '신사참배, 궁성요배, 황국신민서사 제창 등을 규정하고 교회의 헌법, 교리, 교법, 의식 등을 전반적으로 재검토하여 민족주의적 색채를 배제하고 순정 일본적 기독교로 할 것과 찬미가 등 전기독교 서적 출판물을 검토하여 일본 국체에 배치되는 자구를 개정할 것' 등을 규정하였다. 물론 이러한 내용은 이미 일제측이 마련한 것을 발표한 것에 지나지 않았지만 일제측의 요구대로 정인과를 중심으로 한 '상치위원회'는 이를 충실히 수행하여 교회의 본질까지도 내팽개치고 교회를 일제의 침략정책에 따르는 어용 교화기구로 전락시켰던 것이다. 특히 정인과가 1942년 5월 11일 국민총력조선야소교장로회총회연맹 총간사 도쿠가와(德川仁果)라는 창씨명으로 각노회연맹 이사장에게 보낸 「헌종(獻鐘)보고서 독촉의 건」이라는 공문은 위협적 언사까지 사용하면서 일제에 협력을 강요한 것이었다.

수제(首題)의 건에 관하여 4월 24일부로 공문을 발하였던 바, 5월 5일까지 다수 보고서가 도착하지 않기 때문에 전(全)노회의 보고 통계서를 작성함에 곤란할 뿐더러 당국 관계 방면에도 크게 영향이 되는 동시에 귀노회연맹의 사무처리상에도 여하한 영향이 미치게 될 점까지 착념하여,……귀노회 연맹의 헌종 보고서를 꼭 제출하도록 주의하여 주시기를 절망(切望)하여 마지 않는 바입니다.(『기독교신문』, 1942. 5. 20)

한편, 국민총력조선연맹 문화부 문화위원으로 활약하던 그는 『매일신보』에 기고한 「일본적 기독교로서——익찬일로의 신출발」(1941. 9. 3~5)이라는 글에서 장로교의 친일협력 상황을 상세하게 소개하면서 결론 부분에서 다음과 같이 말하고 있다.

과거 50년 동안이나 구미사상에 교착되었던 조선기독교가 불과 3~4년간에 그 거단(巨團)을 움직여 시국의 기치 아래 일체 동원이 되도록 기구가 혁신되어 감은 멸사봉공의 정신을 함양해 온 교단으로서 현명한 당국의 선도와 지도적 원리를 일단 해득하게 될 때에 당국 신뢰의 추세는 실로 창류(漲流)의 감을 금치 못한다.……그렇다고 해서 자화자찬으로 우리는 결코 이에 만족치 아니한다. 앞으로 일보 일보 내선일체의 철저화에 최후적 단계에 이르도록 계속 노력하려 하는 바인즉, 사회 각 방면의 편달과 당국의 끊임없는 선도를 기대해 마지 아니한다.

즉, 부일협력을 자랑으로 여기고 일제의 적극적인 간섭을 자청할 정도로 그는 변해 있었던 것이다. 그 후에도 『동양지광』 1942년 2월호 특집 '영·미타도좌담회'에 참석하여 「미·영인의 종교정책」을 발표하고, 『조광』 1942년 2월호에도 「필승의 신념」이라는 글을 게재하여 친일논설을 폈다.

당시 일제 경찰은 정인과를 매우 신뢰했으며 또한 비호했던 것 같다. 한때 신사참배문제로 60일 동안 경기도 경찰부 유치장에 구금되었던 전필순은 그때 일을 다음과 같이 회고했다.

신문할 때 사유를 알게 되었는데 이러했다. 만주에 있는 선교사 헌트(韓富善)씨와 결탁해서 신사참배를 거부할 것을 목적으로 하는 조직체를 만들어 전국적으로 운동을 전개하고 있으니 그 장본인을 지명수배해서 잡아 가두어 그 일을 좌절시키라는 상부의 명령이 내려져 구속하였다는 것이다. 그리고 그 배후의 인

물은 정인과 씨인데 장본인은 나를 위시한 모모 인사들이라고 경기도 경찰부 고
등계 주임 사이가(齋賀)라는 작자의 설명이었다. 그는 또 정인과 씨와 사이가 좋
아지면 문제는 간단하게 해결될 것이라고 하였다. 그의 말을 전적으로 신용한다
는 것도 고려할 일이지마는, 여하간 분노가 들끓어 치솟던 것만은 사실이었다.
(『목회여운』 97면)

성서공회도 영국인 홉스 총무가 떠난 후 정태웅 총무가 맡고 있었으나 일
제 당국은 그를 간첩혐의로 검속하고 1941년 4월 1일부터 정인과에게 맡기도
록 지시하였다가, 이듬해 5월 23일자로 적산으로 압류하고 말았다.
　일제가 모든 기독교계 신문 잡지를 폐간시킨 후 1942년 4월 유일한 교계언
론으로 『기독교신문』을 창간할 때도, 경기도경찰부 고등경찰과장 사노(佐野吾
作)는 정인과 목사를 이 신문의 발간 주체인 기독교신문협회 회장으로 지명
하였다. 이것도 그가 얼마나 일제 경찰의 신임을 얻고 있었나를 단적으로 잘
보여 주는 대목이다. 그만큼 그는 일제 경찰에 철저히 '순응'하여 비호를 받았
던 것이다. 이 신문은 1942년 4월 29일 소위 천장절에 창간호를 내게 되는데,
정인과는 이 신문의 창간사에서 발행 목적과 강령을 다음과 같이 밝히고 있
다.

　그런고로 본보(本報)는 반도 기독교의 일본적 진전에 기여하려고 출생하는 것
이다.
　이러한 취의(趣意)하에 본보는
　1. 반도 기독교 내 국민총력운동의 강화
　1. 각교파 간 돈목(敦睦)의 기도(企圖)와 각파 간의 연계 합동의 추진
　1. 건전한 신앙의 발달과 교화기능의 증진
　1. 종교의 국민정신작흥과 국민사상 계도
　1. 상의하달(上意下達)과 하정상통(下情相通)의 원활
　1. 필승체제 확립에 관한 계도(啓導)
　1. 내선일체의 완성과 국어(일본어) 생활의 철저
　1. 국민 개로(皆勞)

1. 부인 계발
1. 교내 여론의 통일 지도
둥 강령을 실행하려 한다.

이 신문은 그 첫호부터 이러한 목적과 취지에 충실하여, 해방이 되기까지 그야말로 기독교계 부일협력의 유일한 기관지 역할을 하였다.

정인과 복사는 이러한 석극적인 진일행각 때문에 해방 후 기독교 목시로서는 제일 먼저 1949년 2월 22일에 반민특위에 체포되었다. 이에 대하여 『반민자죄상기』(1949)는 「'유다'의 직계 정인과」라는 제목으로 다음과 같이 기록하고 있다.

2월 22일 특위는 8·15 전 일제에 충성하는 데 민족과 신앙을 판 새로운 '유다' 정인과를 체포하였다. 기독교 신자로서 교회 목사로서 '요단강 건너가 만나리', '주께 영광이 있으라'라는 찬송가를 부르고 성경을 읽으며 기도하던 목사 정인과는 배신자로서 '유다'도 놀라게끔 전쟁 말기에 온갖 매족·매교 행위를 하였으니, 기독교 대신 신도(神道)니 황도(皇道)를 모시고 기독교 총진희장이 되어 신도배(神道輩)들과 손을 잡고 신궁참배를 한다고 숨이 턱에 닿도록 남산 돌충계를 오르내렸으며, 십자가 앞에 수난의 미사를 올리는 양 같은 교인들을 강제로 끌고 나가 신궁참배를 시켰다. 여기서 한 수를 더 떠 헌금헌납운동을 일으키고 신궁참배를 반대하는 교인들을 '비국민'이고 하나님의 뜻을 거역하는 것이니 '참회를 하라'고 도리어 꾸짖고 대들었으며, 신궁참배 않는 교회는 그 교회당까지 일제와 손을 잡고 폐쇄 혹은 팔아먹기까지 하였다. '신궁을 참배하자', '성전(聖戰)에 헌금헌납을 하자', '신도와 황도를 모시고 이 앞에 고개 숙여 기도를 하자'고 설교하기에 목이 쉴 지경이었으며 여기서 더욱 광신에 들떠 '미소기(목욕재계하고 악을 제거한다는 의식——인용자)를 한 번 해 보자' 하고 나서기까지 하였다. 이토록 기독교를 팔고 민족을 파는 데 애쓴 대한판(大韓版) '유다' 정인과는 지금 죄의 심판을 앞두고 신궁 대신 철창 안에서 무슨 기도를 또 하느라고 눈을 지그시 감고 있다고 한다.

그는 이러한 지나친 친일행각 때문에 반민특위에서 석방된 후에도 교계에 복귀하지 못하고 경기도 파주, 송탄 등지에서 외롭게 은거하다가 1972년에 세상을 떠났다.

■ **김승태**(한국기독교역사연구소 연구위원, 반민족문제연구소 연구원)

주요 참고문헌

『조선예수교장로회 총회록』 1939~1942.

『매일신보』 1940.

『기독교신문』 1942~1944.

고원섭 편, 『반민자 죄상기』 백엽문화사, 1949.

전필순, 『목회여운』 1965.

전필순
혁신교단 조직한 기독교 황민화의 앞잡이

• 全弼淳, 창씨명 平康米洲, 1897~1977
• 1941년 장로회 총회 부의장
  1943년 혁신교단 조직

"반민족적인 행위는 한 일이 없다"고 발뺌

1949년 7월 25일, 이승만 정부의 압력과 친일파들의 방해공작으로 활동이 거의 중단되다시피 한 반민특위 특별검찰부에 전필순 목사가 찾아와 다음과 같은 진술을 하였다.

저는 반민행위 피의자로서 반민특위 조사부에 피검되었다가 금년 4월 8일 불구속으로 취조를 받게 되어 석방된 사실이 있습니다. 저는 과거 일제시 교회 목사로서 득죄(得罪)한 일은 있으나 반민족적인 행위는 한 일이 없습니다.

그러자 특별검찰관은 이 사실을 명확히 하기 위하여 청취 형식으로 전필순에 대한 신문을 하였다. 다음은 이 청취서 문답의 일부이다.

문 : 공술인은 일제시에 일본 침략정책에 정신적으로 협력을 하였다는데, 여하(如何).
답 : 그것은 당시 교회인들이 일본 정책으로서 교회를 주목하고 갖은 탄압이

전필순

있었던 관계로 대부분 은거생활을 하고 있었고 다만 제1선에서 교회를 보존하면서 유지하겠다고 생각한 사람들만이 나서서 일본 강압정책을 형식적으로 순응하면서 합법적으로 유지하였던 것입니다. 그리고 무슨 일이든지 개인의사로는 할 수도 없고 또 하지도 못하는 관계로 전국 총회의 결의하에 방법을 취하였던 것입니다. 그런즉 여(余)는 합법적인 방법으로 교회의 보존을 하였던 것이고 일본 정책에 정신적 협력을 한 것은 아니었습니다. 당시 저는 조선예수교장로회 부회장이었던 관계로 제가 책임 지고 그런 방법을 정하였는데, 당시 회장이었던 최지화, 김응순 양명(兩名)은 현재 평양과 해주에 있습니다.

　문 : 공술인은 중일전쟁시에 국내를 순회하면서 각지 교회당에서 일본의 전쟁은 정의의 전쟁이며 정의는 반드시 승리하는 법인즉 거족적으로 전쟁협력을 권유하였다는데 사실 여하.

　답 : 강연을 하였던 것은 사실이나 당시 연제가 총독부로부터 나오기를 '정의필승(正義必勝)'이라고 하여 주었던 것입니다. 그리하여 여(余)는 총회의 결의로서 강연을 하였는데 전술 제목을 가지고 하는 것인 만큼 보편적인 의미에서 정의는 반드시 승리하는 것이라고 말하였습니다. 일본의 전쟁이 정의의 전쟁이라고 말하지는 않았습니다.……

　문 : 공술인은 그러면 과거 모든 행위에 대하여 양심상 가책을 느끼는 점이 있는가.

답:민족적인 입장에서는 하등 양심상 가책이 없고 다만 종교적 정신에는 배치되었던 관계로 하나님께 대하여 죄송스럽게 생각합니다.

종교적으로 하나님께는 죄를 지었지만, 민족적으로는 죄를 짓지 않았다는 것이다. 그러나 그 후 그는 『목회여운』(1965)이라는 그의 회고록에서 이와는 전혀 다른 이야기를 하고 있다. 즉 "당시 만 5년간을 경기노회장으로 또는 총회 부회장으로 일본인과 상의, 충돌, 협상 등을 행해 국면 타개에 노력하는 동안에 진흙 투성이며 만신창이"가 되어 있었지만, "나는 하나님 앞에서는 아무러한 거리낌이 없었다"고 기록하고 있는 것이다. 대상과 상황에 따라 말을 바꾸는 사람, 어느 것이 진실일까? 이것은 종교나 민족 모두에게 죄를 지은 자가 말하는 자기 변명이거나, 아니면 반민족 행위가 무엇인지조차 제대로 인식하지 못한 사람의 착각이 아닐까?

3·1 운동 참여로 옥고

전필순은 경기도 용인 출신으로 1912년 그 지역 사립 봉양학교를 졸업하고 상급학교에 진학하고자 하였으나 뜻대로 되지 않았다. 한동안 독학을 하면서 그 지역 장평리교회를 중심으로 농촌활동에 참여하였다가, 1917년에는 YMCA 소년부 간사를 맡게 되고, 1919년 1월에는 연동교회 조사(助事)로 발탁되었다. 그는 1909년부터 교회에 나가고 1914년에 세례를 받았는데, 그가 기독교인이 된 동기도 바로 '공부할 의욕'과 기독교계 학교의 '장학금을 타려는 심산'이었다고 고백하고 있다. 어떻든 그가 농촌활동을 할 때 서울 연동교회에서 이 지역에 내려와 농촌전도를 하던 원세성, 박용희 등의 지도와 영향을 많이 받았고, 연동교회의 조사가 된 것도 바로 원세성 장로의 추천에 의한 것이었다.

그가 조사로 부임할 무렵은 바로 3·1 운동이 태동하던 때로, 그도 같은 교회의 교인이자 자신을 지도해 준 박용희와 함께 3·1 운동에 참여하여 주로 동지들 사이의 연락을 담당하였다. 그 후에도 그는 이 운동의 지속을 위해 상해임시정부의 연락원과 접촉하다가, 전협(全協) 등 수십 명의 동지들과 함께 제2의 민족대표를 내세워 독립선언을 하려다 일제에 발각된 대동단사건에 연루되어 1919년 11월에 종로경찰서에 구속되었다. 그는 이 사건으로 징역 1년을 선고받고 옥살이를 하다가, 1921년 5월에 만기 출옥하였다.

당시 『동아일보』 1921년 5월 27일자는 '만기 출옥한 대동단 전필순, 옥중생활의 감상을 말하여'라는 제목으로 이 사실을 보도하고 있다. 그는 여기서 옥중 감상을 "이 중에서 나에게 가장 깊이 느끼게 하는 것이 실력양성이었습니다"라고 말하고 있다. 또한 회고록에서도 "우리는 선동도 필요하지만 장기전(長期戰)으로서 계몽이 필요하다는 생각으로 교육을 통해서 독립운동을 계속하려는 심산이었다……교회로서는 정치운동에 가담한다는 것보다 구령운동(救靈運動)이 모든 운동의 근본"이라고 생각하여, 출옥 후 계몽과 전도를 위한 강연회나 기독교문화사업에 참여하였다.

그러나 이러한 일들이 일제 경찰의 방해와 여러 가지 사정으로 여의치 않자 박용희와 김영구 목사의 권유와 후원으로 1922년 3월 일본 고베(神戶)신학교에 유학하였다. 1926년 3월 이 학교를 졸업한 뒤 귀국하여, 같은 해 4월부터 다시 연동교회 전도사로 일하였다. 그는 그 해 가을 평양신학교에서 한 달간 공부하고 돌아와 이듬해 경기노회에서 목사안수를 받고 묘동교회를 담임하게 되었다. 그리고 1929년에는 장로회 총회와 조선예수교연합공의회 종교단체 법안반대 진정위원으로 일본에 건너가 활약하기도 하였다. 그는 그 때까지만 하여도 일제에 저항적이었다고 할 수 있을 것이다.

교권에 현혹되어 혁신교단의 통리로

전필순은 1931년 묘동교회를 사임하고 기독교문화사업에 뜻을 두어 당시 유일한 장로교와 감리교 연합의 초교파 신문인 기독교보사에 기자로 들어갔다. 그런데 마침 발행인 겸 사장으로 있던 선교사가 기독신보사의 경영을 조선인에게 양도하려 하였으므로 전필순이 개인 명의로 이를 인수하여 1933년 7월 사장에 취임하였다. 그러나 이에 불만을 가진 윤치호*, 양주삼, 정인과* 등 교계 인사들과 마찰이 생겨 『기독신보』는 기독교연합지로서의 성격을 상실하고 전필순 개인의 신문으로 전락하고 말았다.

그는 교계의 보조가 중단된 상황에서 경영난을 타개하기 위하여 기독신보사를 주식회사로 전환하였으나 일제의 간섭과 재정난으로 6개월 동안 휴간한 끝에 결국 1937년 폐간하고 말았다. 그는 이러한 과정을 통해서 교권에 대한 야망을 갖게 되었으며, 일제의 비호 없이는 이것이 불가능함을 몸소 체험하는 계기가 되었던 것이 아닌가 여겨진다.

그는 승동교회에서 분립한 수송교회를 얼마간 담임하였다가, 1941년 4월 다시 연동교회의 위임목사로 전임하였다. 그리고 그 해 경기노회 총대로서 장로회 총회에서 부회장으로 당선되었다. 사실 그 당시의 총회 임원은 친일적 성향을 갖지 않은 인물이 아니면 맡을 수 없는 지위였다.

이 때쯤 그는 교권의 노예로 전락하여 부일활동에 동원되고 있었던 것이다. 그에 대한 반민특위의 의견서에 의하면 그의 '범죄사실'은 다음과 같다.

> 피의자 전필순은 예수교 목사로서 중일전쟁시에 일본 황민화운동을 적극적으로 하여 조선 민족혼을 말살시켰으며, 일본의 침략전(侵略戰)에도 적극적으로 협력하였으며, 일본국책을 추진할 목적으로 단체를 조직하여 그 단체의 수뇌 간부가 되어 악질적 행동을 한 일본의 충견(忠犬)이라는 보고임. 위 자를 엄밀히 문초한 결과 다음 각항의 사실이 명확함.
> 가. 피의자 전필순은 중일전쟁시에 예수교 목사로서 국내 각지에 순회하여 신성한 교당에서 일본 침략전쟁을 정의(正義)라고 하였으며, 정의는 반드시 승리한다는 강연을 하면서 우리 민족에게 전쟁협력을 권유한 사실이 명확함.
> 나. 피의자 전필순은 기독교인을 망라하여 혁신교단이라는 단체를 조직하여 그 단체 수뇌간부로서 일본 국책을 추진시킨 사실이 명확함.
> 다. 피의자 전필순은 신성한 교당(敎堂)에 일본 가미다나(神棚)를 설치할 것과 또는 황도(皇道)연구회를 설립하자는 것을 결의한 사실이 명확함.

여기서는 지면 관계상 그의 친일행각으로 입증된 순회강연과 가미다나 설치 문제 등은 그만두고, 기독교 변질의 극단을 보여 주었던 혁신교단의 성격을, 그의 반민특위 피의자 신문조서를 통해 살펴보기로 하자.

문 : 4276년(1943) 4월경에 피의자는 장로회 총회 부회장 재직중 소위 혁신교단
을 조직한 사실이 있는가?

답 : 네 있습니다.……

문 : 피의자가 혁신교단의 통리로 추대되게 된 동기는 어떤가?

답 : 규칙에 의해서 추대를 받았습니다.

문 : 혁신교단의 규칙은 어떤가?

답 : 각 교회 구내에 가미다나(神棚)을 설치할 것. 황도연구위원회를 설치할 것.
구약교본 작성 위원 설치의 건 등이올시다.

문 : 혁신교단의 목적은 어떤가?

답 : 내적으로 기독교의 현상유지를 하며 외부로는 국면타개를 위함에 있었습
니다.

문 : 혁신교단의 구성분야 및 요소는 어떤가?

답 : 감리교회 전부와 당시 장로회 경기노회의 합작입니다.……

문 : 혁신교단의 본질은 어떤가?

답 : 본질은 기독교회의 본질을 떠난 것이 없사오며 각 교회당 구내에 일본 가
미다나 설치와 황도연구위원회와 구약교본 제작위원회 등을 부설함은 천추만대
에 기독교 순수성을 모독한 것이라고 생각합니다.

문 : 혁신교단의 간부는 누구 누구인가?

답 : 사무관장 김영섭(金永燮), 총무국장 이동욱(李東旭), 전도국장 박연서(朴淵
瑞), 교육국장 윤인구(尹仁駒), 재무국장 최석주(崔錫柱), 연성국장 김수철(金洙喆)
외 각도 교구장 등이 있었으나 기억 나지 않습니다.……

문 : 그러면 세상에 물의가 많은 혁신교단은 어떠한 의도로 해산하였는가?

답 : 혁신교단이 내부적으로는 조직되었으나 장로회 경기노회는 본 장로회로
귀환되고 감리교회 내부에서도 규칙해석에 이견이 생하였사오며 당시 포교규칙
에도 불합하여 5월중에 해산되고 말았습니다.

이상의 신문 내용은, 교권을 장악하기 위하여 일제의 방침에 따른 혁신교
단을 조직하고 통리가 되었으나 교계 내부의 반발로 한 달만에 무산되고 말
았던 것을 잘 말해 주고 있다. 그리고 이 일로 전필순은 경기노회의 불신임을
받아 약 1년간 장로회와의 관계가 단절되는 개인적 위기를 맞기도 하였다. 그

러나 1944년 10월 총회에서 부회장으로 다시 복권되어 교계의 부일활동에 참여하였다.

자숙(自肅)의 철회와 재기

전필순에게도 해방은 감격이었다고 한다. 그는 그의 회고록인 『목회여운』(1965)의 「8·15 해방」과 「자숙(自肅) 결의」라는 항에서 해방 직후 자신의 처신에 대해서 다음과 같이 말하고 있다.

천황이 무조건하고 연합국측에 항복한다는 선언을 했다 한다. 이 얼마나 놀라운 하나님의 조화인가. 이루 헤아릴 수 없는 감사함과 기쁨을 어찌할 바 몰랐다. ……

1945년 8월 17일, 승동교회에서 각파 대표들이 회집해서 교회의 앞 일을 토의하던 때, 내 기억에 용이치 않은 장래를 예견(豫見)하였다.……

이것을 본 나는 하나님 앞에서는 아무런 거리낌이 없었다. 그러나 당시 만 5년간의 경기노회장으로 또는 총회 부회장으로 일본인과 상의, 충돌, 협상 등을 행해서 국면 타개에 노력하는 동안에 진흙투성이며 만신창이가 되어 시대의 국면(局面)도 교체되었으니 후퇴해서 응수(應酬)나 되는 대로 해 보겠다고 결심하고 물러섰다.……

교회에 돌아온 나는 먼저 당회와 시국수습을 토의하고 물러날 결심을 피력하였다. 그리고 계속해서 제직회를 열고 똑같은 심경(心境)을 토로하였다.(116~117면)

그가 해방을 기뻐한 것은, 그 때쯤이면 일제 당국에 의해 끊임없이 요구되던 부일협력 활동에 지쳐, 자신도 일제에 의한 피해자의 한 사람으로 생각하고 있었기 때문이었을 것이다. 그러나 해방 직후 승동교회 모임에서 자신을 비롯한 친일지도자의 처신이 용이하지 않을 것이라는 것을 예견하고, 일단 목사직에서 물러나 자숙하면서 대처하는 것이 현명하리라고 판단하여, 그가 담임하던 연동교회의 당회와 제직회에서 그 의사를 표시하였다. 그러자 당회와 제직회원들도 그를 위로하면서 같이 사의를 표명하였다. 그리하여 교인 전체의 재신임을 묻기로 하고, 당시 그 지역 시찰자이던 김춘배 목사를 사회 자로 청하여 1945년 10월 28일 주일예배 후 공동의회를 소집하였다.

이 때의 회의록에는 "주님의 광명이 이 강산에 비치오니 종래 암흑 속에서 봉직하던 교회 제직원은 총사직함에 대하야 장시간 토의하다가 결국은 투표 로 신임을 판정하기로 하니 목사 전필순, 장로 윤봉선·정재영·진석오·신태선, 집사 김한성……이상 다 유임되다"라고 기록되어 있다. 즉, 당시 교회로서는 자숙을 표명한 목사와 제직들에 대한 동정과 이들이 총사퇴하면 교회가 해산 될지도 모른다는 위기감 때문에 재신임을 결의하였을 것이다. 그러나 이는 전필순 목사가 자숙을 철회하고 교계에서 재기하는 계기가 되었다.

그가 이와 같이 자기가 담임한 교회에서는 일단 신임을 얻었다 하더라도 그의 친일경력을 지울 수는 없었다. 그리하여 1949년 3월 10일 반민법 위반 혐 의로 마포형무소에 수감되었다가 4월 8일에 불구속 처분을 받아 풀려났다. 이 때 조사한 그의 소행 조서에 따르면 그는 "허영심과 자존심이 강하야 신앙사 도로서 적당치 못하나 양심적인 점도 있음. 한때는 교인들에게 신임을 받아 지도적 역할을 하였으나 왜의 정책에 동조하야 변절한 것을 유감이라고 비 난"받고 있다고 기록하고 있다. 그 해 8월 10일 특별검찰부는 그에게 기소유 예를 내리면서 그 이유를 다음과 같이 밝혔다.

피의자는……민족관을 망각하고 가증하게도 일제 침략정책에 순응하여 소위 황민화운동 등에 적극 협력하였고, 그 방법으로 기독교 신도를 총망라하여 일본 기독교와 합류한다는 소위 혁신교단을 조직하고 지방순회 강연 등을 감행하여 일본전쟁 필수(必需)에 협력할 것을 강조함으로써 반민족행위를 감행하였다는 사실에 관하여 수사한 바, 피의자는 위 행위사실을 솔직히 자인(自認)하고 그 이 유로써 당시 일제의 마수가 기독교단에까지 침범함으로 동 교단을 합법적으로 유지하기 위하여 부득이 반민족행위까지도 감행하게 되었다는 사실을 호소하는 바, 피의자의 진술과 당시의 국내 정세 및 피의자의 반민족행위로 인하여 민족에 게 끼친 영향 등을 종합 고찰한즉 그 죄상이 경미(經微)하고 개전(改悛)의 정이 현저하며, 동기 및 정황에 대하여 민량(憫諒)할 점이 있으므로 주문과 같이 결정함.

그가 반민특위에서는 그 소행을 대체로 인정하고 개전의 태도를 보인 듯하나, 그의 회고록에는 전혀 이에 대한 기록이 없다. 아마 그의 기억에서 지우고, 알리고 싶지 않은 일이었기 때문인지도 모른다.

전필순은 그 후 한국전쟁 초기에 피난하지 않고 교회를 지켜 다시 신임을 쌓고, 1955~56년에는 장로회 총회 부회장에 선임되었으며, 1957년에는 총회장에 피선되기까지 하였다. 그리고 1959년 장로교가 합동측과 통합측으로 분열될 때도, 전임 총회장로서 통합측 중심 인물로 깊이 간여하였다. 그는 1961년 6월 연동교회의 원로목사로 추대되었고, 이듬해 정식으로 은퇴하였으며, 1977년 2월에 세상을 떠났다.

■ **김승태**(한국기독교역사연구소 연구위원, 반민족문제연구소 연구원)

주요 참고문헌

『기독신보』 1933~37.

「반민특위 피의자 신문조서 및 청취서」 1949.

전필순, 『목회여운』 1965.

연동교회 90년사편찬위원회, 『연동교회 90년사』 1984.

김길창
신사참배 앞장 선 친일 거물 목사

- 金吉昌, 1892~1977
- 1933~1934년 조선기독교연합회 회장
  1941년 이후 기독교 황민화운동 추진단체의 수뇌로 활약

고희(古稀) 넘어 새장가 든 화제의 주인공

1962년 6월, 71세의 목사가 자신의 아들이나 자부보다 나이가 어린 34세의 젊은 여성, 그것도 자신이 목회하는 교회의 전도사를 지낸 인물과 재혼하여 세간에 화제가 된 적이 있다.

이 화제의 주인공이 바로 김길창 목사다. 그는 목사로서뿐만 아니라 세상에 교육가로서도 잘 알려진 인물이다. 그가 가진 직위로 보아서 영적인 지도자요, 지적인 지도자 행세를 하였음이 분명하다. 그가 교계에서나 교육계에서 일반 목사로서는 갖기 어려운 화려한 경력과 '업적'을 가지고 있음은 아무도 부인할 수 없다. 인간의 가치를 무엇을 이룩하였는가로만 평가한다면 그는 분명히 대단한 '업적'을 가졌다고 할 수 있을 것이다. 그러나 어떻게 그것을 이룩하였는가가 영적 지도자나 교육자에게는 더 중요하며, 평가에 반드시 이 점을 고려해야 할 것이다. 그러면 그는 과연 어떤 인물인가.

자서전 『말씀 따라 한평생』에 따르면, 김길창은 1892년 11월 11일 경남 고성 읍에서 한약방을 경영하던 아버지 김영수와 어머니 박순이의 8남 2녀 중, 아들로는 막내로 태어났다. 그는 경남 창원의 청계서당에서 한문을 배웠고, 16

김길창

세 때 대구 계성학교에 입학하였으나 학비가 중단되어 1년을 넘기지 못하고 중퇴하였다. 그 후 창원, 칠원 등지에서 선교사 밑에 조사로 있으면서 1917년 경남성경학교를 졸업하고, 1923년 평양신학교를 졸업하여 이듬해 목사 안수를 받았다.

그가 선교사 밑에 조사로 있다가 그 일을 그만두고 농업경영과 상업에 뛰어들었던 일이 있었는데 그는 이 일을 이렇게 설명한다. "조사일에 대한 회의도 일어났다. 조사생활만 하다가는 평생에 육적 호강을 바라볼 수도 없고, 영적인 주의 사업을 한다지만, 영적 사업도 역시 목사가 되지 않고는 중구난방이 되고 말겠다는 생각이었다." 그리하여 고민 끝에 육적 사업의 길로 나갈 것을 결정하고 진영에서 30마지기 땅을 빌어 농사를 하였으나 실패하고, 다시 콩장사에 손을 대었으나 콩값의 폭락으로 빚만 지게 되었다. 즉, 그가 바라던 '육적 호강'의 길이 막히자 목사가 되는 길을 택하였던 것이다.

그리하여 마산에 있는 호주선교부의 서기로 2년간 일하다가 다시 조사로 나가, 27세 되던 해인 1918년부터 평양신학교에서 신학을 공부하게 되었다. 그는 선교부에서 서기로 있을 때의 심경을 이렇게 이야기 하고 있다.

내가 2년 동안 '미슌'의 서기로 있으면서 배운 점도 많았고 일한 것도 적지 않았으나, 민족적인 울분에 어쩌면 2년을 더 못 넘겼는지도 모른다. 내가 선교사

의 흉을 보는 것 같지만 당시 내가 선교사와 여행차 기차를 탈 때도 선교사는 1
등 칸으로 가고 나는 3등열차에 앉았다간 하차시에 만나서 지방교회의 예배를
맡았어야만 했다. 그런데 이 때만 해도 사회와 축도는 선교사가 하고 나는 설
교만을 했으니 말하자면 어렵고 수고로운 것은 내가 하는데도 3등 민족의 대우
를 받아야만 하는 데에 섭섭함을 금치 못했다.

그는 자긍심과 공명심이 대단한 인물이었던 것 같다. 그리고 이 점이 그가
1930년대 일제의 황민화정책에 적극 협력하게 된 요인이 되었던 것 같다. 해
방 후인 1949년 김길창이 반민특위에 체포되었을 때 증인으로 불려갔던 윤인
구의 다음과 같은 증언도 이를 뒷받침한다.

　　문(조사관 심륜) : 김길창의 성격을 잘 아는가?
　　답(증인 윤인구) : 말하자면 심히 날뛰고 출중하려고 애쓰고 독선적으로 활약
하는 성질이고, 이런 인물은 탄압하고 회유하는 일경의 술책에는 응당 이용되었
을 것이고, 공명심에 끌려 과한 언행이 있었겠습니다.

3·1 운동과 민족대표 모독

그는 신학생으로 있을 때 일어난 3·1 운동에 대해서도 소극적이었던 것 같
다. 다만 당시 같은 신학생이던 김의창이 우편으로 보내 온 독립신문을 친한
연분을 찾아 몇 장 나누어 주다가 마산서에서 10일간 구류를 살았고, 그 후
1926년에도 '무기 은닉 및 반일 선동' 혐의로 7일간 유치장에 갇혔으나 무혐의
로 풀려났다. 그는 이 일을 자랑스럽게 기록하고 있다.

　　이렇게 나라 안팎으로 뒤숭숭한 정황을 잘 알고 있는 나였기에 이토록 억울한
철장의 생활을 통하여 내 나름대로의 애국을 배우고 인내를 기르며 망명 투사들
의 불타는 민족혼을 몸소 체험할 기회가 된 것이다.

과연 이것이 그 때 그의 심정이었을까?

반민특위 기소의견서에 따르면 "①교인의 황민화운동 추진단체의 수뇌 인물 ②황민화운동, 신사참배운동, 민족정신말살운동이 현저 ③신사참배에 반대하는 목사 교인을 일경과 결탁하여 탄압케 함"이라는 범죄 사실에 덧붙여, "뿐만 아니라 기미년 3·1 운동에 언급하여 3·1 운동을 쓸데없는 딴 장난하다가 실패했다고 하며, 33인 중의 기독교 대표자에 대하여 교회를 사욕에 이용하려다가 실패하고 말았다고 했으니 이는 위대한 선열에 대한 큰 모독일 것이다. 조국 광복에 종교계의 공헌이 크다고 하면 할수록 그에 따라 본 피고자의 죄적(罪跡)은 현저할 것이다"라고 기소 이유를 밝히고 있다. 그러나 이에 대해 김길창은 피의자 신문에서 다음과 같이 변명하고 있다.

문(조사관 심문):기미년 독립운동에 대하여 33인을 모욕한 사실이 있는가?

답(피의자 김길창):기독교를 이용하여 33인 중 신앙을 떠나서 조선독립운동을 한 것은 종교적 입장으로 보아서 오로지 기독교 자체를 모독한 것이라고 생각하였지 33인을 모욕한 것은 아니올시다.

문:종교적 입장이든 무슨 입장이든 조국이 있어야 민족이 있고 민족이 있어야 종교가 있는데 종교적 입장만 주창하는 것이 민족의 본의로 생각하는가?

답:물론 종교적으로도 민족적으로도 조국이 광복함으로써 모든 종교가 윤택해짐은 사실이오나, 독립운동을 방해나 또는 비방한 언사가 아니라 종교적 진리를 말한 것이요, 33인 중 신앙을 떠난 사람 몇몇의 공산주의자들이 종교의 본의를 망각하고 기독교를 이용하여 기독교 자체를 모독하였단 말이올시다.

문:우리 독립운동 열사들은 교회가 가장 안정한 장소라고 교회를 이용하여 독립운동 또는 행동을 시작하였고, 기타 열사들은 공산주의든 민족주의든 살인 방화든 모든 역량을 다해서 오직 우리 조국 광복만 위하여 투쟁한 것이지 공산주의자라고 말하는 것이 모독이 아닌가?

답:대단히 죄송합니다. 본인도 똑같이 생각합니다.

여기서는 3·1 운동을 비방한 사실에 대해서 자신을 변호하려다가 조사관의 질책을 듣고 인정하고 있다. 그러나 그 후 반민특위 특별검찰부에서 실시된 신문에서는 아예 그러한 사실조차 없다고 잡아떼면서 심지어 증인들이 모두

거짓으로 증언했다고 주장하였다.

　문(특별검찰관 곽상훈) : 증인 김금순, 동(同) 한익동, 동 김만일, 동 윤인구, 동 박인순, 동 김상순, 동 권세권 등 피의자가 신사참배는 국민된 도리요, 국가의식인고로 적극 찬양한 사실과 신사참배 반대교인을 경찰에 밀고한 사실 및 조선민족성을 망각하고 황국화하기 위하여 일본 기독교와 합류공작한 사실, 친일적 언사, 황민화운동 강연, 기미년 3·1 운동은 쓸데없는 장난이었다는 말의 행위를 입증하고 있는데 여하?
　답(진술자 김길창) : 그런 증언은 모두가 거짓이올시다.

위세 당당한 친일 거물 목사

그는 1924년 목사안수를 받은 후 거창읍교회, 부산 영도교회 등에 전임하였다. 그러면서 교계 연합사업에도 참여하였다. 여기에 참여한 것도 사실은 자신의 공명심을 채우기 위한 것이었다. 이는 "나의 영도교회 생활에 이렇다 할 큰 보람의 업적은 없어도 격리된 섬의식의 열등감을 없애기 위하여 거의 날마다 청년사업 내지는 연합사업을 위해 뭍을 찾아 활동을 전개하였다"는 회고에서도 입증된다.

어떻든 이런 열성이 인정을 받았던지 연합공의회는 그에게 1929년부터 1932년까지 동경 유학생교회를 맡겼다. 4년간의 임기를 마치고 돌아와서는 잠깐 밀양읍교회를 맡았지만, 그는 "아무래도 이 곳 군소재지가 나의 큰 꿈을 성취하기에는 너무나도 협소하므로 큰도시로 진출할 기회만을 기다리며 기도"하고 있었다.

그는 1933~34년에 조선기독교연합회 회장을 맡게 되었다. '진출'의 소원이 일단은 이루어진 셈이다. 그러나 그 '진출'은 곧바로 '친일'로 연결된다. 즉, 장로교에서 신사참배를 결의한 1938년 제27회 총회에서는 부회장으로서 각 노회 대표들을 이끌고 평양신사에 참배하였다. 이 때부터 본격적으로 그는 일제에 '순응'하는 길을 걷는다. 앞에서 인용한 반민특위의 기소의견서는 "피의자 김길창은 목사로서 소화 16년(1941) 이래 해방까지, 안으로는 항서교회에

서 신사참배 추진, 황민화운동, 민족정신 말살을 추진하고, 밖으로는 조선기독
교와 일본전시기독교와의 지도이념 합치에 중심적 역할을 했으며, 일본 목사
가가와(賀川豊彦)와 도미타(富田滿) 등의 안내역이 되어 한국기독교인의 황민
화운동의 추진단체의 수뇌 간부로서 활약하고, 소위 신사참배 문제가 대두된
이후는 경남교구장으로서 적극적으로 신사참배를 주창하고 이에 반대하는
목사 교인을, 혹은 일본경찰과 결탁하여 탄압케 하였으니"라고 고발하였다.

한익동 목사가 반민특위에서 "김길창은 기독교 신도들에게 신사참배하라
는 총독부 지시가 있을 적에도 솔선적으로 신도들에게 추진 공작을 하였고
보통인보다 배 이상의 활동을 하는 자이오니 주로 고등계 형사 주임들과 교
제가 빈번하였으니 이면에서 공작은 여하하였는지 미지이오나 신사참배 반
대한 목사와 남녀 신도들이 구금당하였으니 김길창의 밀고 소치의 행위인가
도 능히 추찰됩니다. 본인은 어느 날 조용한 좌석에서 김길창에게 대하야 '일
제에 너무 아부치 말고 경찰과 과도히 친근하지 말라'는 충고를 하였더니 답
왈 '경찰을 배척하면 사업도 못하고 앞으로 살아나갈 수가 없어서 여차한 행
위를 하노라'고 한 사실이 있습니다"라고 진술한 것도 김길창의 일제 말기의
행각을 잘 말해 주고 있다.

이것은 그가 일제 경찰과 어느 정도 긴밀한 관계를 유지하고 있었는가를
말해 주는 예이며, 또한 단순한 친일파로서가 아니라 반일 신도들을 경찰에
밀고하는 밀정, 그것도 아주 고급 밀정이었음을 말해 주는 것이 아닐까. 당시
고등계 형사를 지냈던 장세권의 증언을 들어보자.

> 문(조사관 심륜) : 그 당시 증인의 직업은 여하.
> 답(증인 장세권) : 부산 경찰서 고등계 형사로서 근무하고 있었습니다.……
> 문 : 그러면 당시 김길창은 증인에게 친교하자는 동기가 없던가.
> 답 : 당시 김길창은 목사 중에도 제1인자인 거물 목사로 경찰계에도 소위 간부
> 들과 연락이 빈번하였으며 교제가 심하였으니, 위세가 당당하여 본인 같은 말직
> 형사들에게는 조석간에 인사정도이고 접대도 소홀하였습니다.
> 문 : 그러면 친밀하던 경찰 간부는 누구였던가.
> 답 : 본인이 아는 자로서는 당시 고등계 주임 하라다(原田 : 왜인)와 부산서 고

둥계 주임 아라이(荒井 : 왜인)였는데, 하판락, 강락중이와도 친하다는 말은 들었습니다.

문 : 교제가 심하였다는 증거가 있는가.

답 : 본인이 형사 근무시 어느 날 공무로서 김길창 본가를 찾아가니 김길창이 "지난 밤에도 하라다 고등계 주임이 왔었다" 하는 말을 직접 들은 사실도 있고, 더구나 김길창이 경찰에 출두할 시에도 형사들에게는 인사말도 없이 위세가 당당하게도 직접 아라이 주임을 찾으며, 아라이 주임 역시 김길창에 대한 태도는 마치 귀빈들이나 상관에게 대하는 환영을 하였고, 별석을 이용하야 오랫동안 요담한 사실도 빈번하였으며 대단히 친밀하였습니다.

문 : 김길창은 애국자 또는 신사참배 반대한 신자들을 밀고, 투옥케 하였다는데.

답 : 김길창은 경찰간부들과 연락이 빈번하였으니 말직형사인 본인으로서는 연락하고 밀담하던 내용을 직접 듣지 못하야 미지이오나 그 당시 국내에서 신사참배 반대자로서 목사 남녀 신도들 다수가 투옥당한 사실은 들었습니다.

그러나 반민특위 공판 과정에서 김길창은 이런 사실을 극구 부인하였고, 증인들도 후에 진술을 번복하여 신사참배 반대자를 밀고하였다는 부분은 입증되지 못한 채, 반민특위에 체포된 지 3개월 만인 1949년 6월 기소유예로 풀려나고 말았지만, 그 의혹은 여전히 가시지 않고 있다.

그 후 그는 일본인이 경영하던 학교를 불법으로 불하받아 현재의 부산 남성여중고를 설립하였으며, 동아대학교 설립에도 참여하는 한편, 남성, 대동, 훈성, 한성 등 4개의 재단을 설립하여 교육사업을 확장하였다. 1962년에는 부산신학교를 설립하여 교장을 맡았으며, 이러한 사회적 영향력을 배경으로 교계에서도 수차의 경남노회장, 부산기독교연합회 회장, 한국기독연합회 회장을 지내기도 했다. 이처럼 그는 종교계에서뿐만 아니라 교육계에도 발을 넓혀 자신의 탁월한 사업수완(?)을 발휘하였고 또한 능수능란하게 시류를 타면서 공명심을 채운 인물이었다.

그가 반민특위에 체포되어 신문을 받을 때 진술한 다음 내용은 그의 종교적·민족적 양심이라는 것이 어떤 것이었는지 능히 짐작할 수 있게 해 준다.

문(조사관 심륜) : 사이판 섬 황군전승기원제에 종교만으로서 승리할 수 있다고 열렬한 제문(祭文)을 낭독한 사실이 있었지?

답(피의자 김길창) : 황군전승기원제는 교회는 물론 전국적으로 불교나 각계 교회를 할 것 없이 전부가 기원제를 거행하였사오니 보통으로 행사한 사실이 있습니다.

문 : 소위 목사로서 민족을 팔고 종교를 팔고 양심을 팔아서 기도한 것이 종교의 지도자라는 것이 정당하다고 인정하는가?

답 : 대단히 미안한 사실입니다. 종교인으로서 하지 못할 행사를 했음은 어찌 양심이 부끄럽지 않을 리가 있겠습니까만, 민족을 팔고 한 사실은 없습니다.

그렇기에 그는 자서전에서 '화려한 일생'을 자랑스럽게 늘어 놓으면서도 친일행각에 대해서는 단 한 줄도 참회의 글을 쓰지 않았다.

■ **김승태**(한국기독교역사연구소 연구위원, 반민족문제연구소 연구원)

주요 참고문헌

「반민특위 피의자 신문조서 및 증인신문 조서」, 1949.

김길창, 『말씀따라 한평생』, 아성출판사, 1971.

영남교회사편찬위원회, 『한국영남교회사』, 양서각, 1987.

이회광
불교계의 이완용

- 李晦光, 1862~1933
- 1912년 조선선교양종각본산 주지회의원 원장
  1915년 불교진흥회 조직

조선조 마지막 대강백에서 매종역조의 친일승려로

28세의 나이에 보운 긍엽(寶雲亘葉) 선사의 법맥을 상속받은 뒤 강당을 개설하고 독자적으로 설법을 시작하였을 때, 양서(황해·평안도)와 삼남(충청·경상·전라도)의 학인들이 풀덤불을 헤치며 모여들었다는 이회광 스님.

그는 범해(梵海)가 편찬한 『동사열전』(東師列傳)에 기록된 조선왕조 마지막 대강백(大講伯)이었다. 그러나 그는 그처럼 뛰어난 학덕과 명성을 보전하지 못하고 한낱 권승(權僧)이 되어 조선불교를 일본불교에 부속시키는 친일의 길을 걸어 불교계의 이완용이라는 오명을 남기고 말았다.

이회광이 이른바 종단을 팔고 조상을 바꾼 '매종역조'(賣宗易祖)를 행하였다 하여 비난의 원인이 된, 조선의 원종(圓宗)과 일본 조동종(曹洞宗) 간의 연합을 획책한 것은 1910년 8월의 강제적인 한일'합병'조약의 먹물이 채 마르기도 전인 그 해 10월 6일이었다.

이회광이 저지른 매종역조의 망동은 원종이 성립되면서부터 비롯한다. 그런데 이 원종의 뿌리는 1906년 2월에 설립된 친일성향의 불교연구회에 바탕을 두고 있다.

불교연구회는 화계사(華溪寺)의 승려 홍월초(洪月初)와 봉원사의 이보담(李寶潭)이 조직한 단체로서, 초기에는 명진학교(明進學校)를 설립하는 등 불교계에 새 기운을 진작하려는 면도 있었으나, 이들은 일본 정토종의 종지(宗旨)를 따르고 또한 일본 정토종 승려 이노우에(井上玄眞)와 결탁하여 일찍부터 친일화의 길을 걸었다.

불교연구회는 창설 인가를 얻자 일본 정토종을 표방하고 또한 일본 정토종의 '정토종교회장'(淨土宗敎會章)이라는 뱃지를 회원에게 달게 하는 등 친일행위로 말썽을 일으켰다.

이렇게 되자 불교연구회 일파들은 1908년 6월, 단체의 이름을 원종종무원(圓宗宗務院)으로 바꾸고 종정으로는 당시 학인들 사이에 명망이 높았던 이회광을 추대하였다.

원종의 종정이 된 이회광은 '조선불교의 장래를 위해 반드시 일본불교의 원조를 받을 필요가 있다'는 일진회 회장 이용구*에게 설득당해 그가 추천하는 일본 조동종의 승려 다케다(武田範之)를 원종의 고문으로 앉혔다.

이회광이 이용구의 조언을 받아들이고 일본 승려를 원종의 고문으로 앉힌 것은 그가 친일파로 전락하는 결정적인 계기가 된다. 왜냐하면 원종의 고문이 된 일본 승려 다케다가 불교수행에만 몰두하는 수도자가 아니었기 때문이다. 즉, 다케다는 일제가 조선을 '병합'했듯이 조선불교를 일본불교에 '병합'시키려는 야심을 가진 권승이었던 것이다.

다케다는 자신이 소속된 일본 조동종과 조선불교 원종을 병합시키고자 활동을 개시하여 먼저 이회광을 회유하였다. 그리고 뒤이어 일본불교 종파 가운데 조선에 진출하여 많은 세력을 확장한 정토종, 진종(眞宗) 등과 조선불교 원종 사이를 이간시키는 공작을 벌였다. 원종의 종정인 이회광도 선(禪)을 종지로 하는 조선불교는 일본의 진종이나 정토종과는 도저히 융화될 수 없다고 생각했고 이를 눈치 챈 다케다는 일본의 선종(禪宗)인 조동종과의 '병합'을 적극 추진했다.

이러던 차 1910년 8월에 한일'합병'이 이루어지자 다케다는 즉시 이회광 일파에게 일본 선종인 조동종과의 연합을 설득하고 나섰다. 이리하여 이회광은 조선불교와 연합할 수 있는 일본 종파는 조동종밖에 없다는 결론을 내리고,

'합병'되던 그 해 10월에 일본으로 건너갔다.

당시의 일본 조동종 관장(管長 : 종정을 가리킴) 이시카와(石川素童)는 이회광의 제의를 듣고 조선불교 원종이 일본 조동종에 종속되는 형식으로서의 연합을 고집했다. 그러나 이회광 역시 완강하게 대응해 조선불교 원종과 조동종은 마침내 종속이 아닌 약간 대등한 관계에서 1910년 10월 6일에 연합을 조인했다. 이는 같은 해 8월 22일 한일'합병'의 조인이 있은 지 꼭 45일 만의 일이었다. 나라가 강제로 '합병'당한 지 45일 만에 유구한 역사를 자랑하는 조선불교마저 일본에게 '합병'되고 말았던 것이다.

일본 조동종 종무대표자 히로쓰(弘津設三)와 이회광이 조인한 연합조약은 전문(全文) 7개조였다. 이 조약문을 자세히 읽어 보면 제2항부터 제5항까지가 일본 조동종 위주의 불평등한 내용으로 되어 있음을 알 수 있다.

첫째, 제2항에서 일본 조동종이 조선 원종의 설립 인가를 담당한다는 것은 은연중에 원종이 조동종에 부속됨을 의미한다.

둘째, 제3항에서 조선 원종은 일본 조동종에서 고문을 초빙하지만 조선 원종에서 고문을 파견한다는 내용이 없는 것도 대등한 입장에서 이 조약이 체결되었다고 볼 수 없는 근거가 된다.

셋째, 제4항 역시 불평등하다. 제4항에서 조선 원종은 조동종의 포교에 편리를 제공하고 각지의 사찰에서 숙식처를 제공한다고 되어 있지만 조선 원종의 일본 포교에 대한 조동종의 배려는 전혀 없기 때문이다.

조약을 체결하고 귀국한 이회광은 13도의 중요한 대사찰을 방문하여 연합을 찬성하는 날인을 받고자 했으나, 조약 전문이 원종 종무원 서기의 손으로 통도사 승려들에게 누설되자 강력한 저항에 부딪혔다. 이회광이 조약의 찬성을 얻고자 동분서주할 때 조동종은 와카오(若生國榮)를 특파하여 조선총독부에 조선불교 원종의 설립 인가를 청원했다.

한편, 조약의 전문을 읽어 본 조선 승려들은 조선불교를 조동종에 개종(改宗) 내지 매종(賣宗)한 행위라면서 이회광을 규탄하였다. 이회광의 매종역조의 망동에 반대하여 전남 백양사(白羊寺)의 학승 박한영(朴漢永), 화엄사의 강사(講師) 진진응(陳震應), 범어사의 한용운(韓龍雲)과 오성월(吳惺月) 등을 필두로 많은 조선 승려들이 이회광의 연합운동을 맹렬하게 반대하였다.

이들은 태고(太古) 보우국사(普愚國師) 이후 조선의 선종은 임제(臨濟) 계통이라고 주장하면서 송광사, 쌍계사, 범어사 등에 임제종 사무소를 두면서 초대 종정에 선암사(仙岩寺)의 김경운(金擎雲)을 선출한 뒤 격렬하게 이회광을 비판했다.

조선을 강제로 '합병'한 지 반 년도 되지 않아 일본 조동종이 개입한 조선 불교계의 대결상황을 지켜보던 조선총독부는 조동종의 승려가 접수시킨 조선 원종의 설립 인가에 대한 결정을 연기하고 있었다. 그리고 다음해인 1911년 6월에 조선총독부는 사찰령(寺刹令)을 공포하면서, 조선불교는 '선교겸수'(禪敎兼修)를 종지로 한다는 공식적인 태도를 보였다. 결국 총독부는 조선 원종의 설립 인가를 부결한 셈인데 이로써 이회광의 조동종과의 연합운동도 흐지부지되고 말았다.

이회광은 이러한 망동에도 불구하고 자신의 친일성향을 총독부로부터 인정받아서인지 사찰령 반포 후에 30본사의 하나인 법보사찰 해인사의 제1세 주지로 1911년 12월 4일 인가를 받았다. 이어 그는 1912년 6월에는 30본산주지회의를 발기해 '조선선교양종각본산 주지회의원'을 발족시켜 초대 주지회의원 원장이 되었다.

친일단체 불교진흥회 조직

제1대에 이어 제3대 주지회의원 원장이 된 이회광은 조선불교의 종권을 한 손에 움켜쥐고 있었으나, 이 무렵(1914) 공명심이 많았던 30본산의 하나인 용주사 주지 강대련(姜大蓮: 창씨명 渭原馨, 1875~1942)의 강력한 도전을 받았다.

이회광과 강대련의 종권 다툼은 강대련의 승리로 끝났다. 강대련은 일본 진언종(眞言宗)의 예를 따라 '30본산연합제규'(三十本山聯合制規)를 만들고 경성 각황교당(覺皇敎堂)에 연합사무소를 설치하였으며, 이어서 1915년 1월 16일 강대련이 30본산연합사무소 위원장에 선임되었다.

이렇게 전국 사찰의 권리를 강대련이 좌우하게 됨에 따라 이회광은 스스로 자기의 권리가 시든 줄 알고 강대련과 대립코자 1914년 12월에 경성의 유생들과 연락하여 불교진흥회를 조직하고 자기의 권리를 옹호하려 했는데, 당시

조선 승려들은 이회광의 이러한 행동을 비난하였다.(『동아일보』, 1920. 7. 3)

불교진흥회의 발기인은 30명으로 이회광을 비롯한 30본사 주지들이 대부분이었는데, 1914년 11월 5일자로 조선총독부의 인가를 받았다. 이 회의 대표는 회주(會主) 이회광이었고 소수를 제외하고는 29명에 이르는 간사들 대부분이 일반인 또는 유생들이어서, 당시의 조선 승려들은 이회광과 유생들이 결탁하여 불교계의 종권을 장악하려고 불교진흥회를 조직했다고 비판했다.

친일 승려 이회광의 주도로 조직된 불교진흥회는 1915년 1년 동안에는 정기 간사회(1915. 5. 9)와 정기총회(6. 20)를 개최하고, 실업가 70여 명의 입회를 받아들이면서 입교의례를 장엄하게 거행하기도 하고, 기관지 『불교진흥회월보』(1915. 3. 15~12. 15, 통권 9호)를 발간하는 등 왕성한 활동을 하기도 했다.

강대련의 세력을 제압하고자 조직했던 불교진흥회는 1915년 반짝 활동을 보이다가 곧 시들해지고 마침내 1917년 2월 친일 거두 이완용*, 권중현* 등이 발기한 불교옹호회로 대치되고 말았다. 따라서 불교진흥회가 친일인사들인 이완용 일파의 불교옹호회로 계승된 것을 보더라도 이 단체가 친일성향을 강하게 띠고 있었음을 알 수 있다. 이러한 불교진흥회의 친일경향은 '위로는 일본 천황의 통치를 보필하며 아래로는 백성의 복(福)을 도모'한다는 설립취지문에서도 명백하게 목격할 수 있다. 뿐만 아니라 한일'합병'조약 체결 당시 각료였던 제1급 친일파 조중응* 등을 고문으로 추대한 것에서도 불교진흥회가 친일성향을 띠고 있었음은 분명하다.

일본 총리 데라우치에게 족자를 선물하다

1917년 4월 통도사 주지 김구하(金九河)가 제3대 30본산연합사무소 위원장으로 선출되었다. 그는 위원장이 되자 그 해 9월 일본 시찰을 추진하였는데, 단장은 김구하였고 단원으로는 당대의 대표적인 친일 승려들인 이회광, 강대련, 곽법경, 권상로* 등 9인이었으며, 이들을 안내한 사람은 총독부 학무국 촉탁인 일본인 관료 가토(加藤灌覺)였다. 이들은 조선총독 하세가와(長谷川好道)로부터 특별희사금 300원을 그리고 정무총감으로부터도 현금 100원을 하사받아 일본 시찰의 경비로 보조받았으며, 심지어 여행중인 9월 8일 도쿄에서도 조선총독부 도쿄출장소에서 마침 본국에 출장중이던 정무총감을 다시 만나 이세대묘(伊勢大廟)의 배관(拜觀)을 권유받고 현금 100원을 기부받기도 했다.

이회광을 포함한 조선불교 대표급 승려로 구성된 일본 시찰단은 1917년 8월 31일 제1급 친일거두인 이완용을 비롯한 많은 사람들의 전송을 받으며 일본 시찰길에 올랐다. 이들은 본격적인 시찰 여행이 시작된 9월 4일 오전 일본 수상관저에 초대를 받았다. 당시의 일본 총리는 데라우치(寺內正毅)였다. 데라우치는 1910년 5월에 제3대 조선통감으로 부임하여 한일'합병'을 성사시키고 초대 조선총독을 역임한 인물이었다.

그런데 조선불교 일본 시찰단의 단장 김구하는 무려 150원이나 하는 은제 향로를 그리고 약삭빠른 친일 강백(講伯) 이회광은 특별히 준비해 간 그림족자를 무단통치자 데라우치에게 선물했다. 데라우치는 이회광, 김구하를 비롯한 시찰단 일행을 식당으로 인도하여 다과와 향응을 베풀고, 『조선불교총보』의 표현을 빌리자면 '미미(美美)한(아름답고 아름다운) 담화'를 나누었다고 한다.

조선 승려들이 조선 땅에서는 결코 받아보지 못한 성대한 환대였다. 이런 환대는 시찰이 진행되는 25일 동안 줄곧 계속되었는데, 이들이 만끽한 융숭한 대접은 총독부와 일본 정부가 정치적 선전을 목적으로 치밀한 계산 아래 마련한 회유책이었지만, 당시 조선불교 일본 시찰단의 승려들은 민족적 주체의식을 망각하고 오히려 자진하여 적극적인 친일행위를 거리낌없이 자행했다. 그 대표적인 행동이 김구하가 메이지(明治) 일왕의 능에서 '천황의 권속들인 우리들'이라는 문구로 시작되는 축문을 봉독한 사실을 들 수 있다. 시찰단이 메이지 일왕의 능에 참배를 한 것은 물론이고, 도쿄호국불교단의 환영회에서는 김구하가 답사를, 이회광과 강대련이 연설을 하기도 하였다.

이회광을 비롯한 시찰단의 친일행적 가운데 가장 두드러진 행동으로는, 다이쇼(大正) 일왕이 닛코우산(日光山)에 와서 피서를 하고 궁궐로 돌아간다는 소식을 듣고 조선 승려들이 우에노(上野)역에 나가 문부성의 지도로 일본 황족·귀족의 다음 자리에 서서 '천황의 행차'를 배영한 것을 들 수 있다. 그리고 일본 신사(神社)의 본원지인 이세신궁 참배, 임진왜란을 일으킨 도요토미 묘소 참배 등도 일본 시찰시의 대표적인 친일행적으로 열거할 수 있을 것이다.

일본 임제종과의 합병 획책

3·1 독립만세운동의 열기가 아직 식지도 않은 1919년 11월, 30본산연합사무소 위원장 강대련은 일본 승려와 '황실'의 인척관계를 예로 들고는, '일본 승려와 조선 승려들이 조선왕족의 여자나 양반의 딸과도 결혼할 수 있게 하자'는 「조선불교기관확장의견서」를 조선총독 사이토(齊藤實)에게 제출하였다. 강대련의 이 친일 망발로 조선불교계가 시끌할 때인, 역시 같은 해 11월에 이회광은 일본 임제종과 조선불교의 '합병'을 추진하고자 일본을 방문하였다.

그는 일본 임제종의 한낱 포교사에 지나지 않는 고토후지(後藤瑞岩)와 결탁하여 외면상으로는 일본의 포교방법을 배우고 일선(日鮮)융화를 도모한다는 명분을 내걸고 그의 추종자인 청암사(靑岩寺) 주지 김대운(金大運), 대원사(大源寺) 주지 조영태(趙永泰) 그리고 진창수(陳昌洙) 등 3명을 데리고 일본으로 건너갔다.

도일한 이회광 일파는 총리대신과 체신대신을 찾아가 "조선불교는 다른 종교와 같은 사회에 대한 자선사업이 없어 세상에서 환영을 받지 못하고 있으므로 그대로 두어서는 조선불교가 진흥하지 못할 것이니, 조선불교의 종명(宗名)을 개정하고 사찰의 재산을 정리해야 한다"고 주장했다.

때마침 조선총독 사이토가 도쿄에 가 있었는데, 이회광은 총리대신을 만난 여세를 몰아 체신대신과 함께 사이토를 만나 종명을 바꿀 것과 사찰재산을 정리할 것 그리고 사찰재산을 일괄해 관장하여 사업을 일으킬 주관 부서로 새로운 조선불교종무원을 설립할 것을 제안했다.

이 때 사이토는 이회광에게 "조선에 돌아간 뒤에 잘 조처할 터이니 그대로 돌아가라"고 했고, 체신대신은 "계획을 후원할 테니 실행에 옮기도록 노력하라"고 했다.

이회광 일행은 도쿄에서 일본 정부 요로의 인물들과 접촉한 뒤에 교토(京都)의 묘심사(妙心寺)에서 고토후지와 합류하여 조선불교의 일본 임제종과의 합병문제를 숙의했다. 이같이 이회광과 함께 모의한 고토후지까지도 "내가 이회광과 친하여 일선(日鮮)의 융화를 도모코자 하였더니 급기야 그 사람의 심리를 본즉, 조선불교를 개혁하려는 진실한 마음이 아니라 자기가 조선불교의 권력을 통솔하려는 모양이다"라고 총독부 종교과장 나카이(半井淸)에게 말할 정도였다.

1920년 2월, 일본에서 돌아온 이회광은 김룡사, 고운사, 은해사, 동화사, 기림사, 통도사, 범어사 등 경남·경북 7개 본산주지를 대구로 초청하여 자신의 음모를 구체화하는 일에 착수했다.

그는 10년 전 조동종과의 연합을 획책할 때 조약 전문을 밝히지 않고 진심을 감추면서 연합을 성사시키려 했듯이, 이번에도 경상도의 7개 본산주지들에게는 일본 묘심사와의 관계는 전혀 언급하지 않았다. 다만 불교 교육사업을 진흥하며 조선불교를 개혁하기 위해 불가불 종명을 개칭하고 종무원을 설립하여 사찰재산을 정리해야 되므로 30본산에 통문(通文)을 보내 종명개칭 신청서와 이유서에 연명하여 총독부에 제출해야 한다고 했다.

이 때 모인 사람들은 "그렇게 되면 이 일을 30본산연합사무소와 의논해야 되고, 의논하게 되면 자연히 의견이 충돌하여 일이 잘 되지 않을 것이므로 경상도 8개 본산(앞의 7개 사찰과 이회광이 주지로 있는 해인사를 포함한 본산 숫자)이 먼저 주창하고, 그 취지를 각 본산에 알려 동의하면 좋으려니와, 듣지 않으면 어쩔 수 없지 않은가"라는 합의를 보아 각 본산에 그 뜻을 알렸다. 이회광의 통문을 받은 각 본산에서는 30본산연합사무소 위원장인 강대련에게 그 진위를 물어왔다. 그 무렵 일본 교토의 『중외일보』(中外日報)는 이회광이 일본에서 조선불교를 임제종 묘심사파에 부속시켰다고 보도했다. 이 보도로 인해 일본에 유학중인 조선 승려들로부터 진위를 묻는 서신이 강대련 앞으로 쇄도했다.

이에 강대련은 총독부 종교과장 나카이를 찾아가 "이회광 스님이 중앙정부에 교섭하여 조선의 각 사찰을 일본 임제종 묘심사에 부속시킨다 해서 전국 사찰의 승려들이 동요하고 있으니 어떻게 하면 좋은가" 하고 물었다. 나카이 종교과장은 고토후지에게 들었다면서 "이회광 스님이 조선불교의 권력을 쥐고 통솔하려는 야심이 있다고 하나, 조선 사찰은 사찰령에 의하여 조선총독이 결단할 것이므로 아무리 본국대신에게 진정서를 제출해도 효과가 없을 것이니 조선의 승려는 하등 동요할 것이 없다"고 대답했다.

회신했다. 이렇게 되자 이회광은 전국의 많은 승려들로부터 빗발 같은 비난의 화살을 받게 되었다. 이에 이회광은 태고 보우국사와 중국 석옥청공(石屋淸珙) 선사와의 관계를 얘기하면서 임제종 태고파(太古派)라고 개칭하자는 뜻이었지 일본 임제종 묘심사에 부속시키려 한 것은 아니었다고 궁색한 변명을 했다.

이회광은 궁지에 몰리자 『중외일보』 기사를 취소시키려 했으나, 도리어 1920년 6월 26일자에 '일조불교 제휴 반대'라는 기사가 보도되었다. 강대련은 다시 이 『중외일보』의 기사를 번역하여 각 사찰에 돌려 이회광 일파에게 최후의 일격을 가했다.

이회광 일파는, 자신들의 계획이 실패한 것은 강대련이 『중외일보』 기사를 번역하여 각 사찰에 돌렸기 때문이며, 이 일이 국내 신문에 보도되어 명예가 훼손되었다고 추종자 조영태, 김대운을 시켜 경성지방법원에 고소를 제기했다. 이 소송은 후일 이회광과 강대련이 화해함으로써 유야무야되고 말았다.

그러나 이회광의 일본 임제종 귀속 획책을 안 조선의 승려와 불교인들, 심지어 일반인들까지도 분개·비판하지 않는 자가 없었다. 일본의 조선불교 유학승들도 6월 20일 일제히 도쿄에 모여 이회광을 성토하는 반대운동을 열렬하게 전개했다. 또한 그들은 이회광의 음모를 격렬하게 비판하는 4개항의 성토문을 만장일치로 가결하였다.

이회광의 경거망동에 처음 회동했던 경상도의 8개 본산과 국내외 불교 청년들이 거세게 비판하는 가운데, 1923년 10월 14일 해인사 대중 승려들은 총독부에 주지 이회광의 사임을 요구하는 탄원서를 제출했다. 이에 총독부는 이회광을 사임시키고 후임으로 김만응(金萬應) 스님을 인가하였다(1924. 9. 10).

이회광의 마지막 친일 음모

해인사 주지직에서 쫓겨난 이회광은 역시 본산 주지직이 박탈된 곽법경(郭法鏡)과 손을 잡고 또 다른 친일 음모를 꾸몄다. 이회광의 공범자가 된 곽법경은 전주의 본산 위봉사(威鳳寺) 주지 출신인데 그는 매불(賣佛)사건으로 1925년 2월 19일 총독부로부터 주지직을 취소당한 자였다.

이회광과 곽법경, 이 두 사람은 불교유신회가 개혁운동을 일으켜 조선불교 중앙총무원을 조직했을 때(1922. 1. 9) 곽법경은 임시 총무원장에, 이회광은 사무부장이라는 요직에 앉았다. 그러다가 4개월 뒤에는 변절하여, 친일성향의 본산 주지들이 총무원에 대응하여 화급하게 급조한 교무원의 이사가 되었다. 즉, 이회광은 교무원측의 서무이사로, 곽법경은 학무이사로 변신한 전력을 가진 기회주의자들이었다(1922. 5. 30).

이런 과거를 가진 두 사람은 30본사의 하나인 법보사찰 해인사와 대찰 위봉사의 주지직을 박탈당하자, 본산주지 시절의 영광과 명리(名利) 그리고 조선불교계의 교권을 한때나마 접해 본 그 권좌의 달콤함을 잊지 못하고 조선불교계의 종권(宗權)을 다시 탈환하기 위하여 은밀하게 음모를 꾸몄다.

이회광, 곽법경 외에 김보운(金寶雲 : 일명 사바하)과 김구하가 가세된 이 일파들은 일정한 직업이 없는 일본인 마사키(正木一郎)와 조선인 송진옥(宋鎭玉) 등과 의논하여 이른바 조선불교 개혁이라는 미명 아래 일선융화를 표방한 불교운동을 일으켰다. 우선 그들의 대표자로 나선 곽법경은 장문(長文)의 건백서(建白書)를 휴대하고 1926년 5월에 일본으로 건너갔다. 그는 도쿄에서 귀족원 의원 와타나베(渡邊)와 통신사 사장 등과 결탁하여 건백서를 내각에 제출하려고 수상을 방문하는 등 맹렬히 암중모색을 했다.

그런데 그 건백서의 내용은, 현재의 조선불교의 모든 기관을 파괴하는 동시에 새로이 경성에 조선불교 총본산을 건설하고 그 본산 법당 안에는 석가여래와 메이지 일왕과 고종태황제(高宗太皇帝)를 한자리에 안치하여 정교일치(政敎一致)로 일선융화를 철저히 실천하겠다는, 불교의 본지(本旨)를 망각한 기괴하고도 전적으로 친일적인 것이었다.

곽법경은 이 음모를 추진하면서 도쿄에 체류하는 동안 조선불교 유학생들로부터 무슨 위해나 당할까 하여 도쿄경시청에 보호원(保護願)을 제출하는 동시에 조선불교 유학생들을 모함·중상하기도 하였다.

이회광과 곽법경 일파가 획책한 이 사건의 전모는 이렇다.

일본인 마사키 등이 1925년 가을부터 선승 임해봉(任海峰)을 앞세워 이른바 조선불교부흥회 또는 조선불교임제종연합회를 조직하였다. 마사키와 임해봉은 회관을 경성의 견지동에 두고 그 동안 수삼차 도쿄을 오가며, 조선불교가 일선융화에 공헌할 터이니 임해봉을 수원 용주사 주지로 임명하고, 그 외의 다른 절도 누구누구에게 맡겨 달라는 등 별별 공작을 다 하였다.

이런 음모가 진행되는 동안 임해봉이 경비조달을 위해 수원 용주사 소유전 답의 소작사음권(小作舍音權)을 제주도 사람 이종태 외 5, 6명에게 팔아 수천여 원을 편취한 사실이 발각되었다. 1926년 4월 도쿄에서 경성으로 온 임해봉이 경찰서에 구속, 음모가 뜻대로 진행되지 않자 일본인 마사키는 또다시 이회 광, 곽법경, 김보운, 김구하 일파와 더불어 계속 음모를 추진했던 것이다. 그러 나 이 사실이 국내 신문에 보도되자 이들의 음모는 백일하에 폭로되어 마침 내 이회광 일파의 음모는 와해되었다.

이회광은 1908년 원종 종정이 된 이래 1926년의 곽법경 사건에 가담하기까 지 18년 동안 조선불교계의 중심권에서 갖가지 파란을 일으키다가 이 사건을 끝으로 역사의 어둠 속에 묻혀, 다시는 무대의 전면에 등장하지 않는다.

내외전(內外典)을 두루 섭렵하고 '물푸레나무 꽃의 향내를 맡았고 매화나무 열매가 익었음을 보았다'고 『동사열전』의 저자가 극찬한 조선조 마지막 대강 백 이회광. 그는 일본 조동종과의 연합, 친일단체 불교진흥회 조직, 조선을 무 단통치한 일본 총리 데라우치에게 족자를 선물한 사건 그리고 일본 임제종과 의 합병 및 곽법경 사건 등 반민족적이고 조선불교의 전통에 먹칠을 하는 매 종역조적인 망동으로 이 땅의 불교계에 몇 차례 소용돌이를 일으키고는 1933 년 한강변에 있는 견성선원에서 세수 72세, 법랍(法臘) 53년의 생애를 쓸쓸하 게 마감했다.

■ **임혜봉**(불교사연구가, 반민족문제연구소 연구원)

주요 참고문헌

梵 海, 『東師列傳』
佛敎進興會, 『佛敎進興會月報』, 1915. 3. 15~12. 15.
강석주, 『불교근세백년』, 중앙일보사, 1980.

이종욱
항일투사에서 불교 친일화의 기수로

- 李鍾郁, 창씨명 廣田鍾郁, 1884~1969
- 1937년 총본산건설위원회 31본산주지대표
  1940년 국민총력조선연맹 문화위원
  1941년 조선임전보국단 상무이사

항일투사에서 골수친일파로 전락

월정사 강원(講院)에서 불교 내전(內典)을 강의하며 감무(監務)의 소임을 보고 있던 이종욱이 항일투쟁에 뛰어든 것은 1919년의 3·1 독립만세운동 때부터였다.

그는 파고다공원의 만세시위에 참가한 뒤 3월 3일에는 이탁(李鐸) 등과 함께 '27결사대'의 대원으로 매국역적을 제거하는 일에 참여하였으나 뜻을 이루지 못하고, 3월 23일에는 한성임시정부에 참가하였으며, 4월에는 상하이로 가서 상해임시정부에 동참하여 청년외교단과 애국부인회에 관여하여 체포는 되지 않은 채 궐석재판에서 3년형을 선고받았다. 1920년 이종욱은 상해임시정부 의정원 의원(강원도 대표)이 되어 활동하다가 의열단원 김상옥(金相玉)의 종로경찰서 폭파사건에 연루되어 함흥감옥에서 3년여의 옥고를 치렀다.

이종욱은 이 공적으로 훗날 건국훈장 국민장을 추서받았다(1977). 그리고 『독립유공자공훈록』 제5권(국가보훈회, 1988, 746면)에 의하면 그는 출옥 후에 오대산 월정사에 은거하면서 송세호(宋世浩)와 함께 독립운동을 지원하며 지하에서 활동하였다고 기록되어 있으나 이것은 사실과 다르다.

이종욱

　이종욱은 출옥(『독립유공자공훈록』제5권에는 "일경에 체포되어 옥고를 치렀다고 하나 기록은 발견되지 않으며"라고 되어 있어 그의 복역 사실도 현시점에서는 확인되지 않는다) 직후라고 여겨지는 1923년부터 월정사의 사채정리위원이 되어 이 난제를 무사히 해결하고는 그 공로가 인정된 탓인지 1926년에는 중앙교무원의 사무원이 되었다. 또 1927년에는 월정사의 감무로 복직하였으며, 1929년 각황사에서 개최된 '조선불교 선교양종 승려대회'에서 의안심사위원 7인 중 1인으로 선정되었고, 대회 부의장으로 피선되기도 했다.

　월정사 부채문제를 정리하고는 일제 당국의 신임을 얻어 강원도 대본산인 오대산 월정사의 주지에 취임하였다. 이렇듯 왕성한 활동력을 보인 이종욱을 독립공훈록에서 월정사에 은거하였다고 기록한 것은 사실과 진실의 왜곡이 아닐 수 없다.

　이종욱은 1930년 3월에 종회(宗會)에서 의장으로 선출되었고, 5월에는 일제 당국이 항일투사 출신의 이종욱을 회유하고 조선불교에 은덕을 입혀 마음대로 조정하려는 의도로 제1급 친일파들인 후작 박영효*, 남작 이윤용, 자작 민병석*, 자작 윤덕영*, 자작 권중현* 등의 중추원 고문들을 역원으로 앉히고 조선총독 사이토(齊藤實)와 정무총감 등의 고관들과 열렬한 친일명사 이완용*, 친일승려들인 31본사주지들을 발기인과 평의원 및 회원으로 하는 '오대산 석존정골탑묘찬앙회'를 발족시켰다.

조선총독과 정무총감이 자신들이 통치하는 식민지에서 한낱 불교신행단체의 회원으로 가입한 것은 이 일이 처음이자 마지막이었다. 또한 이 사실을 보더라도 식민통치당국이 조선불교와 이종욱을 회유하고자 얼마나 고심했는가를 역력히 알 수 있다.

이종욱은 이러한 과정을 거쳐 서서히 친일파로 경사되어 갔고 그의 직접적인 친일행적은 제7대 조선총독이 부임할 때 공공연하게 밖으로 드러났다.

1936년 8월 26일 미나미(南次郎)가 조선총독으로 부임하자 이종욱은 종회 의장 및 월정사 주지 자격으로 재단법인 조선불교중앙교무원의 이사인 김상호와 황금봉 그리고 보현사 주지 김법룡, 사간정(司諫町) 유점사포교소 대표 박대륜, 『불교시보』의 발행인 김태흡* 등과 함께 경성역으로 마중을 나가 미나미의 총독 부임을 축하하였다.

이종욱은 1937년 31본산주지회의에서 다시 의장으로 선출되어 총본산 설립을 의결하고 그 자신은 총본산건설위원회의 31본산주지대표로 취임하였다. 그는 강원도 대본산 월정사의 주지로서 31본산주지대표가 되자 실질적인 조선불교의 종권을 한몸에 장악하였다. 그는 이와 같이 조선불교의 교권을 좌우하게 되자 총본산의 건설에 박차를 가하는 한편, 중일전쟁 발발 이후의 전시체제에서 불교계의 친일기수가 되어 일제당국의 황민화정책에 적극적으로 호응·협조하면서 젊은 날의 항일투사에서 전적으로 변절하여 골수 친일파로 전락하였다.

총독부 출입 잦았던 친일 전향자

강석주 스님의 『불교근세백년』(중앙일보사, 1980)에 의하면 이종욱의 총독부 출입은 월정사의 부채정리 때부터라고 기록되어 있다. 그는 이어 총본산 건설을 추진하면서 1937년에도 4월부터 7월 초 사이에 8회나 총독부에 출입하였고, 중일전쟁 발발(1937. 7. 7) 후에는 9월까지 무려 15회나 총독부를 방문하였다(『신불교』 제3집, 1937. 5. 1에서 제10집, 1938. 2. 1까지의 종합).

또한 그는 1938년에 전반부에만도 12회나 총독부를 출입하였는데 중일전쟁이 시작된 이후에는 주로 당국과의 시국대처에 관한 일로 총독부를 부지런히 드나들었던 것이다.

예를 들면 이종욱은 중일전쟁이 시작된 지 1주일 만인 7월 15일에는 총본산건설위원이자 송광사 주지인 임석진과 교무원 재무이사인 황금봉을 데리고 국위선양·무운장구 기원제 참례차 조선신궁(일제가 설치한 조선 최고의 일본신사)에 다녀왔다. 그 이틀 뒤에는 일제의 침략전쟁인 중일전쟁에 협력하기 위하여 국위선양·무운장구 기원제를 조선 사찰에서도 시행하는 건에 대해 총독부를 방문하여 학무국 사회교육과장 김대우*와 협의하였다.

이 날의 협의로 조선불교중앙교무원은 비상시국을 극복하기 위하여, 전국 31개 본사는 7월 25일과 8월 1일 2회, 각 말사와 포교소는 8월 1일 1회 오전 5시를 기하여 일제히 국위선양·무운장구 기원제를 봉행하기로 결정, 조선의 모든 사찰에서는 일본의 침략전쟁인 중일전쟁을 위하여 일본군의 무운장구를 기도하게 되었던 것이다.

이종욱은 이 때 이후에도 31본사주지대표로서 조선불교계의 실질적인 종무행정 총괄자로서 총독부를 뻔질나게 드나들며(7. 22, 7. 30, 8. 2 등에도 시국대처 건으로 총독부를 방문함) 중일전쟁에 따른 조선불교 측의 대처방안을 총독부와 협의하였다.

또한 그는 재조선 일본거류민들을 위해 『조선불교』를 발행하고 있던 일본불교인 나카무라(中村健太郎)와 중앙교무원에서 조선불교호국단의 발기를 협의하였으며(7. 29) 그 다음날(7. 30)에는 조선불교호국단 조직 건으로 총독부를 방문하였다.

중일전쟁이 발발하기 하루 전(1937. 7. 6)에 결성된 어용단체 조선불교협회(회장 有賀光豊)는 전쟁이 시작되자 즉각 시국강연회를 개최하여(8. 1) 일본법상종(法相宗) 관주(貫主:宗正)인 법륭사(法隆寺)의 좌백정윤(佐伯定胤)이 경성중학교에서 연설을 하였다. 이 시국강연회에 이종욱은 교무원 이사 황금봉과 부원 한성훈을 데리고 참석하였다.

일본 승려들의 시국대응행사에 자극을 받은 이종욱은 교무원으로 돌아와 즉시 조선불교 측의 친일행사를 구상하여 바로 그 다음날(8. 2) 총독부를 방문하여 '대일본제국 무운장구 기원 법요 및 시국대응강연회' 개최의 건을 상의하여 타합이 이루어지자 즉각 당일로 경성 내의 33개 사암과 포교소에 소집통문을 특사배달하였다. 그리하여 8월 3일 오전 9시 교무원 포교사실에서는 '대일본제국 무운장구 기원법요 및 시국대응강연회' 개최에 대한 타합회를 열었다. 이 회의 참석자는 30명이었으며 제반사항을 논의·의결하였다. 이종욱은 이 결의내용을 취합하여 총독부에 보고하였는데 이는 다음과 같다.

주최 : 조선불교중앙교무원.
후원 : 경성 각 사암 및 포교소
기원(祈願)은 개운사(開運寺)에만 한함.
강사는 제1일 김경주(金敬注), 박성권(朴聖權), 김포광(金包光).
　　　제2일 권상로*, 김태흡*, 최남선*.

이렇게 결정이 되자 이종욱은 효제정(孝悌町) 최남선을 방문하여 출연을 간청하였으나 최남선은 거듭 고사하여 결국 그의 출연은 이루어지지 않았다.

이종욱은 중일전쟁이 시작된 이후 처음 갖는 이 중대한 친일 행사를 제대로 치르기 위해 동분서주하였다. 그는 8월 4일 한성훈을 데리고 총독부 사회교육과(강사건), 부민관(대강당 냉방장치 및 영화실건), 경성일보사 및 오사카 아사히신문사(중일전쟁 뉴스건), 동대문경찰서(개운사 청중의뢰건) 등을 바쁘게 돌아다녔다.

이종욱이 추진한 이 친일 행사로 교무원 직원들도 프로그램 인쇄, 입간판, 마이크로폰 따위의 물품을 준비하며 분주하게 움직였다.

또한 행사허가를 얻기 위해 본정(本町)경찰서와 동대문경찰서에 집회신고를 하고 총독부 학무국장에게도 보고를 하였으며 강사와 연제도 결정하였는데 그 내용은 아래와 같다.

개운사에서의 기원법요 후의 강연에는
　　박성권 : 세계평화를 위하여
　　김경주 : 나라를 위하여 자신의 몸을 돌보지 않는다(爲國不爲身)
　　김영수 : 동양평화를 위하여
　부민관에서의 강연에는

권상로 : 선각자로서

김태흡 : 입정안국(立正安國)

이런 갖가지 준비 끝에 8월 5일 저녁 8시 개운사에서는 대일본제국 무운장구 기원법요(在滿在支將兵 및 在留同胞安寧幸福所願) 및 박성권, 김경주, 김영수의 강연회가 개최되어 밤 10시에 폐회하였다. 청중으로 승려 100명, 남자신도 150명, 여신도 350명 등 도합 600명이나 참가하여 성황을 이루었다.

또한 8월 6일 오후 7시 부민관 대강당에서 이종욱의 사회로 시국강연회가 열려 국기요배(일장기) 및 삼귀의 등의 일본과 불교적인 국민의례를 한 후 이종욱은 시국에 대해 의미심장한(?) 개회사를 하고는 권상로와 김태흡 두 스님의 친일강연이 행해져 무려 2300여 청중들에게 많은 감명(?)을 주었다. 이어 중일전쟁 영화를 상영하는 것을 끝으로 이종욱이 주도한 조선불교중앙교무원의 친일행사는 막을 내렸다.

조계종의 실권자 되어 친일화 주도

일제가 중국을 침략한 지 꼭 한 달 만인 8월 7일, 이종욱은 교무원 재무이사 황금봉을 대동하고 총독부를 찾아가 각 불교단체 연합으로 중일전쟁 전병사자 위령법요에 대해 논의하였다. 뿐만 아니라 중앙교무원에서는 중국으로 파견되는 일본군대를 송영(送迎)하기 위해 간부와 직원들이 번갈아 경성역, 용산역, 군부대 등으로 나갔다. 이종욱은 8월 8일부터 일본군대의 송영을 나가 10월 2일까지 13회 전송하였으며, 역시 그 해 10월 17일 이종욱은 교무원 이사인 김상호, 황금봉과 부원 한성훈을 대동하고 국위선양·무운장구 기원제 참석차 조선신궁 및 경성신사를 다녀오기도 했다.

이종욱은 이와 같이 그 자신이 주도하여 일본군을 위한 무운장구 기원제와 시국강연회 등을 개최하고 중국으로 출정하는 일본군을 송영하는 등의 행동으로 조선불교계의 친일기수가 되었을 뿐 아니라 불교 언론에 친일 시사문을 발표하기도 하였다. 그는 『불교시보』에 4편, 『신불교』에 7편의 친일논설을 발표하였는데 그 목록을 소개하면 다음과 같다.

『불교시보』에 실린 이종욱의 친일 시사문
「총본산의 실현과 조선불교의 장래」(제42호, 1939. 1. 1, 2면).
「조선불교도의 새로운 각오」(제54호, 1940. 1. 1, 2면).
「성전필승과 불일증휘」(제90호, 1943. 1. 15, 3면).
「징병제실시에 대하여 검선일여(劍禪一如)에 투철을 바라노라」(제97호, 1943.
    8. 15, 2면).
『신불교』에 실린 이종욱의 친일 시사문
「종정 유시를 봉(奉)하여」(제33집, 1942. 2, 4~5면).
「전첩(戰捷)의 춘(春)」(제36집, 1942. 5, 4~5면).
「징병제실시의 영(榮)을 예대(譽戴)하고」(제38집, 1942. 7, 4~6면).
「개병주의」(皆兵主義)(제43집, 1942. 12, 3~5면).
「연두감」(年頭感)(제44집, 1943. 1, 5면).
「연두감」(제56집, 1944. 1, 4~5면).
「훈시」(제66집, 1944. 11, 5~6면).

이와 같이 이종욱은 도합 11편의 친일논설들을 발표하였고, 1940년 6월에는
중일전쟁(1937) 당시 일본 근위내각의 외무대신 히로타 고우키(廣田弘毅)의 성
을 취하여 히로타 쇼우익(廣田鍾郁)으로 창씨개명하였다.

한편, 그는 전시체제의 중압 속에서도 총본산의 건설을 완료하여 총본사의
명칭을 태고사(太古寺), 종명(宗名)을 조계종(曹溪宗)으로 확정하고 1941년 4월
23일에는 총본사태고사법을 총독부로부터 인가받은 뒤 그 자신은 종무총장으
로 취임(1941. 8. 18 종무총장 인사발표, 9. 29 총독부인가, 10. 8 사령장 교부)하
여 명실공히 조선불교의 대표가 되어 종권을 완전히 장악하였다.

이종욱이 이렇게 신설된 조선불교 조계종의 실권자가 되기 위해 총독부를
쥐가 뒤주간 드나들 듯이 뻔질나게 출입하고, 게다가 '선학원(禪學院) 문제'가
얽힌데다, 전적으로 친일로 전향하자 당시 스님들로부터 비난이 자자했다(강
석주, 『불교근세백년』, 180면).

이종욱은 1940년 12월에는 국민총력조선연맹의 문화위원이 되었다. 또 그는
임전대책협의회(1941년 8월 결성)에 참여하여 일제가 전쟁비 조달을 위해 매

출하였던 1원짜리 꼬마채권을 소화시키기 위해서 채권가두유격대가 되어 거리로 진출하였다. 같은 해 9월 7일, 이종욱은 '총후봉공은 채권으로부터'라는 슬로건을 내걸고 종로4가대(동일은행 앞)의 일원이 되어 행인에게 일제의 전쟁채권을 팔았던 것이다.

이종욱은 1941년 10월 22일에 설립된 조선임전보국단이 그 해 12월 4일에 개최한 '조선임전보국단 전선대회'에 참석하였고, 12월 9일에도 역시 임전보국단 회의 참석차 부민관에 갔다.

이종욱의 친일행각은 그의 휘하에 있던 조선불교 조계종의 친일화로 직결되어, 전조선 사찰과 7000여 승려들이 힘을 짜내어 비행기 1대를 일본군대에 헌납하고자 5만 3000원을 모았다. 1942년 1월 30일, 종무총장 이종욱은 총본사의 서무부장 김법룡(金法龍), 교무부장 임석진(林錫珍), 재무부장 박원찬(朴圓讚)을 대동하고 용산에 있는 조선군사령부로 가서, 5만 3000원은 97식 전투기 한 대의 대금으로, 526원은 국방헌금으로 헌납하였다. 이들이 헌납한 돈으로 구입한 육군전투기는 '조선불교호'로 명명되었다.

일제가 고도국방국가 건설을 위해 조직한 국민총력조선연맹이 매월 8일을 대조봉대일(大詔奉戴日)로 정하였다. 이 대조봉대일은 태평양전쟁(1941. 12. 8)을 기념하는 날이었는데 조계종 종무총장 이종욱은 1942년 2월 3일 전국 31본사 주지들에게 대조봉대일의 식순을 공문으로 발송하였다. 그 내용은, ①경례 ② 궁성요배 ③국가(일본국가) 합창 ④ 조서봉독(詔書奉讀) ⑤필승기념(必勝祈念 : 대동아전쟁 완수를 위한 필승의 기원) ⑥훈화 ⑦「황국신민의 서사」제송 ⑧ 경례(옥외에서는 마지막 경례 앞에 '천황폐하만세봉창'을 할 것) 등인데 행사의 식순이 황민화를 위한 내용으로 꾸며져 있음을 목격할 수 있다.

그는 같은 해 2월 6일에는 신도(神道)·불교·기독교 연합 간담회에 참석하여 '종교보국'을 의논하였고 2월 10일에는 임전보국단 상무이사회에 참석하였다.

"황은에 보답하고 출정장병의 노고에 감사하라"

이종욱은 일왕의 태평양전쟁 선전포고에 맞추어 종정 방한암(方漢岩)이 내린 '유시'(諭示 : 종정사서 허영호가 작성한 것으로 추정됨)를 받들어 중국침략에 이어 동남아와 영·미 각국을 상대로 대동아전쟁을 벌인 일제에게 전조선의 불교도가 협력할 것을 촉구하는, '종정유시를 봉(奉)하여'라는 제목의 다섯 가지 실천요목을 『신불교』 제33집(1942. 1, 4~5면)에 발표하였다. 즉, '위로 황은에 보답하고 아래로 출정장병의 노고에 감사하는 의미에서' ①저축실행의 적극화 ②필승기도법회의 개최 ③민중사상 선도의 적극화 ④근로보국의 실행 ⑤시국에 순응한 시설의 급속실현 등 다섯 가지 실천요목을 철저하게 시행할 것을 전조선 불교도들에게 시달하였다.

1942년 3월 25일 임시종회에서 이종욱은 "대동아 건설과 한가지로 아제국(我帝國)의 전첩(戰捷)의 봄을 봉영하여 시시각각으로 세계인류로 하여금 시명(時命)의 시정(是正)을 하게 하고 그 분(分)에 자안(自安)해서 신의대도와 불타의 본회를 심체(深體)하게 하는 것은 우리 황도불교(皇道佛教)의 종도(宗徒)된 직분이며 또한 제국신민으로서의 보국에의 적성(赤誠)"이라는 요지의 개회사를 하였다. 그리고는 이 회의에서 국방자재헌납을 결의하고는 전국 사찰의 철, 동, 청동, 황동 등의 모든 금속을 거두어 들였다. 그리하여 모든 조선사찰의 범종, 촛대, 불기(佛器) 등이 일본군대에 헌납되었다.

또 1942년 5월 5일 종무총장 이종욱은 일본어 상용을 종용하는 일제의 정책에 호응하여 '국어(일본어) 전해(全解)운동'을 실시할 것을 요구하는 공문을 전국 본사에 발송하였다.

1942년 5월 8일 일본각의가 조선인에 대한 징병제 시행을 결의하자 이종욱은 전조선의 사찰에 '조선 징병제도 실시에 즈음한 기원(祈願) 행사에 관한' 공문을 시달하고, 또한 『신불교』지에는 「징병제 실시의 영(榮)을 예대(譽戴)하고」라는 글을 발표하여 조선인들을 일본의 침략전쟁에 동원하는 데 앞장 섰다. 그는 징병제 실시를 영광이라고 기꺼워하며 이렇게 말했다.

국가만반 조직에 간발의 실(失)이 없이 총체적 진행을 여실히 보이고 있음은 동아의 공영과 제국의 다행으로 보아 민초의 대망(待望)이 날로 높아가는 때 황화(皇化)의 역내(域內)에 동인(同仁)의 혜(惠)를 시(施)하게 된 쇼와(昭和) 13년(1938) 칙령 제95호 육군특별지원령이 발표되고, 5월 8일 각의에서 쇼와 19년도부터 징병제 실시를 행하게 될 것을 준비 진행중이라 하니, 내선일체 동아공영이 명실구전(名實俱全)으로 실시됨이라 하겠다. 이 영(榮)에 욕(浴)한 반도대중은 비로소 이기(利器)를 들고 가장 효과적인 동아개척의 제1실추(實鍬)로 일제히 나리게 된 것이다. 그래서 제국의 일 여수(一黎首)로 동아의 일 민초(一民草)로서 천의(天意)에 준(遵)하고 성명(聖命)에 전(全)해서 반도인의 남김없는 천자(天資)를 발휘하게 됨이 아닐까?……메이지 천황의 조서환발(詔書渙發) 후로 33년을 지나이제 내선일체 일시동인(一視同仁)이 당초의 성지(聖旨)대로 여실히 실현됨은 시이무의(恃而無疑 : 믿어 의심치 않음)임은 지명(至明)이었지만 쇼와 19년을 기하여반도청년을 동일한 병제(兵制)에 수(收)하게 되는 회열은 실로 공구감격(恐懼感激)하여 불감(不堪)하는 바입니다.(『신불교』 제38집, 1942. 7. 1, 4~6면)

이종욱은 이에 그치지 않고 1943년 8월 6일에는 고양군 숭인면 경국(慶國寺)에서 숭인면 관내 5개 사찰의 연합징병제실시 감사법요식에서 '검선일여(劍禪一如)의 신생활'이라는 제목의 강연을 통하여 "7000여 승려와 아울러 반도민중은 검선일여의 정신에 투철하여 용약 군문(軍門)에 달려가 젊은이의 지성과 충성을 다하여야 할 것"이라고 역설했다.

이종욱은 조계종 종무총장(지금의 총무원장)이라는 직책으로 불교도들에게 '황위팔굉(皇威八紘)에 찬연히 빛나며 혁혁한 전과(戰果)를 올리는 대동아전쟁' 시기에 '광대무변한 황은(皇恩)에 감분흥기(感奮興起)하여 청사(靑史)에 빛나는 황국의 일원으로서의 영예를 뼛속에 깊히 삭여서 성전필승(聖戰必勝)을 완수하자'고 외쳤다.

그는 1944년 12월 7일에는 태고사에서 대조봉대(大詔奉戴) 3주년을 기념하기위하여 대동아전쟁 전몰장병 위령법요를 근행하였는데, 국민총력연맹 임원들과 경기도의 고위 관료들, 그외 관민 및 신도 유력자들이 참례하였다.

변절한 친일파가 건국훈장을 받은 불가사의

그는 이렇게 친일행각에 동분서주하다가 1945년 일본이 패망하자 8월 17일 3부장과 함께 총사직을 하고 9월 22일에 소집된 전국승려대회에서 부일협력자 제1호로 지목되어 승권정지 3년이라는 징계를 당하였다. 그러나 그는 징계기간 동안에도 추호의 반성도 없이 김동진(金東振)이 위원장으로 있는 '신탁통치반대 국민총동원위원회'의 강원도 대표(1945. 12. 31)가 되었고, 1946년에는 대한독립촉성국민회(회장 이시영) 총무부장이 되어 활동하였다.

더구나 기이한 것은 그가 승려의 몸으로 정치활동을 한 것도 그러하지만 3년의 승권정지 징계가 풀리지도 않은 1947년 1월에 이미 강원도 교구원장이 되어 그 이름이 당시 복간된 『불교』지의 축하광고란에 게재되었다는 점이다. 더더욱 기괴한 것은 그가 1977년 '대한민국 건국훈장 국민장'을 받은 사실이다.

3·1운동 때 항일투쟁을 하였다지만 그는 끝까지 지조를 지키지 못하고 변절하여 1920년대 중반부터 1945년 해방될 때까지 극렬한 친일파로 전락하여 조선불교의 종권을 완전 장악하였고, 이 땅의 불교를 왜색불교, 황도불교로 몰아넣었으며, 일제의 황민화정책에 전적으로 협력하였던 조선불교계 제1급 친일파인 이종욱이 건국훈장을 받은 것은 도저히 받아들이기 어렵다.

그의 공훈록에는 '1945년 7월 23일에는 이종린, 안정식, 정인익, 학전헌(鶴田憲) 등과 국민동지회조직에 참여한 일도 있다'고 기록되어 있고, 『지암(이종욱의 승명) 화상평전』에는 '1944년 강태동, 유석현 등과 함께 무장봉기를 위한 유격대 조직에 착수하여 이듬해 8월 18일을 거사일로 삼았었다'고 기록되어 있다. 그러나 필자가 1992년 7월 3일 용산구 효창동에 있는 백범회관에서 이를 확인하고자 독립운동관계 사료들을 조사하였으나 전혀 발견할 수 없었다.

현시점에서 이종욱이 1919년경에 행한 항일투쟁은 인정되나 1944~45년의 지하 항일 행적은 그 자료도 발견할 수 없을 뿐 아니라 그가 1920년대 중반부터 광복 때까지 행한 그의 철저한 친일행적으로 미루어볼 때 결코 수긍하기 어렵다. 더구나 이렇게 변절한 친일파 이종욱이 건국훈장을 받았다는 것은 참으로 불가사의한 일이 아닐 수 없다.

■ **임혜봉**(불교사연구가, 반민족문제연구소 연구원)

주요 참고문헌
국가보훈회, 『독립유공자공훈록』 제5권, 1988.
강석주, 『불교근세백년』 중앙일보사, 1980.
『新佛敎』
『佛敎時報』

권상로
불교계 최고의 친일학승

- 權相老, 창씨명 安東相老, 1879~1965
- 1940년 국민총력조선연맹 참사
  1943년 『임전의 조선불교』 간행

불교계 최고의 문필가이자 편집자

1895년 4월 승려의 도성출입금지가 해제되자 이를 주선한 일본승려 사노(佐野前勵)에게 감사장을 준 경력이 있는 최취허(崔就墟)는 『조선불교월보』 창간호(1912. 2. 25)에 '한일합방'을 '일본천황의 성덕'이라 하고, 또한 사찰령의 반포를 '총독의 밝은 정치(明政)'라는 등의 노골적인 친일발언을 하였다.

또 전등사 주지 김지순(金之淳) 역시 「성은(聖恩)으로 사법인가(寺法認可)」라는 글에서 사찰령 시행을 '천황의 성은'으로, 각 본산법의 인가를 '총독의 공적으로 치하하는' 몰지각하고 반민족적인 발언을 『조선불교월보』 제10호(1912. 11. 15)에 발표하였다.

최취허와 김지순 이 두 사람의 친일행각도 비판받아야 하지만, 그들의 친일적인 글을 게재한 『조선불교월보』의 편집 겸 발행인이었던 권상로에게도 상당 부분의 책임이 있다고 하겠다. 발행인이자 사장으로서 편집권을 가진 그가 민족적인 자각의식이 있었다면 이 두 사람의 글을 싣지 않았을 터이지만 권상로가 그들의 친일성향의 글을 게재했다는 것은 그가 '합방' 초부터 친일의식이 다분했음을 반증하고 있는 것이다.

권상로

출가 전 향리에서 10년 동안 한학을 공부하고 18세에 출가하여 김룡사 대교과의 이력(履歷)을 마친 뒤 원종(圓宗)의 찬집부장(纂輯部長)으로 중앙무대에서 활동을 시작하여(1909), 그 후 『조선불교월보』(1912. 2~1913. 8. 통권 19호)와 『불교』지(1924. 7~1933. 8)의 편집 겸 발행인을 맡았던 유능한 편집인이자 일제시대 조선 불교계가 처음으로 조계종이라는 종명(宗名)을 확립하고 심혈을 기울여 건립한 총본산 태고사(太古寺 : 지금의 조계사)의 상량문을 비롯해 근래 우리 나라 불교계 최대의 호한한 문장을 남긴 최대의 문장가였던 권상로.

그가 본격적으로 친일성향을 드러낸 것은 일제가 중국을 침략하면서부터였다.

권상로는 1937년 8월 6일 부민관 대강당에서 조선불교 중앙교무원 주최로 열린 첫번째 시국인식 친일강연에서 2300여 명의 청중들에게 '선각자로서'라는 제목으로 일제의 침략전쟁에 적극 협력할 것을 소리 높여 외쳤다.

총독부 시국강연반의 연사가 되어

권상로는 부민관의 첫 친일강연 이후 총독부 시국강연반의 불교측 연사로서 8월 7일 경북지방으로 시국강연 여행을 떠나 1주일 동안 일제의 국체(國體)에 투철하여 중일전쟁을 승리로 이끌자고 역설하였다.

그는 경북지방의 친일 강연에서 돌아와 8월 20일에는 총독부의 시국회의에 참석한 뒤 오후에는 용산역으로 나갔다.

전쟁이 시작된 지 두 달도 되지 않아 벌써 일본군의 유골이 속속 조선군사령부가 주둔하고 있던 용산으로 오고 있었다. 권상로는 중앙교무원의 간부 이종욱*, 황금봉 등과 함께 용산역에 도착하는 출전장병 유골 영접차 조기(弔旗)까지 들고 용산역 구내에 출영하여 유골행렬과 함께 해행사(偕行社)에 가서 전사한 일본군의 영전에 독경·분향하였다.

시국인식강연회의 불교측 연사로서 총독부로부터 그 능력을 인정받은 그는 이번에는 함경북도 지방으로 순회강연을 떠났다(1937. 9. 5). 이리하여 함북 고무산(古茂山)에서 시국강연중이던 권상로는 '불교측에서도 시국 삐라를 제작·배포하고, 시국순회강연을 개최하자'는 내용의 편지를 중앙교무원으로 보냈다. 친일승려로서의 면목을 유감없이 발휘하는 행동이었다.

권상로가 행한 이 두 번의 시국순회강연은 중일전쟁이 발생한 직후인 1937년 7월 15일에 총독부가 임시지사회의를 소집하여 전쟁과 관련해 조선민중에게 각성을 촉구하기 위해 결성한 것이다.

그의 친일강연은 일반인뿐만 아니라 승려와 불교신도들 대상으로도 행하여졌다. 1938년 7월 20일 법주사와 보은군청이 합동으로 주최한 시국강연회에 연사로 나가 150여 명의 불교신도들에게 '시국과 불교'라는 제목으로 친일강연을 하였고, 7월 22~31일에는 법주사 승려들에게 전쟁시국에 대해 강연을 하였다. 그의 친일강연 행각은 8월 7일부터는 건봉사로 이어졌다. 건봉사와 본말사가 연합하여 주최한 시국인식 순회강연회에 연사로 초빙된 권상로는 강원도 고성군 간성(杆城), 양양읍, 고성읍 등지에서 '시국과 불교', '불교의 호국주의' 등의 제목으로 600여 명의 청중에게 시국강연을 하였다.

권상로는 9월 6일에는 경북 영주읍 김룡사 포교당과 각사 연합 시국강연회에 참석하여 역시 앞서와 유사한 제목으로 친일강연을 하였다. 그의 시국강연은 다음해에도 이어져, 1939년 7월 24일 심원사(深源寺)에서 개최한 강연회에 연사로 나가 철원군 신서면 대광리에서 250여 명의 청중들에게 '불교의 시대성'이라는 제목으로 시국강연을 하였다.

승려들에게도 지원병을 권유

1938년 2월 2일 조선인 병력자원화정책의 일환으로 총독부가 '육군특별지원병제'를 실시하자 중추원 참의 최린*, 관동군 고문 한상룡*, 1급 친일파 박춘금* 등의 친일분자들이 앞다투어 '내선일체 정신으로 보아서 경하할 일'이니, '조선인으로서의 진로에 일대 광명'이라고 환영하고 나서자, 불교전문학교의 교수로 재직하고 있던 친일학승 권상로도 「승려 지원병에 대하야」(『불교시보』 제57호, 1940. 4. 1, 1면)라는 글을 발표하여 이에 적극 호응하였다.

그는 이 글에서 "조선에는 징병제가 실시되지 않아 병역의무를 행하고 하는 자가 있으나 그 길을 얻지 못하야 장지(壯志)를 품고 차탄(嗟嘆:슬프게 한탄함)하는 자를 위하여 부득이 지원병 제도가 생기었다"는 해괴한 논리를 펴 그가 정녕 조선 승려인지 의아스러울 지경이었다.

조국을 강제로 빼앗고 탄압을 일삼는 일제의 침략전쟁에 나가 목숨을 바치려는 어떤 얼빠진 조선 사람이 있다고 감히 권상로는 이런 억지논리를 함부로 교계신문에 발표했을까? 자기 나라를 위한 애국전쟁에도 목숨이 아까워 몸을 도사리는 예가 없지 않은데, 남의 나라 남의 민족의 침략전쟁에 나가 개죽음을 자초하는 어리석은 사람이 과연 있겠는가.

더구나 권상로는 전쟁을 금기시하는 불교승려로서 다음과 같은 발언이 사실이었을까 할 정도로 의아스런 얘기를 부끄러움 없이 늘어 놓았다.

금반 제3회의 모집에는 지원병수가 6만을 초과하게 되고 그 중에는 청년 승려로서 지원하는 자도 있어서 설봉산(雪峰山) 귀주사(歸州寺:함경남도 함주군에 있는 31본사의 하나)를 필두로 하여 오대산 월정사와 내금강 장안사(長安寺)에서 모두 4, 5인씩의 지원자가 있다 하니 그외의 다른 사찰에도 없지 아니한 듯하다. 혹자는 이에 대하여 불교자로서의 탈선적이 아닌가 하지마는 아니다. 이 역시 불교의 본령(本令) 중의 하나이다.……백제의 도침(道琛)대사는 국망(國亡)함을 분개하야 의병을 일으키어서 복국(復國)을 꾀하였고, 이조의 서산대사와 그 제자 사명(泗溟)대사의 여러 법형제(法兄第)는 판탕(板蕩)을 당하여 장검입공(仗劍立功)하였고 벽엄(碧嚴)대사는 병자의 난에 항마군(降魔軍)을 조직하고……그 밖에도 남북한(南北漢)에 치영(錙營：승군이 주둔하던 병영)을 두고 승군을 양성하던 것이 아직 어제인 듯하니 금일과 같은 초비상시국을 당하여 의용(義勇)이 있고 지개(志槪)가 있는 청년 승려로서 분연히 일어나서 지원병에 응모하는 것은 불교의 본령을 잊지 아니할 뿐 아니라 더욱이 조선불교의 고유한 색채를 실(失)치 아니한 자이다.(『불교시보』제57호, 1940. 4. 1, 1면)

조선 승려가 일제의 침략전쟁에 나가 살인을 하는 것이 불교의 본령이라는 주장도 조선의 대표적인 학승의 말이라고는 믿기 어려운 노릇이지만, 임진왜란시 사명대사가 왜군을 상대로 일으킨 의병을 예로 든 것은 실소를 금할 수 없다.

한때는 조국산하와 동족을 짓밟는 왜군에게 정의의 칼을 들고 항거한 조선 승려가 이제는 형세가 바뀌어 그들의 침략야욕을 위하여 총검을 들고 죄없는 중국인들을 살상하는 만행에 동참해야 한다고 선두에 서서 부르짖은 권상로의 자가당착적인 행각은 참으로 가소로운 짓거리가 아닐 수 없다.

1940년 5월 25일 권상로는 김태흡*과 함께 양주(楊州)군청이 주최한 시국좌담회에 참여하였고, 10월 10일에는 왕십리 무학(舞鶴)학교에서 1500명의 청중에게 시국강연을 하였으며, 10월 12일에는 홍제정(弘濟町) 향상대(向上臺)에서 3000명의 군중에게, 이틀 뒤인 10월 14일에는 창의(彰義)학교에서 1600명에게, 그 다음날(10. 15)은 돈암정(敦岩町) 광장에서 1400명에게, 16일에는 만세교 광장에서 1500명의 청중에게 시국인식과 불교에 대해 친일강연을 하였다. 또 그는 총독부의 어용신문 『매일신보』에 「응징성전(膺懲聖戰)과 불교」라는 친일 시사문을 발표하여 일제의 침략전쟁을 '성전'(聖戰)으로 미화하였다.(『매일신보』, 1941. 9. 6~9)

그는 이 글에서 "현하의 성전이 대동양주의에 완항(頑抗) 또는 불용명(不用命)하는 자를 응징하는 것과 같다"라고 하였으며, 중일전쟁이 중국 국민당 세력이 너무 커지기 전에 화북과 내몽고를 될수록 많이 뜯어 먹자는 목적에서 일본 군부가 일으킨 침략전쟁임에도 불구하고 권상로는 "성전이 토지 등 야욕에 있지 아니하고 은원(恩怨)이 없이 공존공영하자는 대동아공영권을 건설하는 데 목적이 있다"는 왜곡을 서슴지 않고 있다. 그리고는 이어서 "반야지

혜(般若智慧)──대원만 제일의(大圓滿第一義)──를 체득한 자에게는 삼계(三界) 일체 중생을 살해할지라도 이것으로 말미암아 악도(惡道)에 떨어지지 않는다"는 말을 인용하여 이것이 불교의 대승적 견해이며 근본적 교리라고 부연하여 중일전쟁에 지원한 조선 청년과 승려들이 일제(日帝)의 팽창야욕을 충족시키고자 무고한 중국인을 살해해도 죄가 성립되지 않는다는 논리를 폈다. 승려로서, 특히 조선의 대표적인 학승으로서 이렇듯 붓다의 정법(正法)을 일제의 가공할 전쟁과 살상의 명분으로 오용하였다는 것은 성녕 불보살(佛菩薩)과 진실한 불교도로부터 용서받을 수 없는 망동을 한 것이 아닐 수 없다.

국민총력조선연맹의 간부가 되다

중일전쟁이 장기화되고, 미일관계마저 틈이 벌어지자 종래의 전시체제를 한층 엄한 결전체제로 끌어올리기 위해서 일제는 종전의 국민정신총동원조선연맹을 해체하고 1940년 10월 16일 국민총력조선연맹을 재출발시켰다. 권상로는 이 총력연맹에 안토우(安東相老)라는 창씨명으로 임원인 참사가 되어 일제의 총력전시체제에서 황민화운동에 앞장을 섰다.

총력연맹의 간부가 된 권상로는 그 직책에 부응하기라도 하듯이 그의 친일 행각이 한층 극렬해졌다.

1941년 2월 23일부터 6일간 전북도청 주최로 황도불교선양을 위한 도내승려 강습회가 전주부 완산정 조선불교연합포교당에서 개최되었을 때 권상로는 총력연맹 참사(參事)와 혜화전문학교 강사(당시 그는 일본인이 교장으로 취임하면서 학력이 없다는 이유로 교수에서 강사로 강등되었다)의 직함으로 전북도내 각 본말사 주지와 포교사 50여 명에게 '국민총력운동과 승려의 각오', '시국과 조선불교' 그리고 '불설선생경'(佛說善生經)을 강의하였다.

총독부는 전쟁의 장기화와 확대에 따른 심각한 노동력 부족을 메우기 위해 근로동원과 보국을 결부시키는 정책을 채택하였다. 권상로는 이 방침에 호응해 정무총감 오노(大野綠一郎)의 논설 「국민생활 쇄신과 노력봉사」가 실린 『춘추』 1941년 11월호에서 박인덕*, 신흥우(申興雨), 이종린(李鐘麟), 최린과 같이 '국민개로운동의 실천요항'을 논의하였다.

격렬하다 못해 광적인 권상로의 친일논설들

권상로의 친일논설은 필자가 조사한 바에 의하면 『매일신보』에 1편, 『신불교』에 8편, 『불교시보』에 3편 등 도합 12편이 있으며, 따로 19편의 친일논설을 엮은 『임전(臨戰)의 조선불교』라는 단행본이 있다.

이처럼 많은 그의 논설들을 지면의 제한을 받는 이 책에서 그 모두를 자세하게 소개할 수는 없고 그 내용과 어조가 격렬하고 아주 광적인 것만 간략하게 언급하고자 한다.

권상로는 태평양전쟁 발발(1941. 12. 8) 직후인 1942년 1월에 『신불교』 제32집(1942. 1. 1)에 「대동아전쟁과 대승불교」라는 글에서 전쟁의 상대국인 미국과 영국 등을 호되게 비판하고 있다. 그는 안토우(安東相老)라는 창씨명으로 발표한 이 글에서 "미·영의 동양에 대한 야욕을 품어온 지가 오랠 뿐만 아니라 ……침침한 눈과 음험한 심장은 동양 전부를 몰탄(沒呑)하려는 획책을 가지고 혹은 종교로 혹은 물질로 혹은 채권으로 혹은 무력으로" 동양을 호시탐탐 노려왔다고 매도하면서 "동양의 공영을 위하고 질서의 신건(新建)을 위하여 일억일심(一億一心)으로 최후의 일각까지 불굴불요 결사(決死)의 매진(邁進)"을 하자고 부르짖고 있다.

그는 8대 조선총독 고이소(小磯國昭)가 부임하자 재빨리 그의 총력전체제에 적극 호응하여 「전시(戰時)의 전책임을 맡으라」(『신불교』 제42집, 1942. 11. 1)고 외치고, 대동아전쟁 1주년에는 전쟁의 발발 시점과 석가모니의 성도일(成道日)을 결부시켜 다음처럼 진리를 왜곡·오도하기도 했다.

보라. 12월 8일, 곧 여래의 성도하시는 성절(聖節)에 성전(聖戰)의 대조(大詔 : 일왕 쇼와의 선전포고)가 내리시며 그 순간에 대동아의 마왕 파순(波旬)의 궁전인 미·영의 근거지가 함락되었으니 이 어찌 석존의 성도하시던 찰나에 항마(降魔)하심을 실현함이며 12월 25일 곧 크리스마스에 피(彼)의 사수하던 소남도(昭南島)가 함락되었으니 이 어찌 석존의 성도하신 후에 모든 외도의 마멸상(磨滅相)을 실현함이 아니랴. 이것은 절대 인위적으로 일부러 그리한 것이 아니요 자연적으로 그렇게 주합(湊合)된 것인즉, 이 수점(數點)으로만 보아도 금번 대동아의 성전

은 틀림없는 여래의 사명인 것이 분명하다.(『신불교』 제43집, 1942. 12. 1, 8면)

전쟁이 점차 장기화되자 일제는 조직적으로 조선의 여러 가지 물적 자원을 수탈하였다. 그 가운데 하나가 '금속류 회수'였다. 그래서 조선사찰에서 놋그릇, 촛대, 범종, 쇠종 등을 총독부에 헌납하였는데 경성 일대에서만 태고사, 안양암, 봉은사, 수종사(水鐘寺), 사자암(獅子庵) 등에서 범종을 떼어 일제에게 바쳤다.

권상로는 「불상(佛像)의 장행(壯行)」(『신불교』 제48집, 1943. 5. 1)이라는 글에서 "대동아의 성전은 유유히 결전기(決戰期)에 임박하였다"고 서두를 뗀 뒤 조선에 진출한 진종(眞宗) 서본원사파의 3000여 신도들이 지성으로 모은 3000여 철제 불상을 헌납했다는 신문보도를 소개하고는 아주 절절한 음성으로 이렇게 말하고 있다.

이 얼마나 감격하며 얼마나 황송하며 얼마나 장쾌하냐. 전승(戰勝)을 위하여 교주의 성상(聖像)까지 내어바친다는 것은 불교가 아니면 없을 것이요 일본이 아니면 없을 것이다. 체적(體積)이 분촌(分寸)에 불과하다 할지라도 불상까지 출동하셨으니 듣기에 얼마나 감격하며, 중량이 치수(錙銖: 아주 가벼운 무게)에 불과하다 할지라도 불상까지 헌납이라니 보기에 얼마나 황송하며, 국가를 위하여서는 불상까지 응소(應召)하다니 참으로 비할 데 없이 장쾌한 바이다.

불교신도가 대다수인 일본이 오죽 다급하였으면 신앙의 경배대상인 불상까지 회수하여 무기를 만들었을까? 이런 처절하고 안타까운 정경에까지 감격하고 황송해 하고 장쾌하게 여긴 권상로의 친일심리는 광적이라는 표현 외에는 달리 적절한 어휘가 없을 듯하다.

1943년 8월 6일 권상로는 고양군 숭인면 경국사에서 징병제감사기도법요를 근행하고 '국민개병의 보은감사'라는 제목으로 친일강연을 하였다.

권상로는 일본의 패색이 짙어가는 1944년 9월에는 오히려 일제의 전시체제에 더욱 친일의식을 강화하여 결연한 어조로 '결전체제와 조선불교'에 대해서 이렇게 외쳤다.

시국은 날로 긴박하고 결전은 하루가 바쁘다. 기기(器機)로 경제로 사상으로 다방면에 궁(亘)하여 우리는 대사일번(大死一番)의 결심으로 대동아공영권을 실현하지 아니하면 결국은 제국(帝國)의 안위가 염려되는 터인즉 차시를 제(際)하여 무엇보다도 먼저 우리의 정신이 통일되어야 할 것은 재언을 요할 필요까지도 없다.(『신불교』 제64집, 1944. 9. 1, 6~9면)

그는 이어서 재삼 "죽음으로써 나라에 갚는다는 마음을 철두철미하게 가질 것"을 강조하면서 "적 미·영을 타도하자"고 절규하고 있다. 시간이 흐를수록 가열된 그의 친일의식은 위의 글을 발표한 바로 다음달에도 태평양전쟁을 위해 "용맹정신으로 가행하라, 황은보답이 정히 금일에 있다"고 열렬하게 부르짖었다. 또한 그는 조선"반도 2600만이 메이지 천황의 일시동인(一視同仁)으로 일본의 적자(赤子)가 된 지도 벌써 35년이 되었다"면서 "천황의 황은에 목욕하여 낙토안거"하였으니 "국가유사의 추(秋)를 당하여 진충보국하자"고 역설하고 있다.

권상로의 친일 행적의 절정은 단행본으로 『임전(臨戰)의 조선불교』(만상회, 1943, 문고판, 91면)를 간행한 일일 것이다. '성불은 전승(戰勝)이다', '계(戒)는 전투훈(戰鬪訓)이다' 등 친일로 윤색된 불교관이며 일본에의 충성을 역설하는 그의 이 책은 다른 친일논설과 함께 근년에 발간된 그의 방대한 유고집 『퇴경당전서』(退耕堂全書) 전10권에는 포함되어 있지 않다.

한마디 참회의 말과 단 한 번의 포살(참회의 불교식 용어) 행위라도 있었다면, 한 인간을 평가하는 데 있어서 그 공과 잘못을 모두 기록하는 것이 전모를 파악하고 역사의 정통성을 확보하는 일이 될 것이다. 그러나 후인들은, 특히 어떤 사람을 기리는 사람들은 그 사람의 일면, 흔히 장점이나 업적이라고 여겨지는 부분만을 집대성하는 경우가 우리 주위에는 너무나 많다. 필자는 후학의 한 사람으로서 퇴경당(권상로의 호)의 그 유려한 문장과 호한한 작품의 분량에는 존경을 보내지만 또한 그가 그 뛰어난 능력으로 일제에 적극 협력하여 생애의 많은 시간을 친일학승으로 탕진한 것을 안타깝게 여긴다.

더욱 아쉬운 것은 그가 일제시대의 친일행적에 대한 단 한 번의 포살 행위도 없이 후안무치하게 해방 후 불교대학의 최고위직에 앉은 점과 1962년에는 대통령으로부터 문화훈장을 받았다는 사실이다. 그가 진정한 승려, 참다운 구도자였다면 한국불교를 위해 광복 후에 은인자중하고 제불제조(諸佛諸祖)와 이 땅의 불자들에게 진실한 참회를 하였더라면 한국의 불교가 이토록 소란하고 황량하지는 않았을 것이다. 참으로 안타까운 노릇이다.

■ **임혜봉**(불교사연구가, 반민족문제연구소 연구원)

주요 참고문헌

『朝鮮佛敎月報』

『佛敎時報』

權相老,『臨戰의 朝鮮佛敎』, 卍商會, 1943.

『退耕堂全書』

김태흡

조선 제일의 친일 포교사

- 金泰洽, 창씨명 金山泰洽, 1899~1989
- 1935년 『불교시보』 발행인
  1937년 이후 친일포교사로 맹활약

총후보국지 『불교시보』 발행

불교도와 일반인들에게 김대은(金大隱) 혹은 석대은(釋大隱) 스님으로 알려져 있는 김태흡은 법주사 강원 대교과를 이수하고 10년 동안 고학으로 일본 도쿄에서 인도철학과 종교학을 공부한, 일제 시기의 대표적인 엘리트 승려였다.

김태흡은 일본 유학중 1923년의 관동대지진 때 조선인 수만 명이 살육되는 재난 속에서 간신히 살아나는 체험을 하고, 『불교』 제35호(1927. 5. 1)에 「임진병란과 조선승병의 활약」이라는 글을 발표하여 일부가 삭제되는 등 반일성향을 드러내기도 했다.

그러나 그는 1928년 귀국 후 조선불교중앙교무원 초대 중앙포교사로 활동하다가 1935년 8월에 『불교시보』를 창간(1944년 4월 종간)하면서 급격하게 친일파로 전락해 갔다.

『불교시보』가 창간된 시점은 제6대 조선총독 우가키(宇垣一成)가 주창한 심전개발운동(心田開發運動)의 전개와 맞물려 있었다. 따라서 김태흡은 『불교시보』에 중앙교무원의 서무이사 김정해(金晶海)가 쓴 「심전개발의 3대 원칙에

김태흡

취(就)하여」를 비롯한 심전개발의 목적과 실행사항 등을 자세하게 보도하여 일제의 조선민족 동화(同化), 즉 일본화와 순량화(順良化) 정책의 실천에 적극 동조·협력하였다. 우가키 총독 시대에 진행된 심전개발은 ① 주체관념의 명징 ② (일본식) 경신숭조(敬神崇祖)의 사상과 신앙심 함양 ③ 보은·감사·자립의 정신 양성 등을 목적으로 한 일제의 군국주의로의 변신을 반영한 식민통치의 이론적 집대성이었다. 김태흡의 『불교시보』에는 이러한 시대상황에 재빠르게 영합하는 심전개발운동에 관한 기사가 가득했다.

『불교시보』에는 본산주지들의 심전개발사업, 김천·동래·군위·임실·전주군의 각 군청과 사찰에서 행하는 심전개발운동에 대하여 자세하게 보도하였다. 또한 『불교시보』는 경성방송국에서 행한 불교측 심전개발강화(講話)에 대해서도 세밀하게 게재했다. 즉, 『불교시보』 제3호(1935. 10. 15, 7면)에는 불교측의 이지광(李智光), 박성권(각황사 포교사), 김경주(金敬注 : 佛專, 즉 불교전문학교 學監), 박윤진(불전 강사, 『불교시보』 직원), 김태흡(불전 강사, 『불교시보』 주간·발행인), 권상로*(불전 교수) 등이 1935년 4월 7일부터 9월 17일까지 16회에 걸쳐 행한 심전개발 방송에 대하여 방송날짜와 연제 및 연사에 관하여 게재한 것이다.

당시 김태흡은 『불교시보』의 발행인이자 봉은사의 상임포교사이며 불교전문학교의 전임강사였는데, 그는 봉은사 주최의 심전개발 순회포교와 전등사,

개풍군, 강원도 등에서 개최한 심전개발 순회강연에도 적극 참여하여 수많은 강연을 행하였다.

예를 들면 심전개발 제2기에 해당하는 1936년도에 김태흡은 4월 12일부터 7월 31일까지 세 차례 22회에 걸친 심전개발 강연을 하였다(『불교시보』 제13호, 1936. 8. 1, 7~8면).

조선총독부의 심전개발운동은 강원도만이 아니라 경상·전라·충청·함경도 등 전국 각지에서 요원의 불길처럼 경쟁적으로 전개되었는데, 이에 관해『불교시보』는 미주알고주알이라는 표현이 어울릴 만큼 자세하게 보도하여 일제의 조선민족 황민화정책에 크게 일조하였던 것이다.

김태흡은 일본 유학시절 조선불교 일본유학생들이 발행한 잡지『금강저』(金剛杵)의 창간과 편집에 참여하여 모두 10편의 글을 이 잡지에 발표했다. 또한 그는 고학을 하면서 인력거 발판과 공원 벤치 등에서도 집필을 하고 귀국 후에도 열심히 글을 써서『불교』지가 창간(1924. 7)되어 종간(1933. 8)될 때까지 산문 88편과 운문 17편, 희곡 11편, 소설 7편 등의 방대한 양의 글을 이 잡지에 게재하는 등 왕성한 활동을 하였다.

일제시대 초기 이광수*와 김동인*이 2인 문단시대를 형성하였듯이 1920년대에서 1930년대에 이르기까지 조선불교계에는 김태흡과 권상로가 쌍두마차처럼 당대 불교 언론계를 주도하고 있었다.

이 두 사람은 작품의 양을 비교해도 비슷했으며, 권상로가『불교』의 통권 108호의 대부분을 그리고 김태흡이『불교시보』를 10년 동안 단 1호의 결호도 없이 통권 105호를 편집·발행한 업적 등에서도 쌍벽을 이루었다.

『불교시보』는 창간사에서 '심전개발운동의 한 팔이 되고 한 다리가 되어서'라는 말을 했듯이 출발부터 친일성향을 보였고, 중일전쟁(1937. 7. 7)과 태평양전쟁(1941. 12. 8) 기간에는 열성적인 총후보국지(銃後報國誌)의 역할을 하였다.

『불교시보』 통권 105호 중 현존하는 것이 95개호인데 이를 중심으로 친일성향의 행적을 간추리면 다음과 같다.

『불교시보』에는 전94편 사설 중 시국을 언급한 친일 사설이 39편, 무기명 친일 기사와 총독의 훈시 따위가 30여 편이었고, 기명 친일 기사로는 김태흡이 19편, 이종욱*(31본사주지대표, 1941년 조계종 종무총장, 월정사 주지)이 4

편, 권상로(불전 교수)가 2편이며, 김영수(金暎遂 : 불전 교수), 김경주(불전 학감), 방한암(方漢岩 : 초대 조계종 종정) 등 12명이 각 1편씩의 글을 게재했다. 시국에 관한 전37편의 기명으로『불교시보』에 발표된 글은 거의 대부분이 적극적인 친일성향의 글들이었다. 특히 발행인 김태흡은 전체의 반을 상회하는 압도적인 양의 친일 일색의 글을 집필·게재함으로써 당시 유일했던 조선불교계의 신문으로서 일제의 식민통치에 적극 협력하였다.

그리고『불교시보』는 '천황부처'의 사진이나 일본 궁성의 사진, 「황국신민의 서사」, '신앙보국 내선일체' 따위의 광고문 등 전적으로 친일적인 내용을 다수 실었다.

조선 최고의 친일 연사 김태흡

김태흡은『불교시보』를 계속 발간하는 한편, 봉은사의 순회포교사로서 각지에서 포교활동을 전개하였고, 총독부의 심전개발운동 순회강연도 촉탁 연사로서 정력적으로 수행했다. 중일전쟁이 일어나자 김태흡은 전쟁에 대한 시국인식 친일강연으로 더욱 바빠졌다.

그 첫번째 친일강연은 중일전쟁이 일어난 지 미처 한 달도 안 된 1937년 8월 6일에 이루어졌다. 김태흡은 조선불교중앙교무원에서 개최한 적극적 친일 행사인 '대일본제국 무운장구 기원법요' 및 '시국대응강연회'에서 일본국기요배와 의미심장한 이종욱의 개회사에 이어 '입정안국'(立正安國)이라는 제목으로 중일전쟁에 따른 시국인식에 대해 열변을 토하여 2300여 청중에게 많은 감명(?)을 주었다.

이렇게 시작된 김태흡의 친일강연은『불교시보』와『신불교』가 종간되는 1944년 말까지 끊임없이 지면을 메우게 되는데, 그의 친일강연과 각종 친일시사문, 일본군 전사장병의 영령에 대한 독경소향 등 그의 친일행적은 다양하고 화려하기까지 했다.

이런 사정을 감안하여 그의 친일강연 행적을 우선 중점적으로 점검하면서 그 내용도 간략하게 살펴보고자 한다.

그는 1937년 9월 말부터 경기도와 강원도를 시작으로 시국강연을 하였다.

11월에는 강원도청의 초청을 받아 평강(平康)과 이천(伊川)군에서 '지나사변과 입신(立信)보국', '시국과 불교', '지나사변과 국민의 각오' 등의 제목으로 8회에 걸쳐 2160명의 청중에게 친일강연을 하였다. 그는 이어 12월에도 강원도의 초빙으로 금화군, 철원군, 영월, 정선 등지에서 15회에 걸쳐 3730명의 청중에게 중일전쟁을 '성전'(聖戰)이라고 추켜세우며 조선인들에게 일제를 위하여 황국신민으로서의 사명을 다 하라고 부르짖었다.

김태흡의 강연이 일제의 침략전쟁을 합리화시키는 내용으로 일관하였음은 강연제목만 보더라도 충분히 그 의도를 알 수 있다.

'벽사항마와 영겁의 행복', '동양평화와 국민의 사명', '국방인식과 의용봉공(義勇奉公)', '시국과 반성', '성전과 각오', '시국인식과 지은보덕', '신애협력과 황도선양'……

김태흡은 일제의 억지논리를 그대로 수용하여 일본군의 침략에 저항하는 중국인들을 '물리쳐야 하는 사악한 세력' 또는 '항복받아야 하는 악마들'로 지칭하고, 이들을 물리쳐야 일본인과 조선인들에게 영겁의 행복이 다가오고 동양평화가 달성된다고 역설한 것이다. 또한 이런 목적을 달성하기 위해서는 국방에 대한 인식을 보다 철저히 하고 국가(일본)에 멸사봉공해야 한다고 강조하였다. 물론 이를 위해서는 일제의 황국신민화운동에 충실하여 황도(皇道)를 선양해야 한다고 외쳤던 것이다.

김태흡의 시국강연은 1938년에도 계속되어 3월에는 울진, 삼척, 춘천, 양구, 인제, 화천 등지에서 18회, 4월에는 경기도 파주군에서 2회, 6월에는 일본의 시모노세키(下關)에서 3회 강연하였다. 그는 그 해 7월에는 만주 펑톈(奉天) 관음사의 주지 겸 포교사로 부임하였다. 또한 그는 자신이 발행하는 『불교시보』(제19호, 1938. 2. 1)에 미나미(南次郎) 총독의 내선일체·선만일여(鮮滿一如) 정책에 호응하는 노골적인 친일 시사문「선만일여의 대정책과 불교도의 각성」을 발표하기도 하였다.

김태흡의 친일강연은 쉴 사이 없이 계속되어 1939년, 1940년에도 이어졌는데, 1940년에만도 2월에는 평강군에서 '흥아성전(興亞聖戰)과 정신총동원'을, 5월에는 경기도 광주면(廣州面)에서 '불교와 정신총동원' 따위의 강연을 했다. 그의 수많은 강연을 모두 열거할 수는 없으므로 대표적이고 인상적인 것만을 언급한다면 1940년 10월과 1942년 11월 만주에서 행한 친일강연을 거론할 필요가 있다.

전자는 김태흡이 만선척식회사(滿鮮拓植會社)의 촉탁을 받아 북만주의 선농개척민(鮮農開拓民) 부락에 위문 겸 포교차 '보은감사와 신앙생활', '수신제가와 진충보국' 등의 제목으로 13회에 걸쳐 강연을 한 것이다.

후자는 김태흡이 만주 펑톈 관음사의 주지 자격으로 만주국 정부 민생부와 만주제국협화회(滿洲帝國協和會) 중앙본부의 초청을 받아서 1942년 11월 26일부터 12월 8일까지 기독교 목사 1인과 함께 짝을 지어 만주국의 종교교화보국강연반에 참가하여 순회 친일강연을 한 것이다.

그는 지린(吉林)성, 사평성, 펑옌성, 안둥(安東)성 등지에서 10회에 걸쳐 2750명의 청중에게 '종교보국과 황민화운동', '성전필승과 경신숭불(敬神崇佛)', '시국인식과 국체명징', '정의필승과 황민화운동', '성전완수와 독경삼보(篤敬三寶)', '성전필승과 황민화운동', '국체본의투철과 황도선양' 따위의 전적으로 친일적이며 일제의 침략전쟁을 수행하는 데 필요한 총력전체제에 적극협력하는 내용으로 강연하였다.

만주국 민생부와 만주제국협화회에서 이 강연반을 조직한 것은 태평양전쟁 전시체제하에 시국인식, 국책협력, 증산출하 등의 3대운동을 철저히 하기위한 것이었다. 즉, 종교단체를 총동원시켜서 만주의 조선민중(일본·만주·몽고·러시아·중국인 등을 포함하여)을 각성시켜서 측면적으로 효과를 거두기위한 것이다.

만주국 민생부와 만주제국협화회는 만주국에 현존하는 불교, 기독교, 도교, 홍만자교(紅卍字敎) 등의 대표자를 선발하여 8반으로 나누어 만주 전지역에 파견하여 유세케 하였다. 여기에 조선족측에서도 불교와 기독교의 대표자를 선발하여 4개 반으로 나누어서 만주 거주 조선인(150만 명)들에게 종교를 통하여 시국인식, 황민화운동을 전개한 것이다. 김태흡의 남만주 종교교화보국강연도 그 일환의 하나였던 것이다.

김태흡은 1941년 1월에도 철원, 금화, 평강, 회양, 이천 등지와 전북 지역에서 대동아공영권 건설과 고도국방체제 확립에 따른 국민총력운동을 선동하는 시국인식강연을 행하였다.

재단법인 조선불교협회라는 일제 어용단체에서도 태평양전쟁 시국이 긴박하게 돌아가자 1942년 9월 일본승려와 조선승려가 2인 1조가 되어 5개 반으로 나누어 전조선 각 지역을 순회강연하였는데 김태흡에 관한 부분만 언급하면 이러하다.

김태흡은 가네야마(金山泰洽)라는 창씨명으로 조선에 있는 일본사찰 호국사의 일본승려 구로다(黑田惠海)와 함께 9월 2일부터 7일까지 이리, 전주, 남원, 여수, 순천, 광주 등지에서 '불교에서 보는 대동아전쟁과 우리의 철원(哲願)'이라는 제목으로 '시국에 즉응(卽應)하야 황도불교'의 선양을 위해 '내선불교(內鮮佛敎)가 상호 제휴하여 대동아의 민중 속에 들어가서 황도정신(皇道精神)의 앙양에 기여하고자' 전라남북도 지역을 일본승려와 합동으로 시국강연을 한 것이다.

김태흡은 1943년 3월에는 '종교보국·포교보국의 직역봉공(職域奉公)의 임무를 가진 불교도로서……국체관념을 투철히 하여……황도불교를 선양'하고자 설립된 불교문화보급회의 발기인으로 참여하였다.

태평양전쟁 제2차 연도인 1942년 5월 8일 일본 각의가 조선인들의 징병제 실시를 공포하자 김태흡은 『불교시보』에 「광영의 징병제 실시」라는 친일 시사문을 게재하고, 경성의 근교 5개 사찰이 연합하여 봉행한 징병제실시 감사 법요식(1943. 8. 6)에서 조계종 종무총장 이종욱 및 혜전(惠專)교수 권상로와 함께 '생사초탈과 진충보국'이라는 제목으로 축하강연을 하였다. 김태흡이 끊임 없이 벌이던 친일강연은 이것을 끝으로 『불교시보』와 『신불교』가 종간됨으로써 그 자취를 감추었다. 그의 왕성한 활동력으로 보아 친일강연이 이로써 멈춘 것은 아니겠으나 불교언론이 전무하므로 다만 기록이 남겨지지 않았던 것으로 보여진다.

친일 불교언론을 주도

김태흡은 수많은 친일강연 외에도 다수의 친일논설 내지 친일 시사문들을 발표했다. 『불교시보』에 18편, 『신불교』에 3편, 총독부의 어용신문인 『매일신보』에 5편, 강원도청에서 출판한 『심전개발 및 시국에 관한 순회강연집』제1

호(강원도, 1937)라는 단행본에 11편 등 도합 37편이 남아 있다.

중일전쟁이 발발하자 김태흡은 자신이 발행하는『불교시보』에「적군의 응징과 국민의 지구력」(제27호, 1937. 10. 1),「연전연승 함락의 축하」(제28호, 1939. 11. 1) 따위의 사설(社說)을 통하여 친일활동을 본격화하고, 한편으로는 기명(記名)으로 중일전쟁에 관한 친일 시사문 내지 논설들을 발표하여 조선인과 조선불교도들에게 일본에 충성하고 애국할 것을 부르짖었다.

그는 1937년 10월 1일자『불교시보』에 실린「애국사상과 경신숭불」에서는 "서구의 백인들과 야합하는 중국인을 응징하는 일본과 일본군대인 황군에게 충성과 지원을 하자"고 역설하였다.

그는 이 글에서 "당국에서도 애국일을 별정(別定)하고……엄숙한 식전을 행하여 애국심을 환기시키는 것"이라면서 일본신사에 안치된 아마데라쓰 오미카이(天照大神) 등의 여러 일본신(日本神)들을 열거하면서 "아국 영토 내에 있는 자는 어떠한 종교·국체며 외국인이라도……신사참배를 불긍(不肯)하면 용서할 수 없다"고 으름장을 놓고 있다.

김태흡이 주장하는 애국사상은 일본에 대한 충성이었으며 그 사상의 기저는 천어중주신(天御中主神) 따위의 일본건국신화에 바탕을 둔 신도(神道)사상이었다. 그는 엄연한 조선승려이면서 일본의 성무천황(聖武天皇)과 쇼도쿠태자의 불교신앙을 통한 일본적인 불교사상과 애국 신조를 고취하는 반민족적인 작태를 서슴지 않았다. 더구나 그는 애국적인 실천방안으로 신사참배를 적극 권장하고 일본인처럼 가정 안에 일본 신(神)들을 모시는 신단(神檀)과 불단(佛檀)을 설치하자고 주장하고 있다.

김태흡의 이와 같은 주장은 전시하의 애국운동, 내선일체, 총후보국 등 총력체제 비상시국 아래의 조선인들을 부일(附日) 내지 친일화로 내모는 것이었다.

서기 1940년은 일본에 있어서 황기(皇紀) 2600년이 되는 뜻 깊은 해였다. 김태흡은 이 해를 맞이하여『불교시보』신년호(제54호, 1940. 1. 1)에 일왕 쇼와(昭和) 부처의 사진을 1면 상단에 게재하였다. 또「홍아성업(興亞聖業) 건설의 신춘, 천은(天恩) 사해팔굉(四海八紘)에 보점(普霑)」이라는 글에서는 마침 '즉위 15년을 맞이한 40세의 일본천황과 황후 및 황태자, 제2황자 등 일본황실의 중요 인사들의 건강을 기원하며 축하를 드리고 일본제국의 대동아공영권 건설에도 서기(瑞氣)가 충만하다'는 아부를 하였다.

그는 이 기사의 말미에서 "장기건설인 홍아성업이 순조롭게 완수될 것을 확신무의(確信無疑)케 되니 차(此)는 오직 세계무비(世界無比) 만세일계(萬世一系)의 국체와 윤문윤무(允文允武)하옵신 금상 폐하의 어능위(御稜威)에 기(基)한 바이라 사해팔굉에 보점(普霑)하는 천은을 첨암하매 일억적자(一億赤子) 너무도 감격하야 오로지 공구감읍(恐懼感泣)할 뿐이라 신년을 당해서 삼가 황실의 어번영(御繁榮)을 축(祝)하야 마지 않는 바이다"라는 최상의 경어로 최고의 아첨을 서슴지 않고 있다.

그는 이에 그치지 않고 이 기사 바로 아래의 연두사(年頭辭)를 통하여 '신동아건설과 내선일체'에 대해 역시 노골적인 친일발언을 되풀이했으며, 또한 『불교시보』 1940년 2월호(제55호. 1940. 2. 1)에 실린 「신생(新生)의 도(道)」라는 글에서는 일제의 중국대륙 침략정책을 동조·찬양하였다.

창씨개명에도 앞장 서다

1940년 2월 총독부가 창씨개명을 실시하자 김태흡은 기다렸다는 듯이 이에 동조하여 재빨리 가네야마(金山泰洽)로 이름을 갈아 치웠다. 그의 창씨명이 처음 등장한 곳은 『불교시보』 제58호인데 그 발행일이 1940년 5월 1일로 되어 있는 만큼 원고집필과 인쇄기간 등을 감안하면 김태흡은 1940년 4월 혹은 그 이전에 창씨개명을 했음이 틀림없다.

이렇듯 그는 조선승려로서는 가장 먼저 일본식으로 창씨하는 모범(?)을 보였을 뿐 아니라 「국민정신과 씨창설(氏創設)」이라는 글을 발표하여 창씨개명을 통한 황국신민화정책에 적극 협력하였다(『불교시보』 제59호, 1940. 6. 15, 1면).

그런데 그 내용이 어처구니없을 정도로 친일화되어 있어 경악을 금할 수 없다. 내용을 요약하면 이러하다.

김태흡은 국민정신으로서 ①일본제국의 신민(臣民)임을 확실히 깨닫고 ②일본과 조선은 한몸이라는 신념을 가질 것이며(내선일체) ③직업봉공에 충실하여 황도선양에 노력하는 것, 이 세 가지가 조선인들의 국민정신이라고 주장하고 있다. 또한 그는 일제가 조선을 강제로 합병한 것을 "반도동포가 황은을 입은 지 30년이나 되었다"고 말하는가 하면 "태고의 역사를 살펴보면 일본과 조선은 이미 3000년 동안이나 한 집안이어서 2, 30년이라는 것은 우리가 내지(일본)를 떠나 있다가 다시 본집(?)으로 돌아온 연수에 지나지 않는다"는 해괴한 망발을 서슴지 않고 있다. 따라서 조선인들은 "새로이 황국신민이 된 것이 아니라 벌써부터 황국신민으로 있었다"고 김태흡은 억지 주장을 하였다. 또 이러한 연고로 반도동포(조선인)는 겨우 30년 전에 황국신민이 된 신부(新附)의 백성이나 가봉자, 서자(庶子), 계자(繼子)가 아니라 일본의 적자(嫡子)라는 것이다.

그러므로 미나미(南次郎) 총독이 조선민사령을 개정하여 내선동포가 동일한 씨(氏)를 갖게 된 것은 가출한 자식이 집으로 돌아와 다시 상속받을 자격을 얻은 것과 같다고 김태흡은 강변하였다. 그는 한술 더 떠 창씨개명만으로 황국신민이 되기에는 부족하므로 일본식 씨창설과 그 이름에 부끄럽지 않도록 정신을 단련하고 실질을 높여야 한다고 조선인들을 설득하였다. 그는 아울러 이러한 국민정신의 연마는 스스로 해야 하고 그러기 위해서는 "가슴 속에서 저절로 일본국가(國歌) 기미가요가 솟아나오고 일장기(日章旗)를 볼 때마다 감격한 생각이 일어나야 된다"는 황당한 궤변을 부끄러움도 없이 늘어 놓고 있다.

창씨개명에 앞장 서고, 일제의 징병제도를 찬양하며, 황도불교(皇道佛敎)를 주창하고, 적국항복의 기도를 역설하고, 총력결전체제에 앞장 서서 일제의 침략전쟁에 적극 협력하는 등의 김태흡의 반민족적인 행위는 약관 20세에 전통적인 승가교육인 법주사 대교과를 이수한 조선승려의 행동이라고는 도저히 믿어지지 않는다.

1945년 8월, 일본이 항복하자 김태흡은 경남 밀양의 무봉사(舞鳳寺)로 잠시 피난을 하였다가 이내 서울로 돌아왔다. 그는 일제시대의 그 광적인 친일행적에 대해서는 한마디의 참회도 없이 대장경 번역위원이 되어 한글대장경 번역에 종사했다. 그리고 그가 끝내 자신의 열렬한 친일행위에 대해 아무런 참회의 고백도 없이 1989년 4월, 서울 상도동의 사자암에서 훌쩍 입적(入寂)하고

말았다는 것은 한국불교에 잔존하는 왜색불교가 청산될 또 한 번의 기회가
사라졌다는 것을 의미하는 일이 아닐 수 없었다. 아쉬운 일이었다.

■ **임혜봉**(불교사연구가, 반민족문제연구소 연구원)

주요 참고문헌
『佛教時報』
『新佛教』

부록

친일파 문제 관련 주요 문헌 목록
일제하 친일단체 및 기관 소속 주요 인명록

부록 1·친일파 문제 관련 주요 문헌 목록

일러두기

1. 이 문헌 목록은 현재까지 발표된 친일파 문제 관련 문헌을 대상으로 하여, 자료의 중요성과 발간 시대를 고려하여 배열하였다. 단, 논문은 필자명을 기준으로 하여 가나다순으로 배열하였다.

2. 수록 순서는 ①개설서 ②기본 문헌 ③관련 문헌 ④ 인물별 주요 문헌 순으로 하였다.

3. '개설서'는 일반독자가 친일파 문제를 이해하는 데 기초가 되는 책들을 정리한 것이다.

4. '기본 문헌'은 친일파 문제 연구에 기본이 되는 기초자료들을 정기간행물, 단행본의 순서로 정리한 것이다.

5. '관련 주요 문헌'은 친일파 문제만을 다룬 자료는 아니지만 관련성이 높은 자료들을 정기간행물, 단행본, 논문의 순서로 정리한 것이다.

6. '인물별 주요 문헌'은 이 책에 실린 인물들에 관한 자료들을 정리한 것이다. 단, 본문의 '주요 참고문헌'과의 중복을 피하기 위해 회고록, 자서전, 그리고 해당 인물에 대한 논저 등을 중심으로 하였다.

7. 일문 자료는 해당 문헌의 표기를 따랐고, 국문 자료는 가능한 한 한글로 표기하였다.

8. 이 문헌 목록 이외에도 친일파 문제 관련 목록으로는, 『반민족문제연구소 회보』 창간호에 수록된 「친일관계 논저목록(1차분)」과 반민족문제연구소 개소기념 추모자료집 『임종국』에 수록된 「임종국 선생 저서 목록」이 있다.

1. 개설서

임종국,『친일문학론』, 평화출판사, 1966.

_____,『일제침략과 친일파』, 청사, 1982.

_____,『일제하의 사상탄압』, 평화출판사, 1986.

_____, 반민족문제연구소 엮음,『실록 친일파』, 돌베개, 1991.

강동진,『일제의 한국침략정책사』, 한길사, 1980.

길진현,『역사에 다시 묻는다』, 삼민사, 1984.

김병걸·김규동 편,『친일문학작품선집』1, 실천문학사, 1986.

김삼웅·정운현 편,『친일파』I·II, 학민사, 1991·1992.

역사문제연구소 편,『인물로 보는 친일파 역사』, 역사비평사, 1993.

2. 기본 문헌

2-1. 정기간행물

『京城日報』.

『國民文學』.

『基督敎新聞』.

『內鮮一體』.

『綠旗』.

『大東亞』.

『大和世界』.

『東洋之光』.

『每日申報』·『每日新報』.

『半島時論』.

『佛敎時報』.

『三千里』.

『新佛敎』.

『朝光』.

『朝鮮公論』.

『總動員』.

『春秋』.

2-2. 단행본

細井肇, 『現代漢城の風雲と名士』, 1910.

大村友之丞 編, 『朝鮮貴族列傳』, 1910.

李寅燮, 『元韓國一進會歷史』, 文明社, 1911.

牧山耕將, 『韓國紳士名鑑』, 1911.

田中正則, 『朝鮮紳士寶鑑』, 1913.

武田範之, 『侍天敎歷史』.

伊藤博文 編, 『朝鮮交涉資料』.

魚　潭, 『魚潭小將回顧錄』(고려서림, 1987).

齋藤實, 『齋藤實文書』, 1919~27(고려서림, 1990).

小松綠, 『朝鮮併合之裏面』, 中外新聞社, 1920.

朝鮮總督府, 『道知事會議速記錄』, 1921.

『朝鮮紳士寶鑑』, 1922.

「朝鮮參政權要求建白書」, 『時事評論』 1, 1922. 4.

大垣丈夫, 『朝鮮紳士大同譜』, 1923.

朝鮮每日新聞社, 『朝鮮施政拾五年史』, 1925.

釋尾東邦, 『朝鮮併合史』, 朝鮮及滿洲社, 1926.

佐佐木太平, 『朝鮮の人物と事業』, 京城新聞社, 1930.

朝鮮紳士錄刊行會, 『朝鮮紳士錄』, 1931.

『朝鮮人事興新錄』, 1935.

阿部薰 編, 『朝鮮功勞者名鑑』, 民衆時論社, 1935.

朝鮮總督府, 『朝鮮總督府時國對策調査委員會會議錄』, 1938.

德力新一郎, 『朝鮮總督府警察官署職員錄』, 朝鮮受驗研究社, 1938.

朝鮮總督府, 『朝鮮史偏修會事業槪要』, 1938.

嶋元權, 『朝鮮財界の人人』, 京城日報社, 1941.

內田良平 編, 『日韓併合始末』, 1944.

『감리교회 背信 背族 敎役者 行狀記』, 1947.

『반민특위 피의자 신문조서 및 청취서』, 1949.

민족정경문화연구소 편,『친일파군상』, 삼성문화사, 1948.

혁신출판사 편,『민족정기의 심판』제1집, 혁신출판사, 1949.

『반민특위 피의자 신문조서 및 청취서』, 1949.

고원섭 편,『반민자 죄상기』, 백엽문화사, 1949.

김영진 편,『반민자 대공판기』제1집, 한풍출판사, 1949.

「비화 한 세대──'반민특위'」,『경향신문』9755~9841호.

3. 관련 문헌

3-1. 정기간행물

『高宗實錄』.

『大韓每日申報』.

『獨立新聞』.

『皇城新聞』.

『漢城週報』.

『東亞日報』.

『朝鮮日報』.

『朝鮮新聞』.

『開闢』.

『別乾坤』.

『批判』.

『四海公論』.

『西北學會月報』.

『太極學報』.

『太陽』.

『彗星』.

『學之光』.

『少年韓半島』.

『時事評論』.

『新民』.

『新生活』.

『朝鮮總督府 官報』.
『朝鮮年鑑』.
『朝鮮總督府 統計年報』.
『銀行會社組合要錄』.

3-2. 단행본

金玉均,『甲申日錄』.
黃 玹,『梅泉野錄』(국사편찬위원회, 1955).
鄭 喬,『大韓季年史』(국사편찬위원회, 1957).
金允植,『續陰晴史』(국사편찬위원회, 1959).
『東學亂記錄』(국사편찬위원회, 1985).
尹孝定,『風雲韓末秘史』.
鄭萬朝,『茂亭遺稿』.
魚允迪,『東史年表』.
朴殷植,『獨立運動之血史』(서울신문사, 1946).
朴殷植,『韓國痛史』(서울신문사, 1949).
武田範之,『記李豊榮事』.
紹雲居士,『韓末秘史』.
『大韓帝國官員履歷書』(국사편찬위원회, 1972).
『帝國議會衆議院議事速記錄』1~8(태산, 1991).
帝國實業會,『帝國實業會商務細則附則』, 1908. 9. 5.
岩井敬太郎,『顧問警察小誌』, 韓國內部警察局, 1910.
大邱府編,『大邱民團史』, 1915.
『臨時議政院文書(1919~21)』.
市川正明 編,『3·1 獨立運動』1·2(고려서림, 1989).
朝鮮總督府,『施政に關する諭告, 訓示並演述』, 1922.
觀藤四郎介,『李王宮秘史』, 1926(탐구당, 1985).
『朝鮮及朝鮮民族』第1集, 朝鮮思想通信社, 1927.
河井朝雄,『大邱物語』, 1931.
慶尙北道 警察部,『高等警察要史』, 1934.
篠田治策,「在鮮二十六年の回顧」,『朝鮮統治の回顧と批判』, 朝鮮新聞社, 1936.
京城府,『京城府史』, 1936.

菊池謙讓,『朝鮮近代史』, 朝鮮研究會, 1936.

本田秀夫 編,『朝鮮殖産銀行二十年年志』, 1937.

滿洲國 軍事顧問部,『國內治安對策の研究』, 1937.

綠旗日本文化研究所 編,『朝鮮思想界槪觀』, 今日の朝鮮問題講座 4, 綠旗聯盟, 1939.

『忠淸南道大地主名簿』, 1930年代末.

『조선예수교장로회 총회록(1939~42)』.

田保橋潔,『近代日鮮の關係研究』, 朝鮮總督府中樞院, 1940.

김 구,『백범일지』.

박태원,『약산과 의열단』, 백양당, 1947.

外務省 編,『日本外交文書』三十七卷, 日本國際聯合協會, 1954.

이병헌,『3·1 운동 비사』, 1959.

최 준,『한국신문사』, 일조각, 1960.

대한체육협회,『대한체육협회사』, 1965.

국사편찬위원회,『일제침략하 한국36년사』1~12, 탐구당, 1966~78.

金正明 編,『日韓外交資料集成』, 巖南堂書店, 1966.

山邊健太郎,『日韓倂合小史』, 太平出版社, 1966.

이두현,『한국신극사연구』, 서울대출판부, 1966.

문화공보부,『한국의 언론』제1집, 1968.

중앙교우회,『중앙 60년사』, 1969.

경성방직,『경성방직 50년』, 1969.

이광린,『한국개화사연구』, 일조각, 1970.

독립운동사편찬위원회,『독립운동사자료집』, 1970.

韓國史料研究所,「大正 九年 六月 朝鮮人 槪況」,『朝鮮統治史料』7, 1971.

국회사무처,『국회사』, 1971.

梶村秀樹·姜德相 編,『現代史資料』, みすず書房, 1972.

동아일보사,『동아일보사사』, 1975.

고려대학교70년지 편찬실,『고려대학교 70년지』, 고려대출판부, 1975.

삼양사,『삼양 50년』, 1975.

森川哲郞,『朝鮮獨立運動暗殺史』, 三一書房, 1976.

대한상공회의소,『상공회의소 90년사』, 1976.

김영모,『한말지배층 연구』, 일조각, 1977.

森田芳夫,『朝鮮終戰の記錄』, 巖南堂書店, 1979.

黑龍會 編,『東亞先覺志士記傳』, 原書房, 1981.

백종기, 『한국근대사연구』, 박영사, 1981.

八木信雄, 『日本と韓國』, 1981.

심지연, 『한국민주당연구』, 풀빛, 1982.

조기준, 『한국기업가사』, 박영사, 1983.

연동교회90년사 편찬위원회, 『연동교회 90년사』, 1984.

심지연, 『한국현대정당론』, 창작과비평사, 1984.

장창국, 『육사 졸업생』, 중앙일보사, 1984.

최광식, 『한국근대소설사론』, 창작사, 1986.

김윤식, 『한국근대소설사연구』, 을유문화사, 1986.

川上善兵衛, 『武田範之傳』, 日本經濟評論社, 1987.

조흥은행, 『조흥은행 90년사』, 1987.

角田房子, 『閔妃暗殺』, 新潮社, 1988.

韓晳曦, 『日本の朝鮮支配と宗敎政策』, 未來社, 1988.

두산그룹, 『두산그룹사』, 1989.

유민영, 『우리시대 연극운동사』, 단국대출판부, 1990.

한국정신문화연구원, 『한국민족문화대백과사전』, 1991.

유영익, 『갑오경장연구』, 일조각, 1990.

서중석, 『한국현대민족운동연구』, 역사비평사, 1991.

한국기독교역사연구회, 『한국기독교의 역사』, 기독교문사, 1990.

김승태 편, 『한국기독교와 신사참배문제』, 한국기독교역사연구소, 1991.

이경성, 『(속) 근대한국미술가논고』, 일지사, 1989.

이구열, 『근대한국미술사의 연구』, 미진사, 1992.

『한국근현대사인명록』(여강, 1992).

『한국근대인물백인선』, 『신동아』 1970년 1월호 부록, 동아일보사.

순국선열유족회, 『순국』 1~27호, 1988. 1·2~1993. 3.

3-3. 논문

강명관, 「일제초 구지식인의 문예활동과 그 친일적 성격」, 『창작과비평』, 1988 겨울.

강민기, 「1920년대 한국 동양화단의 새로운 경향과 일본화풍」, 홍익대 석사학위논문, 1989.

김경택, 「한말·일제하 천도교 간부들의 운동 논리와 친일」, 『현대불교』, 1991. 8, 현대불교사.

김 산, 「불교계 친일군상의 실태」, 『현대불교』, 1991. 8, 현대불교사.

김성민, 「조선사편수회의 조직과 운용」, 국민대 석사학위논문, 1987.

김승태, 「한국기독교계의 일제시대 청산 문제」, 『현대불교』, 1991. 8, 현대불교사.

김용섭, 「고부 김씨가의 지주경영과 자본전환」, 『한국근현대농업사연구』, 일조각, 1992.

김윤수 외, 「한국미술의 일제 식민잔재를 청산하는 길」, 『계간미술』 제25호, 1983 봄.

김주언, 「'민족지'의 친일행각」, 『순국』, 1992. 3·4.

김태희, 「상아탑의 친일 인맥」, 『말』, 1990. 5.

남인순, 「친일음악인의 민족정서 왜곡사」 『순국』, 1992. 3·4.

노동은, 「지금도 왜 일제 잔재가 문제인가」, 『순국』, 1991. 7·8.

박미경, 「'선전'의 회화경향──동양화부를 중심으로」, 동국대 석사학위논문, 1991.

원동석, 「일제미술 잔재의 청산을 위하여」, 『실천문학』 제7호, 1985 여름.

윤재걸, 「일제하 조선인 귀족 열전」, 『월간조선』, 1988. 1.

이광호, 「청산되지 않은 교육계의 친일인맥」, 『순국』, 1992. 3·4.

이경남, 「일본 육군中野학교」, 『신동아』, 1982. 7.

이기동, 「일제하의 한국인 관리들」, 『신동아』, 1985. 3.

이덕주, 「교과서와 친일문학」, 『순국』, 1990. 3·4.

이태호, 「1940년대 초반 친일미술의 군국주의적 경향성」, 『근대한국미술논총』, 학고재, 1992.

이효인, 「황민화의 선전대로 전락한 영화인들」,『순국』, 1992. 3·4.

임종국, 「일제하 지식인의 변절」, 김삼웅·정운현 편, 『친일파』 I, 학민사, 1991.

정운현, 「정치권의 친일 인맥」, 『말』, 1990. 9.

정정명, 「고영근 연구」, 연세대 석사학위논문, 1986.

조항래, 「일본의 대한침략정책과 구한말 친일단체」 1~4, 『동양문화』 10·11·12, 영남대 동양문화연구소, 1969~71.

──── , 「일진회의 배후관계」, 『숙대논문집』 28, 1988.

──── , 「일진회의 주변단체와 그 연계성」, 『두계 이병도박사 구순기념 한국사학논총』, 1987.

──── , 「일진회 연구」, 중앙대 박사학위논문, 1984.

차문섭, 「매국의 앞잡이──일진회」, 『한국현대사』 3, 신구문화사, 1969.

최 준, 「일진회의 언론활동분석」, 『중앙대논문집』 7, 1962.

최석태, 「일제하 미술가들의 변상도」, 『역사산책』, 1990. 12.

최영희, 「주한일본공사관기록문서수록 '한말관인의 경력일반'」, 『사학연구』 제21집, 1969.

4. 인물별 주요 문헌
——『친일파 99인』 전3권 수록순

이완용

김명수 편, 『일당기사』, 일당기사출판사, 1927.

고원섭, 「이완용의 후손들」, 『신천지』 1, 서울신문사, 1946.

김천석, 「이완용의 조국관」, 『한양』 6권 6호, 한양사, 1967.

송병기 역, 「이완용과 왕조명」, 『자료 한국독립운동사』, 연세대출판부, 1972.

김행선, 「친미·친러파로서의 이완용 연구(1858~1904)」, 고려대 석사학위논문, 1985.

박제순

黃沍根, 『參政大臣江石韓圭卨先生小傳』(한국자료문화연구소, 1971).

송병준

野田眞弘, 『賣國奴』, 講談社, サービスセオンタ, 1977.

이용선, 「친일귀족 파망기 송병준」 상·하, 『사담』, 1988. 1~2, 보건신문사.

이용구

宋秉畯, 『海山李容九墓誌銘』.

黑龍會 編, 『李鳳庵先生事略』.

＿＿＿＿, 『日韓合邦秘史』 上·下, 原書房, 1966.

大東國男, 『李容九の生涯』, 時事通信社, 1961.

西尾陽太郎, 『李容九小傳』, 葦書房, 1978.

송건호, 「이용구」, 『한국현대인물사론』, 한길사, 1984.

조항래, 「이용구」, 『한국인의 원형을 찾아서』, 일념, 1987.

＿＿＿＿, 「이용구의 일제침략·병합 앞잡이 행각」, 『국사관논총』 28, 1991.

임종국, 「매국에 앞장 선 보수는 쌀 몇되값——'일한병합청원서' 낸 이용구」, 『실록 친일파』, 돌베개, 1991.

조갑제, 「伊藤博文의 손자와 이용구의 아들」, 『월간조선』, 1984. 10.

박영효

「박영효候와 한말풍운」, 『月刊野談』 11·12, 1939. 6.

신석호, 「한말정계와 박영효」, 『朝光』 5권 11호, 1939. 11.

윤치호

국사편찬위원회 편, 『윤치호일기』, 1973~76.

송병기, 『국역 윤치호일기』 상·하, 탐구당, 1975.

윤치호, 「회고 30년」, 『조선남감리교회30년기념보』, 조선남감리교회전도국, 1930.

이광수, 「규모의 人 윤치호 씨」, 『이광수전집』 17, 삼중당, 1962.

김영희, 『좌옹윤치호선생략전』, 기독교조선감리회총리원, 1934.

차상찬, 「내가 본 윤치호선생」, 『혜성』 1권 2호, 1931. 4(『한국근세사논저집』 2, 태학사,
     1982).

_____, 「조선최초영어학습회고담」, 『영어문학』 창간호, 조선영문학회, 1932.

유영렬, 『개화기 윤치호 연구』, 한길사, 1985.

이규완

『李圭完翁百年史』, 비판신문사, 1957.

김진구, 「갑신정변의 급선봉——당년 열혈아 이규완 씨」, 『별건곤』 4권 4호, 1926.

이두황

『李斗璜翁追懷錄』, 1929.

박중양

朴重陽, 『述懷』.

유성준 유만겸 유억겸

유동준, 『유길준전』, 일조각, 1987.

김대우

정영진, 『폭풍의 10월』, 한길사, 1990.

이각종

李覺鐘, 『時局讀本』, 1937.

현영섭

玄永燮, 『朝鮮人の進むべ道』, 綠旗聯盟, 1938.

_____, 『新生朝鮮の出發』, 大版屋號書店, 1939.

高崎宗司, 「玄永燮について」(미발표논문).

이영근

李永根, 『朝鮮の問題と其の解結』, 京城正學硏究所, 1942.

_____, 『すめら朝鮮』, 日本靑年文化協會, 1943.

高崎宗司, 「朝鮮の親日派」, 『日本近代史と植民地』, 岩波書店, 1992.

김석원

김석원, 『노병의 한』, 육법사, 1977.

김홍일, 『대륙의 분노──노병의 회상기』, 문조사, 1972.

유원식, 『5·16 비록──혁명은 어디로 갔나』, 인물연구소.

한상룡

韓相龍, 『內地及臺灣視察記』, 日韓印刷株式會社, 1916.

韓翼敎 編, 『韓相龍君を語る』, 韓相龍還曆記念會, 1941.

김민철, 「한상룡」, 『반민족문제연구소 회보』 1, 1991. 9.

장직상

한일도, 「조선금융기관에 대한 고찰」, 『비판』 14, 1932. 6.

박영철

朴榮喆, 『五十年の回顧』, 大阪屋號書店, 1929.

문명기

文明琦, 『眞の世界平和へ所志一檄』, 雲岩書齋, 1937.

김연수

수당기념사업회, 『수당 김연수』, 1971.

신준영, 「김성수의 친일행각」, 『말』, 1990. 11.

박승직

연강박두병전기 간행위원회, 『연강 박두병』, 1975.

이성태, 「두산그룹의 반민족 자본 축적사」, 『말』, 1991. 5.

진학문

최승만, 『순성 진학문 추모문집』, 1975.

장덕수

이경남, 『설산 장덕수』, 동아일보사, 1981.
심지연, 「설산 장덕수의 정치이념」, 『경남대논문집』 9, 1982.

정만조

鄭萬朝, 『茂亭遺稿』.

어윤적

魚允迪, 『東史年表』.

이능화

『이능화전집』, 중앙대 한국문화연구소.
안계현, 「이능화」, 『신동아』 1970년 1월호 부록 『한국근대인물100인선』.

최남선

최남선, 「자열서」, 『자유신문』.
_____, 「자신의 암우를 탄한다」, 『반민자 대공판기』, 한풍출판사, 1949.
『육당 최남선 선생 전집』.
홍일식, 『육당 연구』, 일신사, 1959.
_____, 「최남선 연구——그의 사상과 문학을 중심으로」, 고려대 석사학위논문, 1964.
조용만, 『육당 최남선——그의 생애·사상·업적』, 삼중당, 1964.
_____, 『최남선——신문화운동의 거벽』, 『인물한국사』 5, 박영사, 1965.
_____, 『최남선——여명을 밝힌 지성」, 『인물한국사』 6, 신구문화사, 1965.

김활란

김활란, 『그 빛 속의 작은 생명』, 여원사, 1965.
『우월문집』, 이화여대출판부, 1979.
김옥길, 『김활란 박사소묘』, 이화여대출판부, 1959.
김정옥, 『이모님 김활란』, 정우사, 1977.
한선모, 「김활란의 반민족 친일 이력서」, 『말』, 1990. 8.

이인직

小松綠,『朝鮮倂合之裏面』, 中外新論社, 1920.

김광용,「이인직 연구」,『서울대논문집:인문사회편』 6, 1957.

田尻浩幸,「菊初李人稙論」, 연세대 석사학위논문, 1991.

이광수

『이광수 전집』, 삼중당, 1971.

『이광수 전집』, 우신사, 1979.

정학송,『사랑은 가시밭길——춘원 이광수의 사랑과 종교』, 광화문출판사, 1962.

박개조·정학송,『춘원 이광수——그의 생애·문학·사상』, 삼중당, 1962.

김윤식,『이광수와 그의 시대』, 한길사, 1986.

이동하,『이광수』, 동아일보사, 1992.

김동인

『김동인 전집』.

정비석,「김동인의 예술과 생애」,『자유세계』, 1952. 8·9.

주요한

김윤식,「준비론 사상과 근대시가——주요한의 경우」,『한국근대문학사상사』, 한길사, 1984.

김동환

장부일,「파인 김동환 연구」, 서울대 석사학위논문, 1982.

김기진

김팔봉,「나의 회고록」,『세대』, 1965. 12.

홍전선 편,『김팔봉 문학전집』, 문학과지성사, 1988.

모윤숙

모윤숙,『회상의 창가에서』, 중앙출판사, 1968.

_____,『자화상』, 대호출판사, 1982.

_____,『호반의 밀어』, 대호출판사, 1982.

유치진

유치진, 『동랑자서전』, 서문당, 1975.

이두현, 『한국신극사연구』, 서울대출판부, 1966.

유민영, 『우리시대 연극운동사』, 단국대출판부, 1990.

백 철

백 철, 『문학자서전』, 바영사.

홍난파

김종욱, 『최후의 악수 홍난파』, 춘추각, 1985.

김은호

김은호, 『서화백년』, 중앙일보사, 1977.

한국근대미술연구소 편, 화집 『이당 김은호』, 국제문화사, 1978.

화집 『이당 김은호』, 예경산업사, 1989.

『한국근대회화선집』 한국화 3권 '김은호', 금성출판사, 1990.

이구열, 「畵壇一境——이당선생의 생애와 예술」, 1968.

_____, 『근대한국미술사의 연구』, 미진사, 1992.

이규일, 「이당 김은호의 생애와 예술」, 『이당 김은호——탄생 100주년 기념전 도록』,
　　　호암갤러리, 1992.

김기창

김기창, 『나의 사랑과 예술』, 정우사, 1977.

『한국근대회화선집』 한국화 9권 '김기창/박래현', 금성출판사, 1990.

이구열, 「줄기찬 자기 연소」, 『계간미술』 11호, 1979 여름.

허영환, 「양식의 거리낌없이 그려간 거대한 동양의 붓」, 화집 『운보 김기창』, 경미문화
　　　사, 1980.

이흥우, 「운보——그 거대한 필력과 다양성」, 화집 『운보 김기창』.

_____, 「발동하는 정과 기다리는 격」, 『한국근대회화선집』 한국화 9권.

강민기, 「1920년대 한국 동양화단의 새로운 경향과 일본화풍」, 홍익대 석사학위논문,
　　　1989.

박미경, 「선전의 회화경향——동양화부를 중심으로」, 동국대 석사학위논문, 1991.

심형구

이경성, 「부드러운 인품과 성실한 자세」, 『심형구 화집』, 문화화랑, 1977.

_____, 『(속) 근대한국미술가논고』, 일지사, 1989.

김인승

이경성, 「격조와 균형의 교향악」, 『한국근대회화선집』 서양화 2권, 금성출판사, 1990.

_____, 『(속) 근대한국미술가논고』, 일지사, 1989.

최 린

『여암전집』, 여암전집 편찬위원회, 1971.

『여암문집』 상·하, 여암선생문집 편찬위원회, 1971.

박희도

윤치영, 『윤치영의 20세기』, 삼성출판사, 1991.

정춘수

『감리교회 배신 배족 교역자 행장기』, 1947.

마경일, 『마경일 목사 회고록』, 전망사, 1984.

김민철, 「정춘수」, 『반민족문제연구소 회보』 2, 1992. 6.

정인과

전필순, 『목회여운』, 1965.

『조선예수교장로회 총회론(1939~1942)』.

전필순

전필순, 『목회여운』, 1965.

『반민특위 피의자 신문조서 및 청취서』, 1949.

연동교회90년사 편찬위원회, 『연동교회 90년사』, 1984.

김길창

김길창, 『말씀따라 한 평생』, 아성출판사, 1971.

『반민특위 피의자 신문조서 및 청취서』, 1949.

영남교회사 편찬위원회, 『한국영남교회사』, 양서각, 1987.

권상로

權相老, 『臨戰의 朝鮮佛教』, 卍商會, 1943.
『退耕堂全書』.

부록 2 · 일제하 친일단체 및 기관 소속 주요 인명록

일러두기

1. 이 인명록은 1876년부터 1945년까지 일본 제국주의의 식민지 권력기관 및 친일단체에 종사한 주요 인물들을 뽑아 정리한 것이다.

2. 수록 순서는 ① 귀족 ② 친일단체 ③ 조선총독부 관료 순으로 하였다.

3. '귀족'은 1910년 '합방' 당시 일본 제국주의가 '합방' 기념으로 작위를 준 자들의 명단이다. 그 이후 작위가 올라가거나 박탈당한 경우도 있지만 대개는 그대로 유지되었기에 1910년 자료만 실었다.

4. '친일단체'는 수많은 친일단체 가운데서 분야별 주요단체만을 선별하여 수록하였다. 만주 쪽의 친일단체 역시 많지만 연구가 부족하여 지금까지 밝혀진 것에서만 선별하였다. 그리고 그 친일단체에서 활동했던 주요 간부들을 중심으로 수록하였다. 물론 이 가운데는 자신의 의사와는 상관없이 간부로 기록되어 있는 인물도 있다. 따라서 수록되어 있는 인물 모두가 반민족 범죄자는 아니지만, 대개는 자진해서 협력하였다는 점과 사료를 손상시키지 않는다는 기준에 근거하여 그대로 수록하였다.

5. '조선총독부 관료'는 『조선총독부 직원록』을 기초로 하여, 1910년 8월 29일 조선총독부 설치 이후 5년 단위로 수록하였다. 단, 몇차례 제도 개정이 있었기 때문에 주요 연도(예를 들면 1919년, 1937년, 1941년 등)를 추가하였다. 대상은 고급 관료들에 한정했으나, 1941년의 경우에는 지방 군수 및 법조계 관련자 등도 수록하였다. 그리고 확인되는 창씨명은 〔 〕안에 원명을 밝혔고, 겸임한 직책은 '='로 표시하였다. 말미에 '군인'을 수록하였는데, 군인은 조선총독부 직원이 아니지만 당시 대표적인 친일집단이었으므로 일본육군사관학교와 만주군관학교 출신을 수록하였다.

1. 귀족
—— '합방' 당시 수작자

후작 李載完 李載覺 李海昌 李海昇 尹澤
榮 朴泳孝
백작 李址鎔 閔泳璘 李完用
자작 朴齊純 權重顯 李根澤 高永喜 李秉
武 李載崑 任善準 趙重應 閔泳徽 李
琦鎔 李容稙 尹德榮 閔丙奭 金聲根
閔泳韶 李根命 金允植 趙民熙 閔泳奎
宋秉畯 李夏榮 李完鎔
남작 李容泰 南廷哲 崔錫敏 趙東潤 閔商
鎬 張錫周 朴齊斌 李根湘 韓昌洙 成
崎運 朴箕陽 金思濬 李乾夏 李載克
趙羲淵 李胄榮 金丙翊 金思轍 鄭絡鎔
閔炯植 鄭漢朝 尹雄烈 朴容大 金嘉鎭
閔種默 金宗漢 李鳳儀 金春熙 閔泳綺
李容樂 趙同熙 李正魯 李種健 金鶴元
李允用 金永哲 李根澔

2. 친일단체

2-1. 一進會

▶1904년 9월 29일 현재 평의원
평의원 元世基 梁在翼 廉仲模 尹甲炳 金
奎昌 徐相崙 洪淳 鄭泰容 洪肯燮
尹吉炳 韓錫振
▶1904년 10월 27일 현재 임원
회장 尹始炳

부회장 兪鶴柱
평의원 尹定植 朴衡采 金知鍊 崔明植 金
喆濟 崔榮九 金顯奎 廉昌淳 朴容台
▶1904년 11월 1일 평의원 가선
평의원 張義澤 尹觀儀 崔孝寬 崔東燮 張
敬根 元錫敦 鄭錫圭 白南哲 劉在德
徐相崙 朴林興 金鳳淳 金敦永 車元軫
安升烈 李文化 孫亮鐸
▶1908년 12월 21일 현재
회장 李容九
부회장 洪肯燮
평의원장 金澤鉉
총무원 兪鶴柱 元世基 尹定植 韓教淵 洪
允祖 崔永年 金奎昌 金士永
간사 崔東燮 金載坤
총무국 서기 徐采
간사실 서기 金孝淳
교섭위원 韓景源 宋完燮 沈導澧 張東煥
회계과장 韓教淵 金永杰(과원)
서무과장 金鼎國
궁내부 조사위원 鄭柱馨
내부 조사국 위원장 韓華錫
탁지부 조사국 위원장 朴之陽
군경무 조사국 위원장 安泰俊
법부 조사국 위원장 吳成龍
학부 조사국 위원장 弓河一
농상공부 조사국 위원장 金潤赫
평의원 徐相崙 朴之陽 南廷觀 金潤赫 韓
景源 安邦烈 金永佑 金永杰 金孝淳
崔東燮 宋秉天 李元植 李鉉雨 申泰恒
崔榮九 石文龍 劉秉文 金濟弘 董雲卿
金容鎭 朴啓一 鄭柱馨 崔雲燮 金鼎國
劉在漢 金秉淳 安種國 朴魯學 金演玿

徐 采　朴性澤　金斗明　金載坤　尹敬順
朴海默　沈相稷　李範喆　白樂元　鄭煉相
金世鎭　康永玙　尹載植　申在政　金煥聖
權重琦　金龜淳　吳必永　安泰永　崔鎭見
李燦模　吉泰弘　丁元爕　李圭鶴　任炳翊
吳成龍　李敬魯　金元培　宋種大　韓國琳
金種完　金鴻健　閔珽植　韓昌會　全瑋鉉
金炳圭　金夢弼　崔相羽　全台鉉　李南夏
金基燦　朱秉涉　弓河一　崔弘爕　李圭華
田晩永　朴遇用　朴硱遠　金在弘　趙先夏
金廣鉉　文翊周　黃皷秀　李炳林　韓榮浩
池鳳瑞　金暎禧　李載恒　董昌律　朴鎬秉
宋元爕　朴奉允　柳榮烈　崔永旭　高用宗
張東煥　金泰爕　金斗善　金甲明　沈導澧

2-2. 大正親睦會

▶1916년 11월 29일 발기인
회장　趙重應
부회장　趙鎭泰
간사　芮宗錫(전무)　劉海種　洪忠鉉　崔　岡
　金　麟　方泰榮　史一煥　安淳煥
평의원　韓相龍(평의장)　朴齊武　白完爀　金
　重煥　金鎔濟　鄭求昌　朱性根　金漢奎
　劉秉玭　金性璡　閔裕植　安商浩　鮮于日
　朴承○　李康林　嚴桂益　崔　鎭　尹致昊
　白瀅洙
▶1921년 1월 현재
회장　閔泳綺
부회장　趙鎭泰
이사　芮宗錫 외 14명
평의원　白完爀 외 27명(평의장 韓相龍)
고문　李完用　閔泳徽　李允用

2-3. 各派有志聯盟

▶1924년 1월 발기인
國民協會　金明濬　李炳烈　姜麟祐　南相一
　金　丸　李東雨
同光會　李喜侃　高羲駿
朝鮮小作人相助會　朴炳哲　金東縉　羅弘錫
　李哲浩　李秉爀　蔡基斗
維民會　李豊載　柳秉龍
努農會　文　澤
朝鮮經濟會　朴海遠
矯風會　劉文煥　劉秉玭　金重煥
儒道振興會　鄭弘鎭
大正親睦會　芮宗錫　千英基
同民會　申錫麟
靑林敎　金相高
勞動相愛會　朴春琴

2-4. 大東同志會

▶1920년 11월 현재
임원　鮮于筍　鮮于甲　羅一鳳　金興鍵

2-5. 國民精神總動員朝鮮聯盟

▶발기인
개인　高元勳　金甲淳　金思演　金性洙　金活
　蘭　閔圭植　朴承稷　朴榮喆　朴興植　方
　應謨　白寬洙　孫貞圭　安寅植　元悳常
　尹德榮　尹致昊　李覺種　李肯種　李丙吉
　李升雨　張稷相　張憲植　曺秉相　崔　麟
　崔昌學　韓圭復　韓相龍

▶역원

이사 金大羽 金明濬 金思演 金性洙 金活
蘭 閔圭植 朴榮喆 朴興植 孫貞圭 元
悳常 尹致昊 李覺種 李升雨 曹秉相
崔 麟 崔昌學 韓相龍

상무이사 尹致昊 李覺種 李升雨 曹秉相

2-6. 時局對應全鮮思想報國聯盟

▶1938년 7월 24일 결성식 임원

본부 총무 朴榮喆 간사 姜文秀 權忠一
金漢卿 盧鎭髙 朴得鉉 林永春 張龍浩
陳炯國

경성지부장 李升雨 간사 權忠一 高景欽
郭良勳 金容贊 羅俊英 朴得鉉 朴命烈
朴英熙 梁成瀤 吳成天 柳瀅基 尹基鼎
李康明 李元賢 趙基琹 趙英植 韓相建
玄濟明

대전지부장 李鳳洙

공주지부장 李浚圭

개성지부장 金明孫

춘천지부장 張保羅

인천지부장 葛弘基

청주지부장 鄭鎭福

2-7. 國民總力朝鮮聯盟

▶1940년 10월 현재 중앙조직

고문 尹德榮

참여 李恒九

이사 高元勳 金明濬 金性洙 金時權 金季
洙 朴興植 孫永穆 吳兢善 尹致昊 李
升雨 鄭僑源 崔 麟 韓圭復 韓相龍

참사 桂珧淳 權相老 金思演 金性洙 金禹
鉉 金活蘭 朴熙道 方應模 徐 椿 孫
貞圭 安寅植 吳兢善 李覺種 李卯默
李丙吉 張德洙 曹秉相 河駿錫

평의원 金甲淳 梁柱三 元悳常 李肯種 李
種麟 李軫鎬 李昌薫 李海昇 張稷相
張憲植 崔昌學

▶1940년 12월 현재 문화부 문화위원

문화위원 金東煥 金斗憲 金岸曙 白 鐵
朴慶浩 朴英熙 方韓駿 沈亨求 安寅植
安種和 兪鎭午 李能和 李象範 李瑞求
李碩圭 李創用 李 哲 鄭仁果 鄭寅燮
鄭春洙 崔南周 洪蘭坡 李種郁

▶1943년 1월 24일 신규자

참여 朴重陽

이사 金慶鎭 金英武 方義錫 徐丙朝 宋和
植 張憲根 車濬潭 崔準集

참사 金東煥 白 鐵 徐○天 孫貞圭 李康
爀 李敬植 李元榮 李弘鍾 張驥植 張
友植 鄭寅翼 洪鍾仁 香山和慶(?)

평의원 金寬鉉 金泰錫 朴斗榮 安種哲 兪
萬兼 劉鎭淳

총무부 위원 李圭元 任淑宰

연성부 위원 宋今璇 李淑鍾

경제부 위원 金信錫 李基燦

후생부 위원 朴吉龍 吳健泳 黃信德

2-8. 朝鮮臨戰報國團

▶1941년 10월 22일 현재 역원

고문 伊東致昊〔尹致昊〕 李家軫鎬〔李軫鎬〕
韓相龍 朴忠重陽〔朴重陽〕

단장 佳山 麟〔崔 麟〕

부단장 高元勳

이사장 井垣圭復〔韓圭復〕

상무이사 高靈興雨〔申興雨〕 金季洙 閔奎
植 朴興植 金思演 金川 聖〔李聖根〕 烏
川僑源〔鄭蘭敎〕 菊山時權〔金時權〕 三井
基義〔朴基孝〕 公山容愼〔李容愼〕 安興晟
煥〔李晟煥〕 白山靑樹〔金東煥〕 元村 肇
〔元悳常〕 夏山 茂〔曺秉相〕 瑞原鍾麟〔李
鍾麟〕 廣田鍾郁〔李鍾郁〕 方義錫

이사 廣田鍾哲〔安種哲〕 松山昌學〔崔昌學〕
李丙吉 兪億兼 玄相允 方應謨 崔斗善
月城鍾萬〔李種萬〕 具家滋玉〔具滋玉〕 辛
泰嶽 金井甲淳〔金甲淳〕 李圭元 張德秀
丁藤殷燮〔丁殷燮〕 金田基秀〔金基秀〕 牧
原廣定〔李明求〕 玄俊鎬 張元稷相〔張稷
相〕 金秉圭 安城 基〔李基燦〕 高一淸 金
明學 張間憲四郎〔張憲根〕

감사 朴澤相駿〔朴相駿〕 孫永穆 金田 明
〔金明濬〕 金原邦光〔金東勳〕 金性洙

평의원 任興淳 八幡昌成〔盧昌成〕 李晶燮
金本東進〔金東進〕 徐 椿 咸尙勳 金井
保憲〔金昇福〕 玉岡 勉〔張 勉〕 金周益
福田龍鐸〔吳龍鐸〕 天谷 正〔趙基栞〕 兪萬
兼 金泰錫 崔奎東 李炳奎 閔錫鉉 張驥
植 許 憲 李 協〔李相協〕 德山高康〔金
明夏〕 安寅植 柳光烈 牧山軒求〔李軒求〕
林川東植〔趙東植〕 梧村升雨〔李升雨〕 蘇
完圭 張友植 金光洙 吳兢善 豊村 裕
〔李種會〕 朴彰緒 野村弘遠〔孫弘遠〕 梁
原柱三〔梁柱三〕 大池龍藏〔張錫元〕 韓翼
敎 大山光高〔徐光高〕 朴昌薰 鄭求忠
李駿烈 德川仁果〔鄭仁果〕 天城活蘭〔金活
蘭〕 禾谷春洙〔鄭春洙〕 朴龍雲 芳村香道

〔朴英熙〕 趙大河 鄭顯模 伊東致暎〔尹致
暎〕 李容高 愼鏞頊 松原勝彬〔朴勝彬〕
永河仁德〔朴仁德〕 任明宰 白川基昊〔白基
昊〕 金晟鎭 梁在廈 安田辰雄〔安種和〕
玄濟明 宮村淑鍾〔李淑鍾〕 黃信德 裵祥
明 毛允淑 崔貞熙 鄭雲用 金星權 成
元慶 朴熙道 鶴川 沅〔朴 完〕 靑山覺鍾
〔李覺鍾〕 喜多 毅〔朴駿榮〕 李克魯 金基
德 李鍾殷 松岡世宗〔朴基敦〕 李原漢復
〔李漢復〕 鉢山丙德〔閔丙德〕 金鴻亮 金
相殷 李重甲 閔泳殷 金元根 江本鍾憲
〔李種憲〕 金山 敬〔金昌洙〕 末永岡熙〔趙
岡熙〕 梁相卿 德山昇烈〔崔昇烈〕 長田是
善〔張炳善〕 宋和植 金信錫 德山南鎭〔車
南鎭〕 徐相日 申鈺〔申鉉求〕 大峯丙朝
〔徐丙朝〕 金東準 金璋泰 李冕載 金健
永 佐川弼近〔蔡弼近〕 崔鼎默 平居熙迪
〔李熙迪〕 岡利晃〔姜利璜〕 安川泳贊〔李泳
贊〕 韓 林 德浦義高〔趙永熙〕 南百祐
高山虎雄〔李昌仁〕 金山韶能〔金定錫〕 尹
錫弼

2-9. 기타

▶保民會

총본부 회장 李寅秀(초대회장 崔晶圭)

지부회 회장 白衡麟 吉隱國 李東成

▶朝鮮人會

회장 李泰鉉 金東佑 李邦協

총지부장 金用國 李完求

지부장 張淸一 趙尙栗 金景煥 李永河 金
榮河 金典鎬 李文禎 金潤鎭 許詳龍
元鼎三 金應浩 金才秀 姜撻周 韓昌洙

金利求　金奉舜　金逢春　金禧汀　田昌奎
李雨春　李淸浦　李成實　李象涉

▶朝鮮婦人問題硏究會

상무이사　金活蘭　孫貞圭

사무간사　趙坏洪

▶愛國金釵會

회장　金福緩

간사　高鳳景　金福人　金成德　金純迎　金縣
實　金和順　金活蘭　馬景伊　閔彩德　方
信榮　孫貞圭　孫熙嫄　宋今璇　沈卿燮
禹顯禮　兪珏卿　柳庸善　柳惠卿　尹昌喜
李龍卿　李慧潤　趙坏洪　趙聖淳　趙淑子
趙仁玉　朱敬愛　車士百　崔順伊　洪鈺卿
洪善卿　洪承嫄

▶朝鮮臨戰報國團　婦人隊

지도위원　高鳳景　金善　金○禎　金活蘭
朴瑪利亞　朴順天　朴承浩　朴恩惠　朴仁
德　裵祥明　徐恩淑　宋今璇　孫貞圭　兪
珏卿　李淑鍾　任淑宰　任永信　車士百
崔以權　黃信德　洪承嫄

간사장　林孝貞

간사　金善　金川貞熙　盧天命　毛允淑　田
熙福　崔熙卿　許河伯

▶大和同盟

위원장　尹致昊

이사　姜柄順　朴春琴　孫永穆　李光洙　李聖
根　曹秉相　秦學文

심의원　高元勳　金東進　金東煥　金思演　金
晟鎭　金信錫　盧聖錫　朴興植　薛義植
李升雨　李源甫　李忠榮　李海用　張稷相
鄭然基　趙(?)東植　朱耀翰　崔廷默　崔準
集

▶大義黨

당수　朴春琴

위원　高元勳　金東進　金東煥　金敏植　金思
演　金信錫　朴興植　孫永穆　辛泰嶽　李
光洙　李聖根　李升雨　李源甫　李在甲
鄭然基　曹秉相　朱耀翰　朱○成

▶朝鮮言論報國會

회장　崔麟

사무국장　鄭寅翼

상무이사　李晟煥　崔載瑞

이사　金八峯　金活蘭　朴仁德　辛泰嶽　柳光
烈　崔白潤　鶴山斗憲(?)

고문　尹致昊　李聖根

참여　李鍾郁　金東進　朴熙道　申興雨　安寅
植　李榮俊　朱耀翰　咸尚勳

평의원　朴南圭　宋今璇　玉璿珍　兪鎭午　李
元榮　李允鍾　李晶燮　李昌洙　李忠榮
車載貞

명예회원　宋鎭禹　安在鴻　呂運亨　兪億兼
李光洙　李升雨　李鍾麟　張德秀　崔南善
洪命憙

▶朝鮮文人報國會

총무부장　朴英熙

상임이사　金東煥　兪鎭午　柳致眞　崔載瑞

이사　李光洙　朱耀翰

▶朝鮮文人協會

발기인　金東煥　金文輯　朴英熙　兪鎭午　李
光洙　李泰俊　崔載瑞

▶『綠旗』투고자

玄永燮　李泳根　李恒寧　裵相河　朴仁德
李石薰　金龍濟　徐椿　安龍伯　李光洙
張赫宙

▶朝鮮思想犯保護觀察審査會

보호사 李康赫

보호사 직무촉탁 姜完善 金琪宅 睦順九
宋和植 吳兢善 張友植 韓萬熙 黃鐘國

심사회 위원 徐丙朝 劉泰高 李基燦 李升
雨 李熙迪 玄俊鎬 黃鐘國

심사회 예비위원 高一淸 金大雨 金永培
金昌永 梁大卿 崔鼎默 卓昌河 洪永善

3. 조선총독부 관료

3-1. 1910년 현재

▶중추원 (1910년 10월 창설 당시)

부의장 金允植

고문 高永喜 權重顯 朴齊純 宋秉畯 李根
湘 李根澤 李完用 李容稙 李載崑 李
址鎔 李夏榮 任善準 趙重應 趙義淵

찬의 權鳳洙 金晩秀 金思默 金榮漢 南奎
熙 閔商鎬 朴慶陽 朴勝鳳 廉仲模 劉
猛 柳正秀 李建春 李瀅相 李在正 鄭
寅興 趙英熙 韓昌洙 洪承穆 洪種檍

부찬의 高源植 具羲書 權泰煥 金敬聲 金
命圭 金明秀 金準用 金漢穀 羅壽淵
閔健植 朴齊璨 朴熙陽 徐相勛 宋之憲
宋憲斌 申佑善 申泰游 魚允迪 嚴台榮
吳在豊 尹致昕 李慶翼 李鳳魯 李始榮
李源鎔 鄭東植 鄭鎭弘 趙秉健 趙齊桓
崔相敦 韓東履 許璡 洪祐晳 洪運杓

3-2. 1911년 현재

▶중앙관서

탁지부 서무과(사무관) 朴容九

▶취조국

위원 安榮大 朴承祖 朴彝陽 玄櫺 金敎
獻 鄭丙朝 金漢睦 崔泓俊 朴宗烈 金
敦熙

위원촉탁 劉猛 鄭萬朝 具羲書

▶경찰관서

경무총감부 경무관 具然壽 경무계 경시
李憲珪 민적계 경시 趙聲九 간도파견
경시 崔基南 창덕궁출장소 경시 黃信泰
경상북도 경무부 경시 權重翼 함경남도
경무부 경시 權泰珩

▶임시토지조사국

조사과 감사관 韓圭復

▶지방관서

경기도 참여관 柳赫魯
충청북도 참여관 兪星濬
충청남도 장관 朴重陽 참여관 鄭蘭敎
전라북도 장관 李斗璜 참여관 金潤晶
전라남도 참여관 元應常
경상북도 장관 李軫鎬 참여관 申錫麟
경상남도 참여관 崔廷德
황해도 장관 趙羲聞 참여관 金彰漢
평안남도 참여관 張憲植
평안북도 참여관 尹甲炳
강원도 장관 李圭完 참여관 李鶴圭
함경남도 장관 申應熙 참여관 趙秉敎
함경북도 참여관 李範來

3-3. 1914년 4월 1일 현재

▶도지방토지조사위원회

임시위원 羅 鎬 徐廷岳 金寬鉉 尹成潔 尹弼求 兪斌兼 李鳳鍾 高源植

충청북도 위원 兪星濬

충청남도 위원장 朴重陽 위원 鄭蘭教 임시위원 朴容觀 金昌洙

전라북도 위원장 李斗璜 위원 金潤晶 임시위원 林震燮

전라남도 위원 元應常 임시위원 金禎泰 朴潤東

경상북도 위원장 李軫鎬 위원 申錫麟 임시위원 崔麟溶 李範益

경상남도 위원 崔廷德 임시위원 韓圭復

황해도 위원장 趙羲聞 위원 金彰漢 임시위원 金定鉉

평안남도 위원 張憲植

평안북도 위원 尹甲炳

강원도 위원장 李圭完 위원 李鶴圭

함경남도 위원장 申應熙 위원 趙秉教 임시위원 申載永

함경북도 위원 李範來 임시위원 鄭海鎔 劉鳳錫

▶중추원

부의장 金允植

고문 李完用 朴齊純 高永喜 趙重應 李容稙 李址鎔 權重顯 李夏榮 李根澤 任善準 李載崑 趙羲淵 李根湘 閔泳綺

찬의 韓昌洙 閔商鎬 洪承穆 南奎熙 李在正 趙英熙 朴勝鳳 朴慶陽 劉 猛 柳正秀 金榮漢 李建春 廉仲模 李濬相 權鳳洙 鄭寅興 洪鍾檍 朴齊斌 尹致旿 姜敬熙

부찬의 崔相敦 鄭鎭弘 徐相勛 魚允迪 許璡 趙秉健 李鳳魯 申泰游 宋憲斌 洪運杓 鄭東植 朴齊瓛 權泰煥 具義書 李度翼 金命圭 金教聲 吳在豊 羅壽淵 宋之憲 閔健植 金明秀 洪祐晳 金準用 朴熙陽 嚴台永 成夏國 柳興世 趙在榮 李恒稙 洪在夏 趙源誠 金弼熙 吳悌泳

▶경찰관서

경무관 具然壽 경무계 경시 李憲珪 민적계 경시 趙聲九 간도 파견 경시 崔基南 창덕궁 경찰서 경시 黃信泰 경상북도 경무부 경시 權重翼 함경남도 경무부 경시 權泰珩

▶임시토지조사국

감사관 崔賢燮

▶경학원

대제학 朴齊純

부제학 李容稙 朴齊斌

▶도·부·군(道府郡)

경기도 참여관 柳赫魯

충청북도 참여관 兪星濬

충청남도 장관 朴重陽 참여관 鄭蘭教

전라북도 장관 李斗璜 참여관 金潤晶

전라남도 참여관 元應常

경상북도 장관 李軫鎬 참여관 申錫麟

경상남도 참여관 崔廷德

황해도 장관 趙羲聞 참여관 金彰漢

평안남도 참여관 張憲植

평안북도 참여관 尹甲炳

강원도 장관 李圭完 참여관 李鶴圭

3-4. 1919년 1월 1일 현재

▶중앙관서

탁지부(근무미정) 사무관 朴容九

▶중추원

부의장 李完用

고문 趙重應 李容植 權重顯 李夏榮 李根
澤 任善準 李載崑 李根湘 閔泳綺 韓
昌洙 張錫周 閔商鎬

찬의 洪承穆 南奎熙 李在正 趙英熙 朴勝
鳳 劉猛 柳正秀 金榮漢 李建春 廉仲
模 李瀣相 鄭寅興 洪鍾檍 朴齊斌 姜敬
熙 朴重陽 李謙濟 柳赫魯 金春熙 趙羲
聞

부찬의 鄭鎭弘 徐相勛 魚允迪 許瑨 趙
秉健 李鳳魯 申泰游 宋憲斌 洪運杓
鄭東植 朴齊璜 權泰煥 具羲書 李度翼
金命圭 金教聲 吳在豊 羅壽淵 宋之憲
閔健植 金準用 朴熙陽 柳興世 李恒植
洪在夏 金弼熙 吳悌泳 鄭丙朝 李晩圭
徐晦輔 金洛憲

▶경찰관서

경무총감부 경무관 具然壽 보안과 경시 겸
경관연습소 丁奎鳳 창덕궁경찰서 경시
黃信泰 경남도 경찰부 경시 張憲根 평
남도 경찰부 경시 崔志煥 평북도 경찰부
경시 安慶善 함남도 경찰부 경시 徐紀
純

▶경학원

대제학 金允植

부제학 李容植 朴齊斌

▶도·부·군

경기도 참여관 兪星濬

충청북도 장관 張憲植 참여관 徐相勉

충청남도 참여관 鄭蘭教

전라북도 장관 李軫鎬 참여관 金潤晶

전라남도 참여관 金寬鉉

경상북도 참여관 申錫麟

경상남도 참여관 崔廷德

황해도 장관 申應熙 참여관 金彰漢

평안남도 참여관 李範來

평안북도 참여관 尹甲炳

강원도 장관 元應常 참여관 李鶴圭

함경남도 장관 李圭完 참여관 趙秉教

함경북도 참여관 朴榮喆

3-5. 1920년 9월 1일 현재

▶중앙관서

재무국 세무과 사무관 朴容九

경무국 사무관 具然壽 보안과 사무관 丁
奎鳳

▶중추원

부의장 李完用

고문 權重顯 李夏榮 李載崑 李根湘 閔泳
綺 張錫周 閔商鎬 趙民熙

찬의 洪承穆 南奎熙 趙英熙 朴勝鳳 劉
猛 柳正秀 金榮漢 李建春 廉仲模 李
瀣相 鄭寅興 洪鍾檍 朴齊斌 姜敬熙
朴重陽 李謙濟 柳赫魯 金春熙 趙羲聞

부찬의 鄭鎭弘 徐相勛 魚允迪 許瑨 趙
秉健 李鳳魯 申泰游 宋憲斌 洪運杓
鄭東植 朴齊璜 權泰煥 具羲書 李度翼
金命圭 金教聲 吳在豊 羅壽淵 宋之憲
閔健植 金準用 朴熙陽 柳興世 李恒植
洪在夏 金弼熙 吳悌泳 鄭丙朝 李晩圭

閔元植 朴海齡
▶경학원
부제학 朴齊斌
▶도·부·군
경기도 참여관 兪星濬 도사무관 尹秉禧
충청북도 지사 張憲植 참여관 徐相勉
충청남도 참여관 鄭蘭敎 도사무관 安慶善
전라북도 지사 李軫鎬 참여관 金潤晶
전라남도 참여관 金寬鉉 도경시 吳錫裕
경상북도 참여관 申錫麟 도경시 權重翼
경상남도 참여관 崔廷德 도경시 張憲根
황해도 지사 申應熙 참여관 金彰漢
평안남도 참여관 李範來 도경시 崔志煥
평안북도 참여관 尹甲炳 도경시 張友植
강원도 지사 元應常 참여관 李鶴圭
함경남도 지사 李圭完 참여관 趙秉敎 도경시 徐紀淳
함경북도 참여관 朴榮喆 도경시 李鍾國

3-6. 1925년 4월 1일 현재

▶중앙관서
내무국 사무관 洪承均
식산국 농무과 사무관 南宮榮
학무국 국장 李軫鎬 시학관 玄櫶 편집과 편수관 李能和 종교과 사무관 兪萬兼
▶중추원
부의장 李完用
고문 朴泳孝 李夏榮
참의(칙임대우) 閔商鎬 閔泳瓚 趙羲聞 柳赫魯 兪星濬 具然壽 南奎熙 趙英熙 劉猛 朴勝鳳 柳正秀 金榮漢 廉仲模

李謙濟 申錫麟 申應熙 元應常 尹甲炳
嚴俊源 鄭鎭弘 徐相勛 魚允迪 閔衡植
참의(주임대우) 金漢睦 申泰游 朴齊璩 權泰煥 金命圭 吳在豊 羅壽淵 宋之憲
閔健植 柳興世 李恒植 鄭丙朝 李晚奎
金顯洙 玄櫶 朴宗烈 韓永源 金明濬
宋種憲 李東雨 柳承欽 韓相鳳 閔泳殷
金甲淳 尹致昭 朴基順 金英武 金禎泰
鄭在學 徐丙朝 金琪邰 鄭淳賢 盧顥顏
鮮于籍 康秉鈺 金濟河 李根宇 李澤鉉
皮性鎬
서기관 金東準
▶경학원
부제학 朴箕陽
▶도·부·군·도(道府郡島)
경기도 참여관 朴容九 경찰부 형사과 경시 李源甫
충청북도 지사 金潤晶 참여관 朴喆熙
충청남도 지사 石鎭衡 참여관 李宅珪 내무부 산업과 이사관 黃德純
전라북도 참여관 金英鎭 내무부 산업과 이사관 金奉斗 경찰부 보안과 경시 馬鉉義
전라남도 지사 張憲植 참여관 高元勳 내무부 토목과 이사관 金相翊 경찰부 위생과 경시 具滋璟
경상북도 참여관 韓圭復 경무부 보안과 경시 金永培
경상남도 내무부 학무과 이사관 鄭敎源 경찰부 보안과 경시 卞榮和
황해도 참여관 沈阮鎭 내무부 사무관 李範益 경찰부 보안과 경시 全永燦
평안남도 참여관 朴相駿

평안북도 참여관 劉鎭淳 내무부 산업과 이사관 李邦協 경찰부 고등경찰과 경시 李聖根
강원도 지사 朴榮喆 참여관 柳基浩
함경남도 지사 金寬鉉 참여관 李鍾國 내무부 산업과 이사관 劉鴻洵 경찰부 보안과 경시 徐紀淳
함경북도 참여관 金瑞圭 내무부 지방과 이사관 金時權 재무부 사무관 金東勳 경찰부 경찰관교습소 경시 全昌林

▶조선사편찬위원회

고문 李完用 朴泳孝 權重顯
위원 李軫鎬 劉 猛 魚允迪 李能和 鄭萬朝 李秉韶 尹甯求 洪 憙

3-7. 1930년 7월 1일 현재

▶중앙관서

내무국 사무관 嚴昌燮 楊在河
식산국 농무과 사무관 李範昇
학무국 시학관 玄 櫶 편집과 편수관 玄 櫶 李能和

▶중추원

부의장 朴泳孝
고문 閔丙奭 尹德榮 高義敬 李允用 權重顯
참의(칙임대우) 閔商鎬 廉仲模 柳正秀 趙羲聞 徐相勛 嚴俊源 閔泳瓚 尹甲炳 元應常 朴箕陽 張憲植 金潤晶 朴重陽 韓相龍 尙 灝 韓鎭昌 趙鎭泰 申錫麟 兪星濬 朴相駿 金英鎭 魚允迪 朴勝鳳 李謙濟 柳赫魯
참의(주임대우) 閔健植 吳在豊 宋之憲 金命圭 柳興世 李恒稙 宋鍾憲 韓永源 金明濬 朴宗烈 李東雨 柳承欽 金彰漢 鄭蘭教 李宅珪 沈晥鎭 李炳烈 吳台煥 金相卨 李熙悳 元悳常 李敬植 李基升 金炳鵷 柳翼煥 洪鍾轍 金商燮 玄俊鎬 張稷相 秦喜葵 鄭淳賢 張膺相 鄭健裕 張大翼 鮮于鎬 朴經錫 金濟河 朴起東 姜弼成 梁在鴻

▶조선사편수회

고문 朴泳孝 權重顯
위원 魚允迪 李能和 鄭萬朝 李秉韶 尹甯求 崔南善
간사 嚴昌燮
수사관 洪 憙

▶경학원

대제학 鄭萬朝
부제학 鄭鳳時 兪鎭贊

▶도·부·군·도

경기도 참여관=산업부장 金東勳 산업부 이사관 張潤植
충청북도 지사 洪承均 참여관 金漢睦
충청남도 지사 劉鎭淳 참여관 徐紀淳 내무부 산업과 이사관 權重植
전라북도 지사 金瑞圭 참여관 朴容九 내무부 산업과 이사관 李東漢 경찰부 경무과=순사교습소장 경시 朱益相
전라남도 참여관=산업부장 鄭僑源 내무부 산업과 이사관 李聖根 경찰부 경찰관교습소장 경시 金承鍊
경상북도 참여관=산업부장 兪萬兼 경찰부 순사교습소장 경시 鄭基昌
경상남도 참여관=산업부장 南宮營 경찰부 경무과=순사교습소장=고등경찰과 경시

朴根壽

황해도 지사 韓圭復 참여관 白興基 산업
과 이사관 金鍾奭

평안남도 참여관 柳基浩 산업과 이사관
李基枋 경찰부 보안과 경시 趙鍾春

평안북도 참여관 高元勳 내무부 산업과 이
사관 金大羽 경찰부 고등경찰과 경시
金悳基

강원도 지사 李範益 참여관 孫永穆 경찰
부 위생과 경시 康璟羲

함경남도 참여관 張錫元 내무부 산업과 이
사관 劉鴻洵 재무부 사무관 尹泰彬 경
찰부 순사교습소장 경시 崔泰顯

함경북도 참여관 李胤榮 내무부 사무관
金時權

3-8. 1935년 7월 1일 현재

▶중앙관서
총독관방 외사과 사무관 楊在河
농림국 농산과 사무관 姜元秀
학무국 시학관=편집과 편수관 張膺震 사
회과 사무관 과장 嚴昌燮 사회과 사무관
=중추원 통역관 金大羽 편집과 편수관
朴永斌

▶중추원
부의장 朴泳孝
고문 閔丙奭 尹德榮 李允用
참의(칙임대우) 柳正秀 趙羲聞 徐相勛 嚴
俊源 張憲植 金潤晶 朴重陽 韓相龍
申錫麟 林相駿 金英鎭 李謙濟 柳赫魯
趙性根 朴榮喆 韓圭復 朴容九 魚潭
尹甲炳 李軫鎬 金寬鉉 金明濬 崔麟

金瑞圭 南宮營

참의(주임대우) 朴宗烈 鄭蘭敎 李宅珪 李
炳烈 吳台煥 金相卨 元悳常 李敬植
張稷相 石明瑄 朴喆熙 玄櫶 崔允周
鄭大鉉 金思演 金漢奎 金正浩 李明求
李基升 金鍾翕 鄭碩謨 朴禧沃 玄俊鎬
徐丙朝 李宣鎬 崔演國 金斗贊 鄭觀朝
李敎植 崔昌朝 高一清 李根宇 崔養浩
劉泰卨 申熙璉 金炳奎

▶조선사편수회
고문 朴泳孝 李允用
위원 李能和 李秉韶 尹甯求 鄭萬朝 崔南
善

▶경학원
대제학 鄭萬朝
부제학 鄭鳳時 兪鎭贊

▶도·부·군·도
경기도 참여관=산업부장 尹泰彬 산업부
산업과 이사관 宋文憲 경찰부 보안과장
경시 趙鍾春 경찰부 위생과 閔丙羲

충청북도 지사 金東勳 참여관 安鍾哲

충청남도 지사 李範益 참여관 崔志煥 산
업과 이사관 張潤植 농무과 소작관 安
秉春

전라북도 지사 高元勳 참여관 李鍾殷 내
무부 산업과 이사관 金悳基 경찰부 경무
과=순사교습소장 경시 韓鍾建

전라남도 참여관=산업부장 姜弼成 산업부
산업과 이사관 金雨英 경찰부 경찰관교
습소 安瀅植

경상북도 참여관=산업부장 金時權 경찰부
경무과=경찰관교습소장 경시 鄭基昌

경상남도 참여관=산업부장 朱榮煥 경찰부

순사교습소장 경시 金英守

황해도 지사 鄭僑源 참여관 張錫元 산업
과 이사관 李範昇 경찰부 보안과 경시
吳世尹

평안남도 참여관 兪萬兼 경찰부 보안과 경
시 蘇鎭殷

평안북도 참여관 李源甫 내무부 산업과 이
사관 金永祥

강원도 지사 孫永穆 참여관 洪鍾國

함경남도 참여관 金泰錫 내무부 산업과 이
사관 朴在弘 경찰부 보안과 경시 崔
卓

함경북도 참여관 張憲根 내무부 사무관
李聖根

3-9. 1937년 8월 1일 현재

▶중앙관서

총독관방 외무부 사무관 宋燦道

내무국 사회과 사무관 金秉旭 토목과 기사
崔景烈 鄭在英 閔漢植 孫洪吉

식산국 상공과 기사 安東赫

농림국 농무과 사무관 姜元秀

학무국 시학관 張膺震 사회교육과장 사무
관 金大羽 사회교육과 사무관 金秉旭
편집과 편수관 張膺震 金昌鈞

▶중추원

부의장 朴泳孝

고문 閔丙奭 尹德榮 李允用

참의(칙임대우) 柳正秀 趙羲聞 徐相勛 嚴
俊源 張憲植 金潤晶 朴重陽 韓相龍
申錫麟 朴相駿 金英鎭 李謙濟 柳赫魯
趙性根 朴榮喆 韓圭復 朴容九 魚 潭

尹甲炳 李軫鎬 金寬鉉 金明濬 崔 麟
南宮營 劉鎭淳

참의(주임대우) 鄭蘭敎 元憲常 李敬植 張
稷相 石明瑄 朴相熙 玄 櫶 鄭大鉉 金
思演 張錫元 安鍾哲 崔志煥 李升雨
崔南善 金正浩 方台榮 鄭錫溶 成元慶
姜 藩 朴禧沃 印昌桓 玄俊鎬 金相亨
徐丙朝 崔 潤 李恩雨 盧泳奐 金泳澤
金基秀 李敎植 李基燦 高一淸 李熙迪
李瑾洙 崔準集 劉泰卨 孫祚鳳 黃鍾國

▶조선사편수회

고문 朴泳孝 李允用

위원 李能和 李秉韶 尹審求 崔南善

간사 金秉旭

▶경학원

대제학 鄭鳳時

부제학 兪鎭贊 李大榮

▶도·부·군·도

경기도 참여관=산업부장 尹泰彬 산업부
산업과 이사관 宋文憲

충청북도 지사 金東勳 참여관 楊在河

충청남도 지사 鄭僑源 참여관 兪萬兼 산
업과 이사관 崔秉源 농무과 소작관 李
爽求

전라북도 지사 孫永穆 참여관 李鍾殷 내
무부 산업과 이사관 金憲基 경찰부 경
무과 玄基彦

전라남도 참여관=산업부장 李源甫 산업부
상공과 이사관 金雨英

경상북도 참여관=산업부장 李昌根 경찰부
경찰관교습소장 任興宰

경상남도 참여관=산업부장 嚴昌燮 경찰부
순사교습소장 경시 鄭忠源

황해도 지사 姜弼成 참여관 李基枋 내무
부 산업과 이사관 林文錫 경찰부 보안과
경시 韓錘建

평안남도 참여관 朱榮煥 경찰과 보안과 경
시 蘇鎭殷

평안북도 참여관 崔益夏 내무부 산업과 이
사관 鄭用信 경찰부 보안과 경시 崔昌
弘

강원도 지사 金時權 참여관 洪錘國

함경남도 참여관 金泰錫 내무부 산업과 이
사관 朴在弘 경찰부 고등경찰과=순사교
습소장 경시 韓東錫

함경북도 참여관 張憲根 내무부 사무관
李聖根

▶조선총독부 보호감찰심사회

경성 李升雨 함흥 劉泰高 청진 黃錘國
평양 李基燦 신의주 李熙迪 대구 孫
致殷 광주 玄俊鎬

▶조선중앙정보위원회

간사 金大羽

3-10. 1940년 7월 1일 현재

▶중앙관서

내무국 사회과 사무관 金秉旭

학무국 이재과 사무관 張壽吉

식산국 물가조정과 사무관 鄭用信 산금과
사무관 桂珖淳

농림국 농무과 사무관 金熙德

학무국 사회교육과 사무관 金秉旭

외사부 사무관 玄錫虎 척무과 사무관 尹
相曦

▶중추원

부의장 閔丙奭

고문 尹德榮

참의(칙임대우) 趙羲聞 徐相勛 長憲植 清
道金次郞〔金允晶〕 朴重陽 韓相龍 平林
麟四郞〔申錫麟〕 朴澤相駿〔朴相駿〕 金英
鎭 福田謙治〔李謙濟〕 井垣圭復〔韓圭復〕
朴容九 西川潭一〔魚 潭〕 平沼秀雄〔尹甲
炳〕 李家軫鎬〔李軫鎬〕 金光副臣〔金寬鉉〕
金田明〔金明濬〕 劉鎭淳 朴斗榮 本城秀
通〔朱榮煥〕 高元勳 鄭僑源 德山善彦〔洪
種國〕 張間憲四郞〔張憲根〕

참의(주임대우) 海平蘭敎〔鄭蘭敎〕 元悳常
李敬植 張稷相 金思演 張錫元 安種哲
富士山隆盛〔崔志煥〕 梧村升雨〔李升雨〕
金尙會 玄俊鎬 徐丙朝 安城基〔李基燦〕
方義錫 朴鳳鎭 夏山茂〔曺秉相〕 廣川平
成〔孫在廈〕 中原健〔池喜烈〕 金山敬〔金昌
洙〕 姜東曦 平山鍾龜〔文種龜〕 金相亨
金信錫 徐炳柱 金漢睦 河駿錫 金慶鎭
松川正德 閔丙德 松谷平雄〔李種燮〕 金
松晋洙 金川基鴻〔金基鴻〕 南原致業〔洪致
業〕 崔準集 江原基陽〔朴普陽〕 劉泰高
南百祐 金山韶能〔金定錫〕

서기관 金秉旭

통역관 金秉旭

▶조선사편수회

고문 閔丙奭

위원 李能和 李秉韶 尹審求 崔南善

간사 金炳旭

수사관 申奭鎬

▶도·부·군·도

경기도 참여관=산업부장 平松昌根〔李昌根〕

산업부 이사관=산업제1과장 李啓漢

충청북도 지사 兪萬兼 참여관=산업부장 金海化俊〔金化俊〕

충청남도 지사 金川聖〔李聖根〕 참여관=산업부장 靑橋鏡夏〔趙鏡夏〕

전라북도 지사 孫永穆 참여관=산업부장 草本然基〔鄭然基〕 산업부 농촌진흥과 金憙基

전라남도 참여관=내무부장 金大羽

경상북도 참여관=산업부장 具滋璟

경상남도 참여관=산업부장 金泰錫

황해도 지사 金秉泰 참여관=산업부장 金永培

평안남도 참여관=산업부장 權重植

평안북도 참여관=산업부장 和山益夏〔崔益夏〕 산업부 산업과 산업기사 鄭文基 경찰부 경제경찰과 廣田昌弘〔崔昌弘〕

강원도 지사 尹泰彬 참여관=산업부장 宋文憲

함경남도 참여관=내무부장 武永憲樹〔嚴昌燮〕 경찰부 보안과 경시 朝川東錫〔韓東錫〕

함경북도 참여관=내무부장 松村基弘〔李基枋〕

3-11. 1941년 7월 1일 현재

▶중앙관서
재무국 관리과 사무관 張壽吉

식산국 상공과(기획부 제3과) 사무관 朝川東錫〔韓東錫〕

농림국 농산과 사무관 金岡熙德〔金熙德〕

학무국 시학관 夏山在浩〔曹在浩〕

학무국 편집과 편수관 金子昌鈞〔金昌鈞〕

외사부 척무과 사무관 平井相曦〔尹相曦〕

▶중추원
부의장 李家軫鎬〔李軫鎬〕

고문 朴忠重陽〔朴重陽〕 韓相龍 伊東致昊〔尹致昊〕

참의(칙임대우) 徐川相勛〔徐相勛〕 張間憲植〔張憲植〕 淸道金次郎〔金潤晶〕 平林麟四郎〔申錫麟〕 朴澤相駿〔朴相駿〕 金英鎭 福田謙治〔李謙濟〕 井垣圭復〔韓圭復〕 朴山容九〔朴容九〕 西川潭一〔魚潭〕 平沼秀雄〔尹甲炳〕 金光副臣〔金寬鉉〕 金田明〔金明濬〕 玉川鎭淳〔劉鎭淳〕 木下斗榮〔朴斗榮〕 本城秀通〔朱榮煥〕 高元勳 烏川僑源〔鄭僑源〕 德山善彦〔洪種國〕 張間憲四郎〔張憲根〕 兪萬兼 草本然基〔鄭然基〕 海平蘭教〔鄭蘭教〕 李丙吉 金季洙 佳山麟〔崔麟〕

참의(주임대우) 元村肇〔元悳常〕 李敬植 張元稷相〔張稷相〕 金思演 大池龍藏〔張錫元〕 廣安鍾哲〔安種哲〕 富士山隆盛〔崔志煥〕 梧村升雨〔李升雨〕 豊原以尙〔金尙會〕 玄俊鎬 大峯丙朝〔徐丙朝〕 安城基〔李基燦〕 方義錫 文明琦一郎〔文明琦〕 金海化俊〔金化俊〕 夏山茂〔曺秉相〕 高山在燁 廣原平成 豊田藩 金山敬〔金昌洙〕 姜東曦 平文鍾龜〔文種龜〕 金子相亨〔金相亨〕 金信錫 平野漢睦〔金漢睦〕 日鄭海鵬〔鄭海鵬〕 河本駿錫〔河駿錫〕 金子典幹 鉢山丙德〔閔丙德〕 佳山定義 松宮晉洙 白石基喆 南陽致業〔洪致業〕 安本龍官〔張龍官〕 丸山隆準〔崔準集〕 江原基陽〔朴普陽〕 邦本泰尙〔劉泰尙〕 南百祐 金山韶能

〔金定錫〕

▶재판소

경성복심법원 판사 佐川相基〔李相基〕 長山
曉根〔張曉根〕

경성지방법원 판사 白川允和〔白允和〕 佐川
相基〔李相基〕 岩本復基〔閔復基〕 사법관
시보 松山潤煥〔鄭潤煥〕 李家澔〔李 澔〕
金原亨根〔金亨根〕 金本溶植〔金溶植〕 朴
原宗根〔朴宗根〕 金城潤壽〔金潤壽〕 吳健
一

경성지방법원검사국 검사 閔丙晟

대전지방법원검사국 검사 金一龍

함흥지방법원검사국 검사 崔大敎

평양지방법원 판사 趙平載

신의주지방법원 사법관시보 丹山根昌〔李根
昌〕

해주지방법원검사국 검사 金村良平〔金容璨〕

대구복심법원 판사 岡村龍鎬〔盧龍鎬〕

대구지방법원 판사 孫東頊 사법관시보 高
在鎬

부상지방법원 판사 韓 必 兪鎭靈 사법관
시보 金泰瑛

광주지방법원 사법관시보 姜東鎭

전주지방법원 판사 金潤根

대구지방법원검사국 검사 崔宗錫

광주지방법원검사국 검사 嚴詳燮

전주지방법원검사국 검사 全丙植

▶조선사편수회

위원 李能和 李秉韶 李恒九 崔南善

▶도·부·군·도

▷경기도

참여관=산업부장 平松昌根〔李昌根〕

산업부 이사관=산업제1과장 增永弘〔朴在
弘〕

고양군수 白川元藏〔趙種春〕 광주군수 江
原禮三〔全禮鎔〕 양주군수 嘉川義英 연
천군수 三和 卓〔崔 卓〕 포천군수 松原
充顯〔趙充顯〕 가평군수 幸原元培 양평
군수 大川振秀 여주군수 金松秀明〔金暎
起〕 이천군수 德山昇平〔林元龍〕 용인군
수 朝日文卿〔崔文卿〕 안성군수 森山清
吾 평택군수 瑞原世甲〔徐世甲〕 수원군
수 旭川和一〔許 燮〕 시흥군수 小野廣
吉 부천군수 安東永翰〔張永翰〕 김포군
수 權藤甲重〔權甲重〕 강화군수 永井宅
洙 파주군수 新居 廣 장단군수 武内健
三〔孟健鎬〕 개풍군수 李家允世〔李允世〕

▷충청북도

지사 伊藤泰彬〔尹泰彬〕

참여관=산업부장 古海 洸〔金永培〕

청주군수 伊藤東之進 보은군수 金子薰
옥천군수 福村兼治 영동군수 新岡繁藏
〔崔秉協〕 진천군수 清村炳文〔吳炳文〕
괴산군수 松山文治〔趙炳禹〕 음성군수
松山政義 충주군수 松田圭生〔全錫泳〕
제천군수 清原範觀〔李範觀〕 단양군수
平田俊弘

▷충청남도

지사 松村基弘〔李基枋〕

참여관=산업부장 金雨英

산업부 농전과 소작관 李㻐求

경찰부 위생과장=기사 金商億

대덕군수 小松雲成〔鄭雲成〕 연기군수 湯
井鐵也〔鄭樂勳〕 공주군수 中野廣志 논
산군수 石田幸治 부여군수 淺井癸已彦
서천군수 松本定太〔李禎基〕 보령군수

南振祐 청양군수 靑島 弘〔李孟性〕 홍성군수 木下榮泰〔李榮泰〕 예산군수 元村晋喜〔元晋喜〕 서산군수 江本鍾元〔李種元〕 당진군수 吉田浩明〔鄭泓燮〕 아산군수 安平禎秀 천안군수 元村壽完〔元宜常〕

▷전라북도
지사 李家源甫〔李源甫〕
참여관=산업부장 金光浩助〔金永祥〕
산업부 농정과장 이사관 金子時明〔金時明〕
완주군수 古川 賢 진안군수 山本壹釆〔鄭壹釆〕 금산군수 朴富陽 무주군수 林炳億 장수군수 林春成〔林春成〕 임실군수 桂 徹〔桂龍珏〕 남원군수 吳正夫 순창군수 幸村致黃 정읍군수 上條新一郎 고창군수 金光敏博〔金增洙〕 부안군수 林 憲永〔林憲永〕 김제군수 咸安東敏〔趙東敏〕 옥구군수 林 忠正〔林明珣〕 익산군수 茂山春元〔趙春元〕

▷전라남도
지사 武永憲樹〔嚴春燮〕
참여관=산업부장 大山和邦〔洪永善〕
내무부 사회과장 이사관 安田潤弘〔車潤弘〕
산업부 상공과장=농정과장 이사관 香山周永〔崔周永〕
광산군수 南 智夫〔南啓龍〕 담양군수 桓宗邦忠 곡성군수 松永憲明〔李觀熙〕 구례군수 平川眞次〔李漢昌〕 광양군수 金子星煥〔金星煥〕 여수군수 山根保作 순천군수 新井道淳〔朴道淳〕 고흥군수 松田行正〔孫宗權〕 보성군수 𥝆井正義 화순군수 木山勝雄 장흥군수 文元義宗〔文東浩〕 강진군수 平沼吉重〔尹吉重〕 해남군

수 吳原基弘〔吳世尹〕 영암군수 松山弘〔崔祥鳳〕 무안군수 駒城秀康〔李源昌〕 나주군수 新井龍鉉〔朴龍鉉〕 함평군수 大川 允 영광군수 增永鍾萬〔朴種萬〕 장성군수 靑木晶昱〔朴晶昱〕 완도군수 宮村榮夫〔李心勛〕 진도군수 安藤康元〔金元會〕

▷경상북도
참여관=산업부장 竹山 清〔具斗璟〕
산업부 상공2과장 이사관 白鵬齊 농정과장 이사관 中原燦道〔宋燦道〕
달성군수 大山 剛〔崔恒默〕 군위군수 永島明信〔康明玉〕 의성군수 共田眞成〔黃鎭晟〕 안동군수 柳 時煥〔柳時煥〕 청송군수 南 廷九〔南廷九〕 영양군수 田原鳳彬 영덕군수 金光潤聲〔金潤聲〕 영일군수 長沼貞治郎 경주군수 小嶋孝 영천군수 高亘明 경산군수 伊蘇三峯〔蘇鎭禹〕 청도군수 朴忠文雄〔朴文雄〕 고령군수 豊川敬三〔任興宰〕 성주군수 新井朝彦 칠곡군수 日出原基昌〔鄭基昌〕 김천군수 一瀨義雄 선산군수 上月敏榮 상주군수 小山森正〔姜奎元〕 문경군수 月島莊雄〔李釆郁〕 예천군수 和島秀綱〔羅智綱〕 영주군수 東原弘宸〔鄭鎭東〕 봉화군수 美村文雄

▷경상남도
참여관=산업부장 金大羽
산업부 상공2과장 이사관 廣田昌弘〔崔昌弘〕
진양군수 山本寅雄〔吳檸世〕 의령군수 竹山龍伯 함안군수 華山忠彦 창령군수 井垣熙錫〔韓熙錫〕 밀양군수 有吉虎之助 양산군수 西原 宏〔韓奉燮〕 울산군수 松

282

川明義〔李燦容〕 동래군수 房村敬之助〔房鎭洙〕 김해군수 平沼灌次〔尹灌〕 창원군수 万代清一 통영군수 岡章政 고성군수 金澤俊光〔金學成〕 사천군수 豊川永斌〔盧永斌〕 남해군수 黃本正夫 하동군수 延原光太郎 산청군수 神農豊助〔姜昌寅〕 함양군수 金信平一郎〔金處洵〕 거창군수 高島弘昌〔高秉權〕 합천군수 金井喜一〔金井喜〕

▷황해도

지사 金村泰男〔金秉泰〕
참여관=산업부장 長潤二〔張潤植〕
산업부 산림과 산업기사 金城東燮〔金東燮〕
벽성군수 福澤重臣 연백군수 長田基昌〔張基昌〕 금천군수 金田泳錫〔金泳錫〕 평산군수 德原泰根〔李泰根〕 신계군수 靑木道明 옹진군수 宇藤文夫〔金相鳳〕 장연군수 景山茂〔崔華石〕 송화군수 靑山正雄 은율군수 光山公隆 안악군수 黑木儀壽圭 신천군수 神林義泳〔金義泳〕 재령군수 金川基俊〔金基俊〕 황주군수 瑞原弘〔崔弘燮〕 봉산군수 柚木正行 서흥군수 蓮村日鼎〔張日鼎〕 수안군수 白川永燦 곡산군수 西原義雄

▷평안남도

참여관=산업부장 山本重夫〔權重植〕
경찰부 보안과 경시 江東慶進〔崔慶進〕
위생과 위생기사 波羅善教〔羅善教〕
대동군수 岩本尙滿〔趙尙滿〕 순천군수 本東半藏 맹산군수 太平宇道〔洪宇道〕 양덕군수 原川宗光 성천군수 烏川忠源〔鄭忠源〕 중화군수 昌本亨淳〔全亨淳〕 용강군수 淸川涉〔金榮涉〕 강서군수 高山泰鳳〔崔泰鳳〕 평원군수 三井桂三郎〔宋桂淳〕 안주군수 加藤才治郎 개천군수 岡田弘政〔金弘植〕 덕천군수 德原邦光〔卞廷圭〕 영원군수 日方輝世〔方煥岳〕

▷평안북도

참여관=산업부장 山木文華〔宋文華〕
산업부 산업과 산업기사 鄭文基
경찰부 보안과 경시 田中鳳德〔田鳳德〕
의주군수 伊蘇正峯〔蘇鎭彥〕 구성군수 張門道鍵〔張道鍵〕 태천군수 富川化泰 운산군수 植木正次 희천군수 竹谷信廣〔徐承杓〕 영변군수 大山定守〔朴定守〕 박천군수 大川泰根〔金泰根〕 정주군수 橋元正 선천군수 金浦秀龍〔金龍根〕 철산군수 森山嘉之 용천군수 桂謙一〔桂燦謙〕 삭주군수 吳城泰艅〔吳泰艅〕 창성군수 金田重三 벽동군수 山原煒 초산군수 丹山公厚〔李公厚〕 위원군수 朱村均太郎〔朱碩均〕 강계군수 玉浦義明〔盧鳳翼〕 자성군수 李原榮根 후창군수 朱村公健〔朱公健〕

▷강원도

참여관=산업부장 松本啓三〔李啓漢〕
산업부 수산과 산업기사 岡田仁弘〔金弘植〕
춘천군수 元從三 인제군수 金村周邦〔金周赫〕 양구군수 武宗義祐〔咸基燮〕 회양군수 邦本豊藏〔全在禹〕 통천군수 楡泰明 고성군수 金城德治〔金學洙〕 양양군수 平岡永宇 강릉군수 李家玄載〔李玄載〕 삼척군수 高山文一〔崔炯稷〕 울진군수 牧原民和 정선군수 高鎭郎〔高鶴鎭〕 평창군수 松川昇平〔朴昇洙〕 영월군수 杉原澤俊 원주군수 木山永一郎〔朴永斌〕

횡성군수 平山嘉康 홍천군수 畑山永作 薫 李大永 金埈元

화천군수 林龍俊〔林龍俊〕 금화군수 山江撻雄〔崔晩撻〕 철원군수 高坂義男 평강군수 松澤泰鎔〔李泰鎔〕 이천군수 平田千秋〔黃鐸麒〕

▷ 함경남도

지사 山木文憲〔宋文憲〕

산업부 상공과 金惠基

함주군수 横山利七 정평군수 平松和夫〔李根茂〕 영흥군수 保元麟浩〔郭麟浩〕 고원군수 清原常勇 문천군수 澤田稔弘 덕원군수 竹村英彦〔張英斗〕 안변군수 金技亨〔金暾熙〕 홍원군수 伊東範行 북청군수 西尾海治 이원군수 金平光世〔金秉昊〕 서천군수 宮川庄太郎 신흥군수 德山殷植 장진군수 梁川益賢 풍산군수 義川長秀 삼수군수 太安重光〔權重洙〕 갑산군수 松原治德〔全治德〕

▷ 함경북도

참여관=내무부장 三州海用〔李海用〕

경성군수 豊永鵬宇〔李雲鵬〕 명천군수 芝山熙淳〔李熙淳〕 길주군수 朴原東翼〔朴東翼〕 성진군수 平野清 부령군수 富原賢泰〔張賢泰〕 무산군수 吉坂健作 회령군수 松原操 종성군수 梁川忠輔〔梁瓘鎔〕 온성군수 梧川浩義〔馬東奎〕 경원군수 江原尙潤〔金尙潤〕 경흥군수 岡田數一

■ 군인

▶ 일본육군사관학교 출신

26기 李應俊 劉升烈 安秉範 申泰英 朴勝

27기 金錫源 白洪錫 張錫倫

30기 嚴柱明

45기 李炯錫

49기 李鐘贊 蔡秉德

50기 李龍文

52기 朴範集

53기 申應均

54기 金貞烈

55기 劉載興 金昌圭

56기 李亨根 崔昌植 金鐘碩

57기 金鎬梁

58기 丁來赫 朴元錫 申尙澈 安光鎭 韓鏞顯 崔福洙

59기 張昌國 洪承華

60기 李連洙 張志良 趙炳乾 金泰星

61기 吳一均 韓麟俊

▶ 만주군관학교 출신

봉천 5기 金錫範 丁一權 金白一 宋錫夏 申鉉俊

봉천 6기 楊國鎭

봉천 7기 崔楠根 尹春根

봉천 9기 白善燁

신경 1기 李周一 崔昌彦 朴林恒 金敏奎 崔昌崙 尹泰日 李奇建 金永澤 金東河

신경 2기 朴正熙 李翰林 李丙齊 李尙振 金默 安英吉

신경 3기 崔周鐘 姜泰敏

신경 5기 姜文奉 黃澤林

신경 6기 金潤根 鄭正淳 金鶴林 金世鉉 張銀山